JUNGIAN ARCHETYPES

융의 원형

—융, 괴델, 그리고 원형의 역사—

Jung, Gödel, and the History of Archetypes

로빈 로버트슨 지음

이광자 옮김

집문당

융 심리학을 하는 많은 사람들에게
늘 친절했던 젤러Lore Zeller에게

나에게 수학에 대해 더 많은 것을 쓰라고
요구했던 작고한 친구 듀크Gail Duke에게

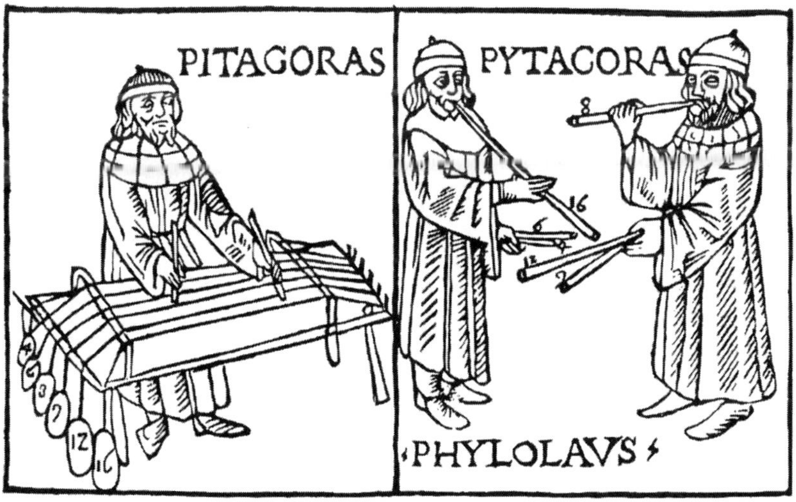

피타고라스

서문

> 인간의 힘으로 어쩔 수 없는 자연의 장애에 부딪혀 희망이 좌절될 때, 그 장애를 극복하기 위한 방법으로 인간의 가장 위대한 것들이 만들어진다. 전지전능함을 내세울 때 인간은 초라해지고 다소 어리석어진다.[1)]

2500년 전, 거의 신화적 존재였던 그리스의 수학자 피타고라스Pythagoras(B.C. 570~500)는 "모든 것은 수이다",[2)] 즉 모든 실재實在는 단순한 셈수數들의 표현에 기초를 두고 있다는 전제를 근거로 철학과 신비주의 학파를 창시했다. 하지만 그의 학설은 2의 제곱근이 정수들의 단순한 비比로 표현될 수 없다는 사실이 밝혀지면서 흔들렸다. 이 새로운 사실은 피타고라스의 제자들을 두려움에 사로잡히게 할 정도로 충격적인 발견이어서, 이미 실재의 신비에 깊이 통달한 수련기들에게만 알려질 수 있었다.

한 세기 반이 지난 뒤, 그리스의 수학자이자 철학자인 플라톤Plato(B.C. 428~348)은 물질적 실재는 단지 하찮은 모사模寫에 불과하며, 외부 실재가 지닌 양상樣相 뒤에 더 깊고 진실한 세계인 이데아ideas(18세기 이후에는 이상ideals이라고 불리어져 왔다)의 세계가 있다고 주장했다.

---

1) Bertrand Russell, *Our knowledge of the External World*(New York: Mentor Books, 1956), p. 31.

2) Carl B. Boyer, *A History of Mathematics*(Princeton: Princeton University Press, 1968), p. 54.

플라톤

이에 따르면 인간은 바깥의 넓은 세상을 모른 채 동굴 안에서 살고 있는 것과 같다. 인간은 동굴의 뒤쪽 벽면에 비치는 그림자들을 지켜보는 것에 만족하며, 마치 그것이 진실되고 확실하다는 듯이 말하면서 인생을 살아간다. 사실 실재의 세계, 즉 이데아의 세계는 우리 뒤에 놓여 있다. 우리가 실재라고 생각하는 모든 것은, 인간의 인식에서 여전히 멀리 놓여 있는 영원의 불 앞에서 이데아가 왔다갔다해서 생기는 그림자에 불과하다.

이러한 사상들의 결합은 B.C. 385년 플라톤이 창립한 아테네의 아카데미에서 성 아우구스티누스St. Augustine(354~430)와 플로티노스Plotinus(205~270), 포르피리오스Porphyry(232~304), 이암블리코스Iamblicus(270~330), 프로클로스Proclus(410~485) 등 위대한 신플라톤주의자들의 철학에서 정점을 이루면서, 성장하고 발전했다. 그리스도교인 유스티니아누스 황제가 529년 비종교적이라는 이유로 아카데미를 폐쇄한 이후 이들의 사상은 중세의 천 년, 즉 5세기부터 15세기까지 묻혀 있었다. 하지만 플라톤 사상은 결코 완전히 사라지지 않았고, 중세기의 동양과 서양에서 지속적으로 나타났다. 예를 들어, 플라톤과 피타고라스의 개념은 수피파Sufis[3]의 신비적인 이슬람교에 의해 동양에서 계속 살아 있

3) 이들은 코란을 신비적으로 해석했으며, 하나님에 대한 좀 더 깊은 지식을 추구했다. 또한 다른 분파들과는 달리 하나님에 대한 지식을 따랐으며, 하나님과 함께하기 위한 다른 양식의 의복과 예배 의식을 갖고 있었다.

었다. 서양에서는 프란체스코 수도회의 수도사들이 성 아우구스티누스의 철학을 보존하긴 했지만 대부분 깊숙이 파묻혀 있었다. 그리고 철학적 이상주의가 중세 후기에 다시 고개를 들기 시작했는데, 이는 십자군전쟁 기간에 있었던 이슬람과의 접촉과 스페인에서의 이슬람·유대교·기독교 학파 간의 혼합에 의한 것이었다. 이 교의의 영향을 받은 사람 가운데 한 명이 바로 이 책에서 언급될 16세기의 의사이자 형이상학자인 파라셀수스Paracelsus(1493~1541)이다.

이 책에서 우리는 인간이 처음으로 세상 밖을 내다보고 조심스럽게 관찰한 내용을 기록하기 시작했던, 인류 사상사에서 중요한 시점이라고 할 수 있는 르네상스 시대의 이야기를 하게 될 것이다. 물질세계의 실재를 강조하는 한, 누구도 피타고라스, 플라톤의 실재에 대한 접근법과 다른 방법을 찾을 수 없었다. 하지만 우리의 근원으로 회귀하기 전에 몇 가지 새로운 접근법을 살펴볼 것이다.

이 책의 전반부에서는 결국 피타고라스, 플라톤 사상으로 회귀한 새로운 르네상스의 이상이 어떻게 서서히 발전하고 변화했는지 추적할 것이다.

이 책의 후반부에서는 플라톤과 피타고라스의 개념들이 심리학자 융C. G. Jung(1875~1961)의 원형 가설과 괴델Kurt Gödel(1906~1978)의 수학적 사상의 반영에 어떻게 재등장했는지를 탐구해 나갈 것이다. 융, 괴델과 더불어 우리는 원형 가설의 새로운 국면에 들어서게 된다. 합리주의자/유물론자의 전통이 끝나갈 무렵이 되면서 피타고라스와 플라톤 사상의 새로운 해석들은 선견지명이 있었던 선조들이 했던 것보다 더 큰 반향을 일으킨다. 그러나 융과 괴델은 물질세계와 정신세계 양쪽을 넘어선 이상의 세계(융이 원형archetypes이라고 부른)가 존재한다는 플라톤의 철학을 다시 한번 지지하고 있다. 또한 정말 기이하게도,

융과 괴델은 실재의 질서와 구조를 결정하는 최초의 원형들은 피타고라스가 그렇게 좋아했던 단순한 셈수라고 주장한다.

감사의 말

이 책에 제기된 수학적인 문제들에 대해 나와 오랫동안 수없이 많은 토론을 했던 모니츠David A. Moonitz에게 감사한다. 심리학과 생명과학의 카오스 이론회Society for Chaos Theory in Psychology and the Life Sciences의 친구들에게도 진심으로 감사의 마음을 전한다. 뇌와 마음, 그리고 세계 간의 관계에 대한 토론이 많은 문제들을 좀 더 분명하게 해 주었다. 마지막으로, 매우 어려운 자료들로 훌륭한 작업을 해낸 편집자이자 출판인 런드스테드Betty Lundsted에게 깊은 감사를 표한다. 그녀의 편집에 관한 많은 제안들이 이 책을 좀 더 업그레이드해 주었다.

차례

Chapter 1

르네상스의 이상

뛰어난 과학사가인 알렉상드르 쿠아레Alexandre Koyré는 르네상스 시대의 사상가들이 근본적으로 사상을 바꿔야 했던 개념화와 철학에서의 어려움들을 자주 강조했다. 아리스토텔레스의 폐쇄된 세계관으로부터 포스트-코페르니쿠스 시대의 무한 세계관으로의 전환은 많은 관점에서 상처를 주는 고통스러운 사건이었지만, 서양사상사에서 그것은 엄청난 의미를 지녔다.[1)]

바깥 세상을 바라보다

기독교의 발달이 서양 세계를 역사적으로 통합한 가장 큰 힘이었지만, 결과적으로 그것은 인간으로 하여금 자연에 대한 사색을 그만두게 만들었다. 5~15세기의 중세 천 년 동안 신의 말이 인간의 경험이나 이성보다 더 나은 지침으로 간주되었다. 스콜라 철학자들은 아리스토텔레스Aristoteles(B.C. 384~322)의 변증법적·분석적 방법을 완성하는 데 만족했다. 또한 스콜라 철학은 관찰된 사실이 아닌 종교적인 도그마에서 비롯된 것이기 때문에 학문의 시작은 수세기 뒤로 미뤄졌다.

---

1) Joseph Warren Dauben, *Georg Cantor: His Mathematics and Philosophy of the Infinite* (Princeton: Princeton University Press, 1979), p. 4.

지식에서의 진보는 '인간은 어디에서 왔는가?', '인간은 어디로 가고 있는가?', '세상의 본질은 무엇인가?', '인간의 본성은 무엇인가?', '우리의 본성과 세상의 본질과의 관계는 무엇인가?'라는 질문에서 시작한다. 세계관의 변화는 이런 본질적인 물음에 대한 새로운 해답을 이끌어내는 데 그치지 않고, 본질에 대한 새로운 질문을 요구한 것이 더 중요한 것 같다. 중세 천 년 동안 서양은 신이 세상을 창조했다는 주장을 받아들이고 있었기 때문에 '신의 본성은 무엇인가?', '신과 인간과의 관계는 무엇인가?'라는 질문을 던졌다. 대부분의 중세 사상가들은 이 세상은 정체된 세계라는 가정으로부터 출발했다. 그들의 호기심은 세상이 아니라 신을 중심으로 모아졌다. 중세사가인 에티엔 길슨Etienne Gilson(1884~1978)에 따르면 중세에는 두 종류의 사상가가 있었다. "신이 우리에게 말했기 때문에 우리가 더 이상 생각할 필요가 없다"고 믿었던 사상가와 "신성한 법칙은 인간으로 하여금 철학이라는 이성적인 방법에 의해 신을 찾도록 요구한다"고 믿었던 사상가가 바로 그들이다.[2] 두 가지 유형은 모두 확고한 전제를 바탕으로 생겨났다. 즉, 사상가가 경험에 반대되는 결론과 전체 양쪽을 반복적으로 점검해야 한다는 생각은 중세 사상의 주류와는 전혀 맞지 않았다.

14~16세기를 거치면서 르네상스 사상가들은 갑자기 깨어나 새로운 눈으로 세상을 바라보면서 '세상의 본질이 무엇인가?'라는 질문을 던졌다. 이 새로운 질문은 사상가들의 시선을 외부로 돌렸고, 그들로 하여금 외부세계에서 본 것들을 서술하도록 만들었다. 서술이 새로운 질문을 이끌어 내면 사상가들은 해결책을 제안했고, 그 해결책의 타당성을 점검하기 위해 다시 한번 외부세계로 향했다. 르네상스의 이

2) Anne Fremantle, ed., *The Age of Belief: The Medieval Philosophers*(New York: Mentor Books, Houghton Mifflin, 1954), p. xii.

상은 레오나르도 다빈치Leonardo Da Vinci(1452~1519)의 진술에서 찾아볼 수 있다. 즉, "경험은 결코 잘못하지 않는다. 잘못은 단지 당신이 실험하지 않고 오로지 그렇게 되리라고 기대하는 그릇된 판단에서 비롯된다" 또는 "인간의 모든 지식은 인간의 인식에서 비롯된다"와 같은 진술들이다.[3)]

레오나르도 다빈치는 신에 대한 견해가 바뀜으로써, 경험의 힘에 대한 믿음과 신에 대한 믿음을 결합시킬 수 있었다. 그는 신에 대해 "오, 그대의 위대한 공명정대함이여! 그대는 원동력, 어떠한 힘이라도 필연적 결과인 질서나 성질을 만들어 내지 못하는 것을 허용하지 않았습니다"[4)]라고 언급했다. 다시 말해, 신은 질서 있는 세상을 창조함으로써 임무를 마쳤으며, 세상을 지배하는 규칙들을 발견하는 일은 이성을 사용하는 인간의 손에 달려 있다는 뜻이다. 또한 그는 "감각은 지상의 것이다. 이성은 숙고熟考 속에 별도로 존재한다"[5)]고 강조했다. 우리는 일단 첫걸음을 내디디면 결국 이성으로 향해서 정신의 본질을 기술하려고 시도할 것이다. 그러나 봇물처럼 터진 물질세계의 발견으로 인한 도취 상태가 한참 지속될 때까지도 위에 기술한 시도들은 일어나지 않았다.

이 새로운 자유와 책임감의 결합은 유럽 역사에 없었던 천재들을 짧은 시간 안에 많이 배출했다. 레오나르도 다빈치, 미켈란젤로Michelangelo(1475~1564), 에라스무스Erasmus Desiderius(1469~1536), 루터Luther Martin(1483~1546), 코페르니쿠스Copernicus Nicolaus(1473~1543) 등이 모두 1450~

---

3) Jean Paul Richter, *The Notebooks of Leonardo Da Vinci*, 2 vols(New York: Dover Publication, 1970), p. 288.

4) Jean Paul Richter, *The Notebooks of Leonardo Da Vinci*, p. 285.

5) Jean Paul Richter, *The Notebooks of Leonardo Da Vinci*, p. 287.

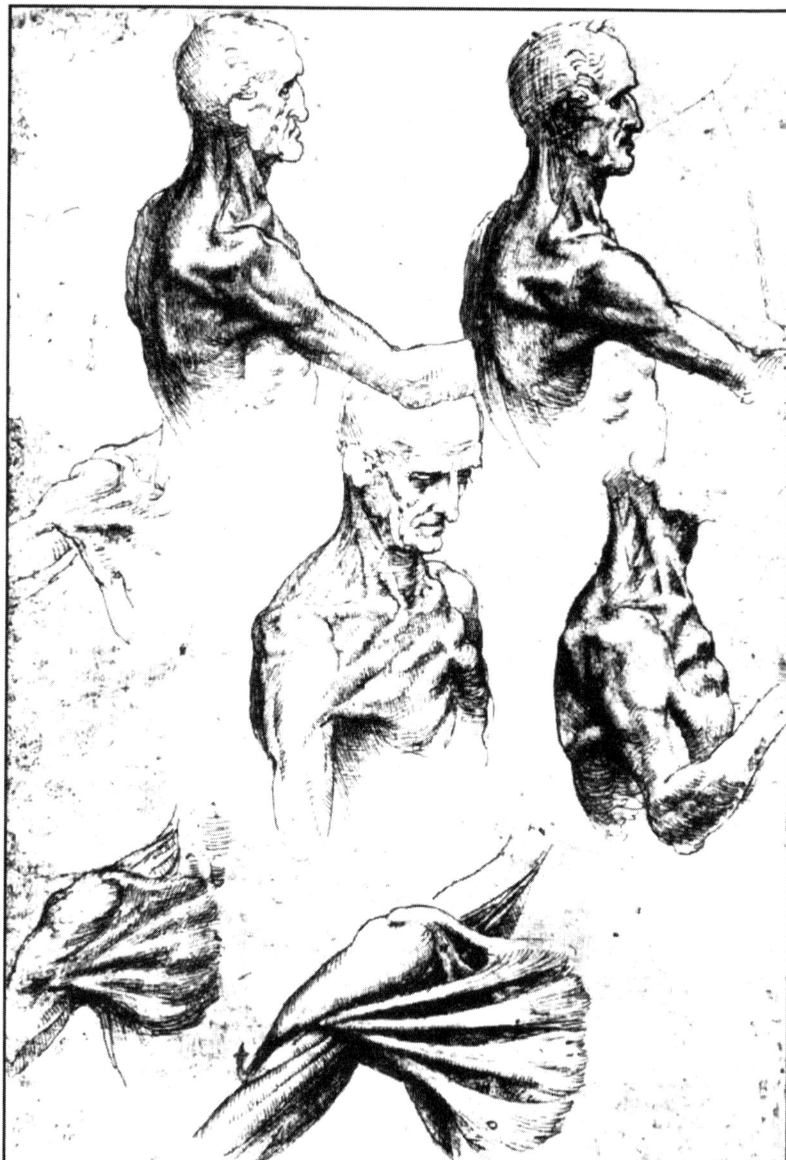

레오나르도 다빈치의 그림

1500년에 태어났다.[6] 에라스무스와 루터는 각각 자신의 방식에 따라 '성모 교회Holy Mother the Church'의 지성적 지배에 맞서 싸웠다. 당대의 대표적인 지성인이었던 에라스무스는 교회의 도그마에 상관없이 논리적인 결론에 따라 진리를 추구하려고 노력했다. '성격상 가장 비철학적인'[7] 루터는 교회의 지배를 깨뜨리고 프로테스탄트운동을 전개했다. 이 각각의 사건에는 인간을 중심에 두려는 시도가 포함되어 있다. 그러나 철저히 종교적이었다.

미켈란젤로와 레오나르도 다빈치는 처음으로 인간을 예술의 중심 주제로 삼았다. 사실 중세 예술의 중심 주제는 신이었으며, 인간은 부수적 소재에 지나지 않았다. 그런데 미켈란젤로는 어떤 특정한 남자나 여자뿐 아니라 그 이상의 것, 영웅적인 남자 또는 여자를 예술적으로 묘사했다. 즉, 그의 작품들은 인간은 모두 신처럼 될 수 있다고 외쳤다. 전형적인 르네상스 예술가인 레오나르도 다빈치는 평범한 현실을 비상하게 포착함으로써, 그의 작품을 보는 사람들로 하여금 사람이나 대상 안에 어떤 신비스러운 것이 존재한다는 사실을 깨닫게 했다. 미켈란젤로와 레오나르도 다빈치는 각자 방식에 따라 하늘의 신을 아래로 내려놓았고, 신성을 세상 안에 위치시켰다.

그러나 이 새로운 르네상스의 이상에는 한계가 있었다. 중세 사상가들이 현실을 바탕으로 그들의 전제를 의문시하거나 점검하지 못했듯이, 르네상스 사상가들은 관찰하는 행위 자체의 타당성을 의문시하지 않았다. 르네상스 사상가들은 자신들의 관찰이 당연히 세상의 정확한 표현이라고 가정했다. 중세에는 신이 세계를 창조했으며, 그래서

6) 뒤에 나오는 파라셀수스도 마찬가지다.

7) Giorgio De Santillana, ed., *The Age of Adventure: The Renaissance Philosophers*(New York: Mentor Books / Houghton Mifflin, 1956), p. 143.

영원불변하다고 단정지었다. 르네상스 시대의 세계는 검토되고 해명되어야 할 신비로운 대상이 되긴 했지만, 검토하고 설명하고 있는 마음은 의문시되지 않은 채 그대로 남아 있었다. '인간의 마음은 외부세계의 내부 구조를 왜곡 없이 반영한다는 믿음을 함축한다'라고 그냥 믿고 있었던 것이다.[8)]

이 새로운 르네상스의 이상에서는 우선 인간을 관찰자로, 물질세계를 적절한 관찰 대상으로 간주했다. 관찰자와 관찰 대상 간의 분리는 의식을 새로운 단계로 이끌었으며, 그곳에서 모든 인간은 개별성을 깨닫게 된다. 이 분리가 없었다면 예술과 학문의 발달은 불가능했을 것이다. 또한 대중적 민주주의와 사회적·종교적 개혁도 없었을 것이다.

그러나 인간이 관찰자와 관찰 대상 간의 분리를 받아들여야 한다는 사실에도 불구하고, 그것이 근본적으로 잘못된 가정에 기초한다는 문제점이 남아 있었다. 그것은 바로 관찰 대상과 관찰자는 원초적으로 분리될 수 없다는 점이다. 분리가 가능하다는 가정은 놀라운 발견들을 새롭게 이끌어 내면서 깊고도 괴로운 영혼의 병을 만들어 냈다. 실재에 대한 이러한 새로운 시각은 마음과 몸을 분리하는 합리주의자/유물론자의 입장으로 발달했다. 그러면서 인간은 세상으로부터 소외되었으며, 마침내 인간 자신의 내부 경험으로부터도 소외되었다. 결국 인간은 더욱 전진하기 위해서 그 분리된 틈이 치료되어야 하는 현 시점에 이르게 된 것이다.

---

8) Henry D. Aiken, ed., *The Age of Ideology: The 19th Century Philosophers*(New York: Mentor Books / Houghton Mifflin, 1956), p. 31.

수학과 학문

> 인간이 가지는 이성이라는 작용과는 별도로, 수학적 학문에서는 극도로 불분명한 것들 사이의 관계가 표시된다는 점이 독창적이다.[9)]

수학은 인간사의 초창기부터 하나의 도구로 사용되었다. 최소한의 작은 정수조차 사용하지 않는 인간 사회는 아직까지 확인되지 않고 있다. 항상 이동해야 하는 유목민들은 방향과 거리를 계산하기 위해 수학적 도구가 필요했다. 또한 농경 사회에서는 인구를 파악하고, 소유지를 구분하고, 수확과 관련된 계절의 진행을 정확히 기록하고, 판매·물물교환·상속을 파악하기 위해 좀 더 진보된 계산법과 측정을 위한 수학적 도구가 필요했다. 이것을 발단으로 수학은 산술(수의 연구)[10)]과 기하학(공간의 연구)이라는 두 개의 뒤얽힌 길을 따라 발달했다. 이 책의 많은 부분이 산술과 기하학의 관계, 점진적인 분화, 그리고 산술과 기하학이 실재에 대해 서로 다른 접근법을 가진다는 사실에 대한 인식의 근거하에 서술되었다.

산술과 기하학에 대한 개념적인 접근법은 무척 오래되어서 그것의 시작이 이렇다라고 밝히는 일은 불가능하다. 단, 산술은 독립적이고 불연속적이며 개별적인 것을 다루는 반면, 기하학은 연속적이고 연결되며 전체적인 것을 다룬다. 또한 산술은 작은 수들의 개별성에서 시

---

9) Alfred North Whitehead, *Science and the Modern World*(New York: Mentor Books / New American Library, 1948), p. 20.

10) 일반적으로 수학자들은 산술이라는 단어를 우리가 초등학교에서 배운 더하기·빼기·곱하기·나누기 등의 연산으로 뿐 아니라, 대수학의 좀 더 추상적인 연산을 의미하는 데에도 사용한다. 이 책에서 산술은 수들의 수학적 연구의 속기 의미로 사용될 것이다.

작되었고 수 사이의 다양한 관계를 연구함으로써 진보한 반면, 기하학은 우리를 둘러싸고 있는 공간에서 시작되었고, 이상적인 점·선·도형·입체 등으로 그 실체를 만들었다. 두 접근법의 결합은 한 번도 측정된 적이 없던 변의 길이와 각의 크기를 계산하는 측정 방법들을 만들어 냈다.

> 학문으로서의 수학은 맨 처음 어떤 그리스인이 자세한 설명 없이 **어떤**any 것들에 대한 또는 **무엇**some에 대한 정리定理를 증명하면서 시작되었다. 이러한 정리는 처음으로 그리스인들에 의해 기하학의 형태로 발표되었다. 기하학은 그리스의 위대한 수학적 학문이었다.[11]

유클리드

기원전 600년경 그리스의 수학자 탈레스Thales(B.C. 624?~546?)는 개별적 기술奇術의 집합에 불과하던 기하학을 연역적 학문으로 끌어올렸다. 그 다음 세기에 피타고라스의 이름으로 통하는 훌륭한 정리定理, 즉 '직각삼각형 빗변의 제곱은 다른 두 변의 제곱의 합과 같다'는 공식이 세상에 나왔다. 기원전 300년경 그리스의 수학자 유클리드Euclid(B.C. 330?~275?)는 『원론*Elements*』에서 모든 기하학적 지식을 체계적으로 수집했고, 이를 증

11) Alfred North Whitehead, *An Introduction to Mathematics*, revised edition(New York: Galaxy Book / Oxford University Press, 1911 / 1958), p. 7.

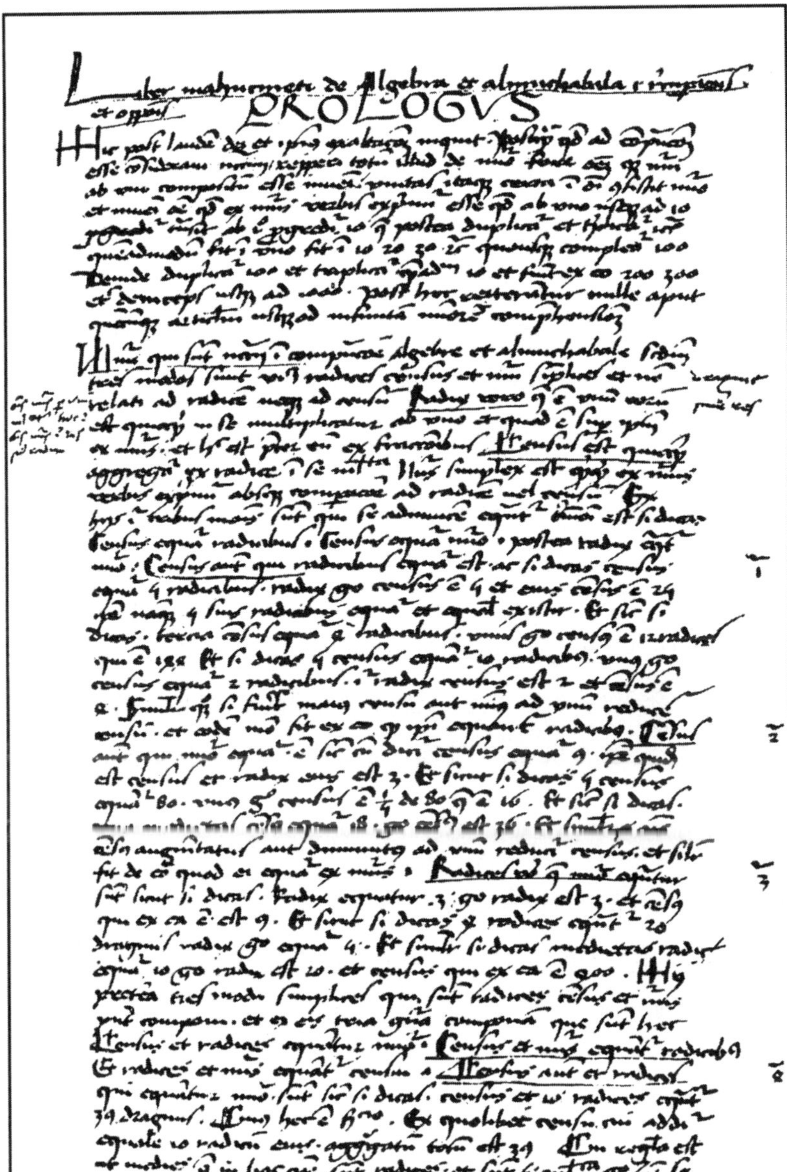

Liber mahumeti de Algebra et almuchabala

PROLOGUS

알 콰리즈미의 『대수학』 첫 페이지

명의 형식적 방식이 완비된 연역적 학문으로 끌어올렸다.

산술의 초기 유용성에 관한 이야기로, 3세기 그리스 수학자 디오판토스Diophantus(246?~330?)의 『산수론*Arithmetica*』과 9세기 아라비아 수학자 알 콰리즈미al Khowârizmî(780~850)의 『대수학*Algebra*』이 수학 교과서에 기록되어 있다.[12] 그러나 『산수론』과 『대수학』은 사고의 조직적 · 공식적 체계라기보다는 수학적 비결을 유용하게 수집한 것에 더 가까웠다. 즉, 유클리드 기하학은 거의 2,000년 동안 최초로, 그리고 유일하게 자기모순이 없는 완비된 학문적 체계였다.

기하학을 모르는 사람은 아무도 들어오지 못하게 하라[13]

유클리드 기하학은 기본적으로 점 · 선 · 도형 · 각 등을 대상으로 삼았다. 그리고 이러한 기본적인 대상에 수행되는 수학적 연산을 정의했으며, 자명하다고 가정되는 공리公理들을 진술했다.[14] 이러한 기본적인 대상, 연산, 공리 등의 예비 도구들에서 논리적으로 모순이 없는 증명의 집합이 나올 수 있었다. 즉, 공리들에서 나온 그 어떤 것도 공리들에서 나온 또 다른 어떤 것과 서로 모순되지 않으므로, 그 체계는 모순이 아니다. 게다가 점 · 선 · 도형 · 각들에 대해 참이라고 주장되는 그 어떠한 것도 모두 공리에서 유도될 수 있었다. 그래서 그 체계는 완전했다.[15] 유클리드 기하학은 다른 형식 체계들이 모방할 수

12) 여기에서 산술과 대수학의 이름이 나왔다.

13) 플라톤의 문 위의 명각銘刻.

14) 공리들은 물질세계의 본질에 대해 아무것도 주장하지 않았다는 점을 깨닫는 것이 중요하다. 공리들은 단지 수학적인 체계 안에서 사용되는 가정들일 뿐이다. 수학자들조차도 이것을 19세기까지 완전히 깨닫지 못했다. 유클리드 공리들의 자명함을 증명하기 위해 물질적 실체를 가리키는 것은 흔한 일이었다.

있는 모델을 제공하는 동시에, 그 모델을 모방하는 일이 어렵다는 사실을 증명해보였다.

비록 기하학이 점 · 선 · 각이라는 수학적 추상개념들을 다루지만, 이것들은 모두 물리적 세계에서 만나는 점 · 선 · 각에서 나왔다. 수학왕국의 왕위인 수數는 더 추상적이다. 물리적 세계에서는 수 같은 존재가 없다. 수에 대한 우리의 감각은 상관적으로, 나의 '두' 눈과 '두' 귀와 '두' 팔과 '두' 다리 사이의 공통점은 각각 '두' 개가 있다는 것이다. 관계는 '물체'로 존재하지 않으며, 단지 '물체들' 사이에 존재하는 관계에 대한 진술일 뿐이다. 이런 점에서 산술은 형식적으로 수와 수들의 관계, 관계들 사이의 관계를 다루기 위한 체계를 제공한다.

> 산술에서 제일 먼저 눈에 띄는 사실은 산술이 모든 것, 즉 맛 · 소리 · 사과 · 천사 · 생각 · 신체의 뼈 등에 모두 적용된다는 점이다. 단, 대상들이 가지는 각각의 성질에는 철저히 무관심하며, 2 더하기 2는 4라는 거짓 없는 사실에만 관심이 있다.[16)]

중세 동안 수학은 조용히 기다리고 있었다. 르네상스 시대에 관찰법이 대두되었고, 이 관찰법은 과학을 만들기 위해 수학과 결합했다. 즉, 과학이 17세기까지는 완벽하게 발전하지 않았지만, 르네상스 시대에 어떤 한 사람이 과학에 추진력을 가하기 위해 관찰법과 수학을 결합시켰다.

---

15) 기하학이 정말 완전하고 무모순적인지를 묻기 위해 19세기를 기다렸다.

16) Alfred North Whitehead, *An Introduction to Mathematics*, p. 2.

코페르니쿠스와 관찰법

> 천체의 회전에 대해 쓴 책에서, 내가 일부 운동을 지구의 탓으로 돌린 사실을 안다면 어떤 사람은 그 즉시 야유를 퍼부으며 나와 내 의견을 무대에서 몰아낼 것이다.17)

레오나르도 다빈치와 미켈란젤로가 신성을 땅에 내려놓은 것과 거의 비슷한 시기에 코페르니쿠스는 시선을 위로 향하여 하늘을 응시했다. 코페르니쿠스의 주장 전까지 지구는 영원히 고정되어 움직이지 않는 우주의 중심 대상으로 간주되었다. 프톨레마이오스Ptolemaeos Klaudios (85?~165?, 영어명은 톨레미Ptolemy)는 분명하고 완전한 원칙에 의해 형성되어 편안히 자리 잡은 천구들, 즉 태양·행성·별 등이 지구를 둘러싸고 있다고 추측했다. 천문학적 관찰은 농경에 매우 중요했기 때문에 천체들의 실제 위치와 움직임에 대한 많은 내용들이 이미 알려져 있었다. 그러나 관찰에 의해 이론이 만들어지는 것이 아니라 이론에 관찰이 맞춰졌다. 이로 인해 완전한 구들에 기초한

코페르니쿠스

17) Preface to Nicolas Copernicus, *Concerning the Revolution of the Heavenly Bodies*(1543) Giorgio De Santillana, ed., *The Age of Adventure: The Renaissance Philosophers*(1956), pp. 160~161.

프톨레마이오스의 계산이 관찰에 맞지 않았으며, 지구의 중심적 위치를 보존하기 위해 더욱더 복잡한 합리화가 이루어져야 했다.[18)]

코페르니쿠스는, 부분적이긴 하지만 움직임은 아마도 보는 사람의 인식에 달려 있을 수 있다는 놀라운 깨달음을 얻었다. 지구가 태양 주위를 움직이고 있는 듯했다. 그의 견해는 6일 동안 신이 세상과 그 안의 모든 것을 창조했다는 확고한 믿음을 가진 16세기의 독실한 신도들에게는 신성을 모독하는 것처럼 보였다. 신이 세상을 창조한 이후로, 성경에 기록된 홍수 같은 몇 개의 알려진 사건을 제외하고는 세상은 정지靜止와 불변의 상태였다. 따라서 독실한 신도들과 대부분의 교양 있는 유럽인들에게 프톨레마이오스의 견해는 그들이 이미 성경을 통해 알고 있던 지식들을 학문적으로 설명해 놓은 것에 불과했다. 세상의 지식은 이미 성경에 포함되어 있었으므로 관찰에서 나올 필요가 없었다.

코페르니쿠스의 이론은 실재의 본질이 관찰자의 입장에 달려 있다는 거의 첫 번째 암시였으며, 이는 20세기 아인슈타인의 상대성 이론의 중심이 되었다. 끊임없는 변화와 움직임이 존재하는 세계에서는 모든 것이 관찰자에게 달려 있기 때문에 코페르니쿠스적 세계에서는 관찰과 결론이 핵심이 되었다.[19)] 인간의 중심적 위치와 관찰의 중요성에 대한 강조는 르네상스 시대와 중세 사이의 커다란 사상적 분기

---

18) 프톨레마이오스의 불변의 천구들은 천구들 내에서 항상 더 작은 구들의 체계들로 증가되었다.

19) Giorgio De Santillana, ed., *The Age of Adventure*, p. 143. 흥미롭게도, 어떤 현대 물리학자들은 이 개념을 그것의 자연적 결론들에 취하곤 했다. 즉, 그들은 세계가 그것이 관찰된다면 세계는 존재한다고 가정한다. 이 견해는 18세기 철학자 버클리에 의해 예기되었다. 이 책의 뒤에서, 버클리가 왜 그런 놀라운 견해를 제안했는지, 그리고 그것이 칸트에 의해 어떻게 답해졌는지를 논의할 것이다.

점이었다. 앞에서 이미 강조했듯이, 중세 스콜라 철학의 사상은 단지 선험적 원칙들의 결과들만을 다루었다. 즉, 스콜라 철학에서는 그 결론들을 외부 세계에서의 관찰들과 비교하는 과정이 필요하다고 생각하지 않았다.

르네상스는 인간 주위를 지나가는 모든 것을 관찰하면서, 세상에서 중심을 이루고 있는 인간에게 새로운 시각을 가져다주었다. 관찰자와 관찰 대상 간의 분리는 중세 사상의 패턴을 뛰어넘기 위해 반드시 필요한 단계였다. 그러나 이것은 불가피하게 세상으로부터의 소외도 가져왔다. 또한 소외와 더불어 세상의 대상뿐 아니라 인간 자체도 관찰되어야 하는, 단지 더 많은 대상들에 불과하다는 경향도 확대시켰다. 레오나르도 다빈치는 "도구적 또는 기계적 학문이 가장 훌륭하고 유용한 학문"이라고 주장했다.[20] 유물론자들에 의해 의심의 여지없이 무척이나 쉽게 받아들여지거나, 이상주의자들에 의한 비인간화라는 이유로 깨끗이 잊혀지고 마는 이 시각에는 어떤 힘이 존재한다. 유럽의 인간관은 기독교의 초기 말에서부터 르네상스 시대 초기까지 거의 1,300년 동안 정체되어 있었다.

관찰자와 관찰 대상 간의 분리는 과학적 방법이 될 수 있는 네 가지 단계들을 보여주었다.

① 침착하게 관찰하라.
② **양적 측정을 포함해** 관찰 내용을 정확하게 기록하라.
③ 관찰 대상을 설명하기 위해 가설을 제안하라.
④ 관찰의 타당성을 시험하기 위해 **양적으로 측정 가능하도록** 설계하라.

20) Jean Paul Richter, *The Notebooks of Leonardo Da Vinci*, p. 289에서의 인용.

그리고 위의 네 가지 단계를 필요한 만큼 반복하라. 조심스러운 관찰이나 양적 측정 없이는 과학적 방법도 성립될 수 없다.

인간의 환경 정복은 인간으로 하여금 그것에 도취하게 만든다. 그러나 그 과학적 방법 안에 외부 세계(물질세계)와 내부 세계(정신세계)를 어떻게 조화시킬 것인지에 대한 문제가 숨어 있다. 그리고 비록 먼 훗날일지라도, 이는 불가피하게 심리학을 발달시킬 것이다. 하지만 그 전에 과학의 업적들이 있었고, 거기에 필적하는 새로운 수학이 존재했다.

Chapter 2

학문의 탄생

17세기 학문의 역사는 마치 플라톤이나 피타고라스의 생생한 꿈 이야기처럼 써 있다. 따라서 17세기는 이 다음 시대의 선구자에 불과했다[1)]

해석기하학

수학적 추상 개념에서 유클리드를 뛰어넘는 첫 번째 위대한 진보는 17세기의 수학자이자 철학자인 데카르트René Descartes(1596~1650)에 의해 이루어졌다. 그 당시 데카르트는 기하학을 산술 안에 포함시켰다. 철학자 데카르트의 유명한 주장, "나는 생각한다. 그러므로 나는 존재한다"는 르네상스 시대 '이상'에 대한 분명하고도 명확한 첫 번째 표현이었다. 하지만 모든 인간에 대한 명제라는 측면에서 데카르트의 이 주장은 우스운 것이었다. 남녀가 어떤 의식적 자각, 즉 데카르트가 '생각한다'라고 말한 의미를 가지기 전에도 인간은 지각하고 느끼는 동물로서 존재했다. 반면, 새로운 의식 수준이 존재하게 되었다는 명제 측면에서 데카르트의 주장은 대담한 선언이었다.[2)]

1) Alfred North Whitehead, *Science and the Modern World*(New York: Mentor Books / New American Library, 1925 / 1948), p. 34.

데카르트

> (데카르트의) 『기하학*Géométrie*』(1637)은 대수학자들의 식견 안에 고전적 기하학의 전체 분야를 가져다 놓았다. 이 책은 원래 데카르트가 자연 연구에 대한 자신의 합리주의적 접근법을 설명한 『방법서설*Discours de la Méthode*－이성에 대한 강연』의 부록으로 출간되었다.[3]

데카르트가 이룬 수학에서의 위대한 진보는 그의 철학에서의 진보와 일치한다. 그는 점과 선 같은 '것thing'보다는 오히려 수數와 수의 관계로 기하학을 표현하는 편이 좀 더 효율적이라는 사실을 알았다.[4] 데카르트의 이러한 기본적인 생각은 현 시대에 우리가 어떤 도시에서 위치를 확인하는 방법에도 활용되고 있다. 예를 들어, 남·북은 번호가 매겨진 구획으로 나뉘고, 동·서는 가로수 길들이 죽 늘어선 어떤 도시를 상상해보자. 그 도시의 어떤 중심점에서, 번호가 매겨진 거리들이 각각의 방향으로 1번가, 2번가…… 등의 순서로 나아간다. 어느 방향인지를 구별하기 위해 우리는 동쪽 1번가 또는 서쪽 1번가라고 칭할 것이다. 비슷하게 가로수 길이 밖으로 북쪽 1번가(또는 남쪽), 북쪽 2번가…… 등으로 나아간다. 여기에 보태어 집을 좀 더 쉽게 찾기 위해서 우리는 집에 번지수를 매긴다. 즉, 동쪽 8번가 512번

---

2) 이 경우, 인간 정신이 자기 참고 명제가 어려움을 내포한다는 사실을 깨닫기에는 너무 일렀다. 이 책의 뒤에서 우리는 어떻게 수학자 괴델이 이 어려움에 대해 분명한 수학적 표현을 했는지를 논의할 것이다.

3) Dirk J. Struik, *A Concise History of Mathematics,* 4th rev. ed.(New York: Dover Publications, 1948 / 1987), p. 96.

4) 우리는 이 책을 통해 관계에 대해 더 많은 것을 말할 것이다. 그러나 지금은 관계가 정신적 개념이라는 점을 아는 것으로 충분하다. 관계는 단지 정신 안에서만 일어날 수 있다. 그래서 물질적 실재의 추상 개념인 기하학을 수들과 수들 간의 관계들로 환원함으로써, 데카르트는 물질적 실재를 정신의 지시에 예속시키는 위대한 첫 일보 전진을 이루었다.

지라고 하면 우리는 이 집이 중심 위치에서 동쪽으로 8번째 구획에 위치해 있고, 8번가에서 북쪽으로 5구획을 약간 지난다는 사실을 알게 된다.5)

데카르트는 수의 평면에 정확하게 이런 일을 했다. 다시 한번 모든 방향으로 끊임없이 뻗어나가는 평면을 상상해보자. 중앙에 한 점을 골라잡는다. 그 점을 **원점**origin이라고 부르고, 원점을 기준으로 해서 사방으로 일정한 간격을 두고 번호를 붙이자. 원점에서 오른쪽과 위쪽은 +1, +2, +3…… 등처럼 양수가 된다. 그리고 원점에서 왼쪽과 아래쪽은 −1, −2, −3…… 등처럼 음수가 된다. 사실 +기호는 양수에서 떨어져 나왔다. 숫자가 음수가 아니라면 우리는 당연히 양수로 추정하기 때문이다. 그래프 위의 어떤 점도 그 점이 가로 세로의 어느 지점에 위치하는지를 말해주는 **좌표**coordinate라는 두 숫자에 의해 확인될 수 있다. 예를 들어, 원점은 (0, 0)이다. 관례에 따라 처음에 주어진 수는 가로 위치(x방향)이고, 두 번째 수는 세로 위치(y방향)이다. 따라서 (+5, −2)는 원점에서 5단위 오른쪽, 2단위 아래쪽에 위치한 점을 나타낸다. 분수로 된 점도 쉽게 찾을 수 있다. 예를 들어, $(+2\frac{1}{2}, -3)$은 오른쪽으로 2단위와 3단위의 중간과 아래로 3단위인 점을 나타낸다(그림 2.1 참조).

그렇다면 이제는 45도 각도로 원점을 지나는 직선을 상상해보자. 만일 이 선의 모든 좌표를 적는다면 (−2, −2), (−1, −1), (0, 0), (1, 1)……이 되어 직선의 가로 위치와 세로 위치가 같다는 사실을 알게 된다. 이것을 대수학에서는 $y=x$라고 한다(그림 2.2 참조). 또 하나, 원점을 중심으로 반경이 2인 원을 그려보자. 그리고 가로의 점들과 세로

5) 이 예는, 유명한 수학 전기 작가인 벨Eric Temple Bell에게서 큰 도움을 받았다. *Men of Mathematics*(New York: Simon and Schuster, 1937 / 1965), pp. 57~58.

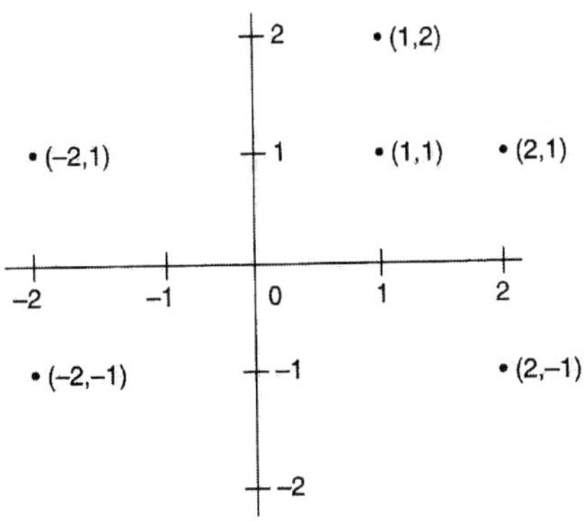

그림 2.1 평면상의 좌표

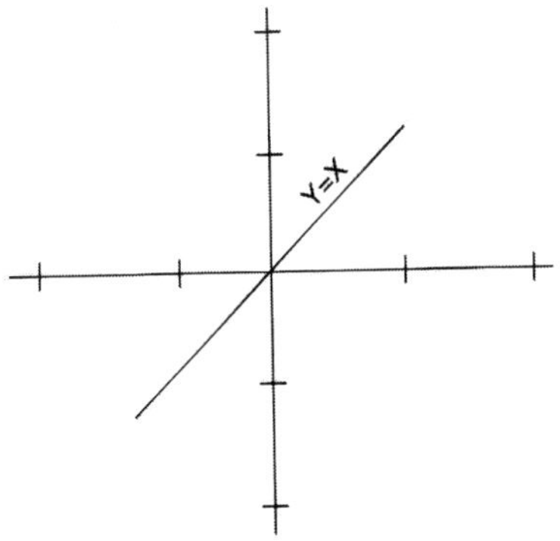

그림 2.2 평면상의 직선

의 점들 사이에 어떤 관계가 있는지를 확인하기 위해 다시 한번 점들의 좌표를 검토해보자. 이번에는 그렇게 명확하지는 않지만, 관계는 $x^2+y^2=4$임이 판명된다(그림 2.3 참조).

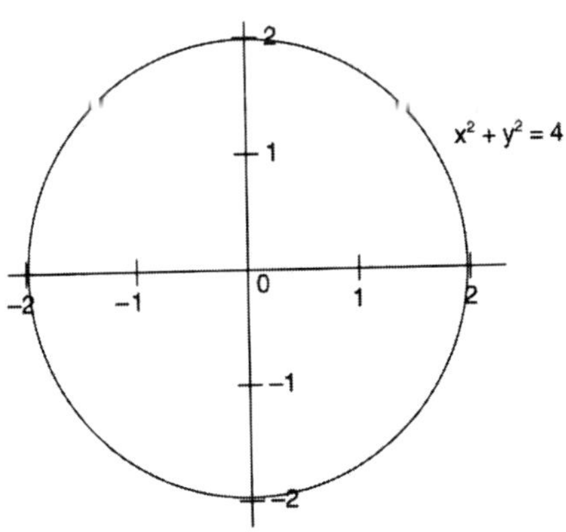

그림 2.3 평면상의 원

어떤 규칙을 이루는 기하학적 도형은 데카르트의 좌표 체계로 표현될 수 있다. 이에 따라 수학자들은 기하학적 도형에서 쉽게 알 수 없는 관계들을 전개하기 위해 대수학적 기술을 사용할 수 있었다. 이렇듯 데카르트의 발견은 기하학적 문제들을 해석하는 방법을 제공했기 때문에 해석기하학analytic geometry이라고도 불린다.[6] 이 발견에 대해 18세기 철학자 밀John Stuart Mill(1806~1873)은 다음과 같이 말했다.

> (해석기하학은) 데카르트의 그 어떤 형이상학적 사색보다도 그에게 불후의 명성을 안겨 주었고, 이제껏 정확한 학문의 진보를 만들어 낸 가장 위대한 발걸음이다.[7]

스튜어트 밀의 이러한 주장에도 불구하고, '정확한 학문'에 끼친 영향 측면에서 해석기하학을 훨씬 뛰어넘는 수학적 도구가 있었다. 그 도구는 바로 미적분학calculus이다. 미적분학은 거의 비슷한 시기이면서도 독립적으로 뉴턴Sir Isaac Newton(1642~1727)과 라이프니츠Baron Gottfried Wilhelm von Leibniz(1646~1716)에 의해 창안되었다. 우리는 미적분학에 대해 이야기하기 전에 우선 뉴턴과 그가 세상에 끼친 심오한 영향력에 대해 알아보자.

---

6) 처음에는 데카르트의 *Discours de la Méthode*(1637)에 발표되었다. *Descartes: Philosophical Writings*(New York: Modern Library, 1958), pp. 90~144에서 발췌.

7) Eric Temple Bell, *Men of Mathematics*, p. 35.

ouale ie fais des cercles du centre H, dont les rayons sont esgaux aux lignes R 6, R 8, & semblables, qui couppent les autres cercles aux poins marqués 4.

On pourroit encore trouuer vne infinité d'autres moyens pour descrire ces mesmes ouales. comme par exemple, on peut tracer la premiere AV, lorsqu'on suppose les lignes FA & AG estre esgales, si on diuise la toute FG au point L, en sorte que FL soit a LG, com-

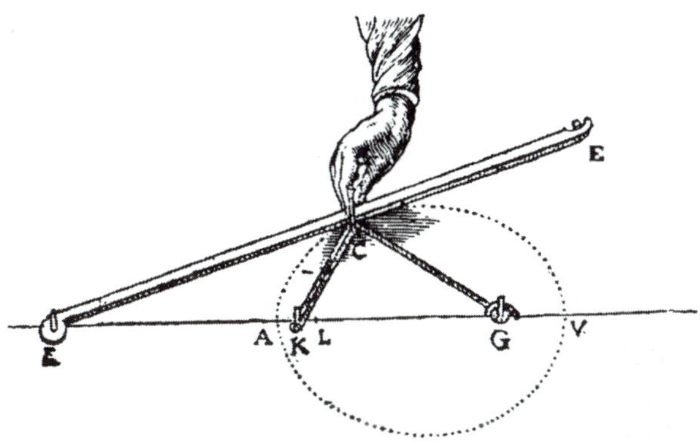

me A 5 à A 6. c'est à dire qu'elles ayent la proportion, qui mesure les refractions. Puis ayant diuisé AL en deux parties esgales au point K, qu'on face tourner vne reigle, comme FE, autour du point F, en pressant du doigt C, la chorde EC, qui estant attachée au bout de cete reigle vers E, se replie de C vers K, puis de K derechef vers C, & de C vers G, ou son autre bout soit attaché, en sorte que la longeur de cete chorde soit composée de celle des lignes GA plus AL plus FE moins AF. & ce sera le mouuement du point C, qui descrira cete ouale, a l'imitation de cequi a esté dit en la Dioptriq; de l'Ellipse, &

『기하학』(복사 페이지)

뉴 턴

> 자연과 자연의 법칙은 어둠 속에 있었다. 신이 말씀하시길 "뉴턴을 믿으라! 그럼 모든 것이 밝혀질 것이다."[8]

뉴턴이 태어날 당시 과학은 막 생겨나고 있었다. 그만큼 과학은 여전히 작은 분야였으며, 그 가능성을 볼 수 있었던 사람들에게는 과학이 흥분의 대상이었지만 그 이외의 사람들에게는 거의 알려지지 않았다. 1727년 뉴턴이 사망한 뒤 과학은 인간의 사고에서 우세한 힘을 점유했고, 이러한 변화의 일차적인 원인이 바로 뉴턴에게 있었다. 17세기는 여러 가지 점에서 현 시대와 같은, 즉 많은 모순된 생각들이 우위를 위해 싸웠던 '흥미로운 시기'였던 동시에, 변화와 예측 불가능의 시기였다. 이전에 종교와 '고대인ancients'[9]이 가졌던 서양 사상의 절대적 우세는 끝이 나고, 현실에 대한 어떤 새롭고도 포괄적인 설명으로 채워질 공백이 생겨났다. 뉴턴은 자신의 저서인 『광학*Optiks*』과 『프린키피아*Principia*』로 동시대 사람들에게 자연의 모든 것을 설

뉴턴

8) Alexander Pope, "Intended for Sir Isaac Newton," in Lewis Kroneberger, ed., *Alexander Pope: Selected Works*(New York: Modern Library, 1951), p. 330.

9) 위대한 그리스 사상가에 대한 중세의 가장 특징적인 용어.

명한 듯했다. 종교와 고대인들조차도 이제껏 실재의 그 많은 것을 단 하나의 체계에 포함시키지 못했다. 즉, 뉴턴 전에는 사색이 있었고, 뉴턴 후에는 법칙이 있었다!

뉴턴은 생애의 마지막 18개월 동안 전개한 대부분의 생각들을 젊어서부터 늘 품고 있었다. 23세에 그는 평범하게 학사학위를 받았다. 그 당시 유럽은 페스트의 공포에 휩싸여 있었으며, 뉴턴은 대학이 다시 개강할 때까지 부모의 집에 머물렀다. 이 기간에 그는 미적분학, 색 이론, 우주를 결합시키는 힘으로서의 중력의 개념을 발견했다. 이 것들은 뉴턴의 학문적 업적에서 핵심을 이루는 요소들이다.[10]

뉴턴의 법칙은 현실에서 응용할 수 있는 운동과 힘, 그리고 직사광을 설명했다. 즉, 뉴턴의 법칙은 물질 입자, 물질 입자의 운동 및 상호작용과 관계가 있었다. 그는 빛조차 입자들로 구성되어 있다고 봤고, 죽는 순간까지도 빛이 파동에 의해 나타나는 현상이라는 주장에 반기를 들었다. 뉴턴의 세계는 절대적 공간과 시간, 그리고 그 절대적 공간과 시간에서 움직이는 완전하면서도 비가시적인 입자들이 존재하는 절대적인 세계였다. 뉴턴은 『프린키피아』에서 다음과 같이 말했다.

> 절대적 공간은 외부의 어떤 것에도 영향을 받지 않은 채 그 자체의 성질을 유지하며 항상 부동의 상태로 존재한다. 절대적이면서 사실적이고 수학적인 시간은 본래, 그리고 그 자체의 성질에 의해 외부의 어떤 것에도 영향을 받지 않은 채 균등하게 흐른다.[11]

---

10) George Gamow, *The Great Physicists from Galileo to Einstein*(New York: Dover Publications, 1961), pp. 52~53.

11) George Gamow, *The Great Physicists from Galileo to Einstein*, p. 174.

이러한 세계가 사고에 의해 구성되었다는 점은 분명하다. 왜냐하면 뉴턴이나 우리 어느 누구도 절대적 공간 또는 절대적 시간을 경험한 적이 없기 때문이다. 모든 인간의 공간과 시간 경험은 특정한 공간과 시간에서의 경험인 것이다. 절대적 공간과 시간은 뉴턴이 자연의 일반 이론들을 만들기 위해 사용했던 개념들이다. 일반 이론들은 특정 경우에 적용될 수 있었을 것이다.

뉴턴의 절대적 공간과 시간 개념은 가능한 사실이라는 면보다는 광범위한 유용성 면에서 더욱 가치가 높았다. 즉, 가장 좋은 의미로 그것은 '과학적' 이론이었다.

미적분학

수학에서 데카르트의 해석기하학 발견 다음에 가장 위대한 진보는 뉴턴과 라이프니츠에 의해 거의 동시에 발달한 미적분학이다.[12] 뉴턴이 이전이나 이후에 그 어떤 누구도 하지 못했던 방법으로 세상을 바꿨다고 하지만, 지적 업적의 측면에서는 라이프니츠 역시 어느 누구에게도, 심지어 뉴턴에게도 결코 뒤지지 않는다. 무척 박학다식했던 라이프니츠는 종종 최후의 만물박사라고 불렸다. 우리는 다음 장에서 논리학에서의 그의 업적을 논하게 될 것이다. 라이프니츠의 논리학은 우선 칸트Immanuel Kant(1724~1804)의 판단 범주들을 이끌어냈을 뿐 아니라, 괴델이 결국 논리학의 한계를 증명해낸 도미노 효과의 출발

12) 우리가 다른 주요 발견들에서 보게 되듯이, 미적분학에 대한 생각은 상징적 표현을 기다리는 원형으로서 표면 바로 밑에 존재했다. 어떤 면에서 프랑스의 수학자 페르마(수학 전기 작가 벨이 재미있게도 '아마추어 왕자'라고 칭한)는 뉴턴과 라이프니츠를 모두 예기했다. 그러나 페르마는 개념을 완벽하게 개발하는 데 실패했다.

I.

NOVA METHODUS PRO MAXIMIS ET MINIMIS, ITEMQUE TANGENTIBUS, QUAE NEC FRACTAS NEC IRRATIONALES QUANTITATES MORATUR, ET SINGULARE PRO ILLIS CALCULI GENUS *).

Sit (fig. 111) axis AX, et curvae plures, ut VV, WW, YY, ZZ, quarum ordinatae ad axem normales, VX, WX, YX, ZX, quae vocentur respective v, w, y, x, et ipsa AX, abscissa ab axe, vocetur x. Tangentes sint VB, WC, YD, ZE, axi occurrentes respective in punctis B, C, D, E. Jam recta aliqua pro arbitrio assumta vocetur dx, et recta, quae sit ad dx, ut v (vel w, vel y, vel z) est ad XB (vel XC, vel XD, vel XE) vocetur dv (vel dw, vel dy, vel dz) sive differentia ipsarum v (vel ipsarum w, vel y, vel z). His positis, calculi regulae erunt tales.

Sit a quantitas data constans, erit da aequalis 0, et $d\overline{ax}$ erit aequalis adx. Si sit y aequ. v (seu ordinata quaevis curvae YY aequalis cuivis ordinatae respondenti curvae VV) erit dy aequ. dv. Jam *Additio et Subtractio*: si sit z — y + w + x aequ. v, erit $d\overline{z-y+w+x}$ seu dv aequ. dz — dy + dw + dx. *Multiplicatio*: $d\overline{xv}$ aequ. xdv + vdx, seu posito y aequ. xv, fiet dy aequ. xdv + vdx. In arbitrio enim est vel formulam, ut xv, vel compendio pro ea literam, ut y, adhibere. Notandum, et x et dx eodem modo in hoc calculo tractari, ut y et dy, vel aliam literam indeterminatam cum sua differentiali. Notandum etiam, non dari semper regressum a differentiali Aequatione, nisi cum quadam cautione, de quo alibi. Porro *Divisio*: $d\frac{v}{y}$ vel (posito z aequ. $\frac{v}{y}$) dz aequ. $\frac{\pm vdy \mp ydv}{yy}$.

Quoad *Signa* hoc probe notandum, cum in calculo pro litera substituitur simpliciter ejus differentialis, servari quidem eadem signa, et pro + z scribi + dz, pro — z scribi — dz, ut ex addi-

*) Act. Erud. Lips. an. 1684.

라이프니츠가 쓴 미적분학에 대한 첫 논문 가운데 시작 페이지

점이었다. 뉴턴과 라이프니츠는 순수수학과 응용수학 간의 겉으로 보이는 이분법을 초월했다. 두 사람 모두 인간의 사고뿐 아니라 인간 사고를 물질세계에 적용시키는 학문적 진보를 시도했다.

물질세계를 다루는 데 있어서 해석기하학이 가졌던 커다란 약점은 현실이 지속적으로 변화한다는 것이었다. 해석기하학은 지속적인 변화를 표현할 방법이 없었다. 산술은 대상들 간의 어떤 물질적 관계를 양으로 표현할 수는 있지만, 그 자체의 표현들에서 변화를 유도해낼 수는 없다. 즉, 스스로의 힘으로 일을 처리할 수는 없다. 그래서 미적분학 같은 새로운 수학적 도구가 필요했다.

울퉁불퉁한 모양의 폐쇄된 도형(그림 2.4.A)이 종이 위에 그려져 있다고 상상해보자. 이 도형의 면적을 어떻게 계산할 수 있을까? 우선 이 도형을 충분히 포함하는 가장 작은 직사각형(그림 2.4.B)을 그릴 수 있다. 우리는 학교에서 직사각형의 면적은 길이와 높이를 곱한 값이라는 사실을 배웠다. 그래서 쉽게 직사각형의 면적을 구할 수 있는데, 이 직사각형의 면적을 수학적 용어로 울퉁불퉁한 도형 면적의 '**상한값**upper limit'이라고 부른다. 즉, 직사각형의 면적을 울퉁불퉁한 도형 면적의 근사치로 사용함으로써, 원의 실제 면적이 직사각형의 면적보다 적어야 한다는 사실을 확실히 알 수 있다.

도형이 매우 울퉁불퉁해 비대칭적이라면, 그 울퉁불퉁한 부분들을 각각 포함하는 크기가 서로 다른 직사각형(그림 2.4.C)을 그림으로써 좀 더 근사치의 측정값을 얻을 수 있다. 각각의 직사각형의 면적을 계산한 뒤 그 값을 합하면, 상한값은 전보다 더 작아지고, 그 도형의 실제 면적에 더 가까워질 것이다. 이렇게 직사각형의 수를 늘린다면 우리의 측정값은 점점 더 근사치에 가까워질 것이다(그림 2.4.D). 즉, 극한값은 점점 작아지고, 실제 면적에 더 가까워진다. 천개의 직사각

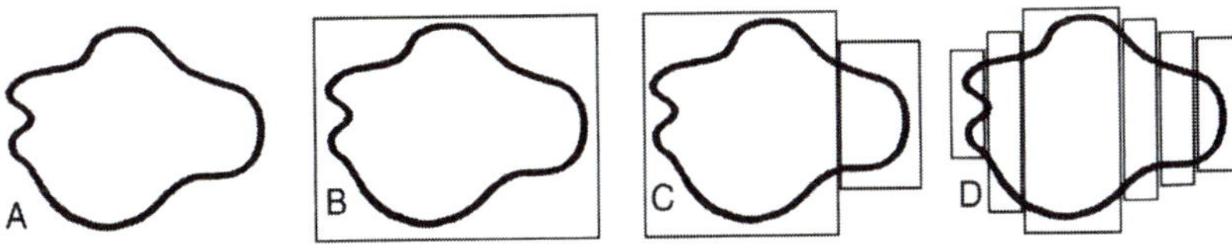

그림 2.4 극한의 단계들

형을 그린다면 극한값이 실제 면적과 거의 비슷해져서 그 값이 도형의 면적과 동일하다고 생각할 수도 있다. 그러나 여전히 정확한 값은 아니라는 사실을 아는 것이 중요하다.

이제 사고에서의 도약을 시도해보자. 직사각형의 수를 끝없이 확장한다고 상상해보라. 만일 우리가 직사각형 면적의 무한수를 더해감으로써 이 과정의 극한을 계산하는 어떤 방법을 가졌다면, 그 극한값은 더 이상 울퉁불퉁한 원 면적의 근사치가 아닐 것이다. 그것은 정확한 면적이 될 것이다! 이것이 바로 미적분학이다.[13)]

> **함수**function(라틴어로는 동치同値equivalent)라는 단어는 1694년 라이프니츠에 의해 수학에 도입된 듯하다. 함수 개념은 수학의 많은 것을 지배하고 있으며, 학문에서 없어서 안 되는 개념이다.[14)]

> **함수** 개념의 수학적 사용은 일상생활에서도 그대로 채용되었다. 예를 들어, "그의 기질은 그의 소화기능과 함수 관계이다"라는 말이 수학적 의미를 정확하게 반영하고 있다. 즉, 그의 소화기능이 어떤지를 알면 그의 기질까지도 파악할 수 있는 어떤 규칙이 생겨난다는 의미다.[15)]

---

13) 극한의 개념에 대한 더욱 사세한 내용은 제4장을 보라.

14) Eric Temple Bell, *Men of Mathematics*, p. 98.

데카르트의 해석기하학은 어떤 기하학적 도형을 수의 좌표로 기술할 수 있을 뿐 아니라, 이 좌표들을 대수학적 함수로 전환하는 방법도 제공했다. 함수는 어떤 패턴을 이루는 수열을 표현하는 속기법에 불과하다. 예를 들어, 방정식 $Y=2X$는 어떤 수 X에 대해 Y값이 두 배임을 말하는 속기법이다. 만일 $X=1$이면 $Y=2$가 되고, $X=1/3$이면 $Y=2/3$가 되는 식이다. 수학자들은 이를 두고 Y는 X의 함수라고 말하면서 수학적 기수법記數法으로 $Y=f(x)$로 표시할 것이다. 이것을 간단히 $f(x)=2X$라고 표현하며, 여기에서 X는 변수가 된다. 즉, X값은 넓은 치역値域에 걸쳐 변할 수 있다는 뜻이다. 기억해야 할 핵심적인 사항은 X가 어떤 특정 값을 가지더라도 함수는 분명히 정의된다는 점이다. 그래서 함수는 많은 양의 정보를 표현하는 데 매우 효과적인 방식이다.

약간 더 복잡한 $Y=3X^2+5$라는 방정식을 생각해보자. 만일 $X=0$이라면, 우리는 0의 제곱(여전히 0)에 3을 곱하고, 다시 5를 더해 Y값인 5를 얻을 수 있다. 만일 $X=1/2$이라면 제곱은 1/4이고, 여기에 3을 곱하면 3/4이 되며, 다시 5를 더하면 Y값은 5¾이 나온다. 이렇듯 X가 변할 때 Y도 공식에 따라 변하기 때문에 Y는 X의 함수라고 말한다.

라이프니츠와 뉴턴은 각각 수학적 함수로 기술될 수 있는 도형의 면적 계산법(미적분학이 'calculus'인 이유)을 개발했다. 그런데 이들이 개발한 계산법은 면적 계산 이상으로 훨씬 폭넓게 사용될 수 있었다. 즉, 미적분학은 무엇이든 무한수의 조각들로 쪼갠 뒤 그 무한히 작은 크기의 각 조각들을 합하는 기술을 제공했다. 그래서 변화가 양으로 표시될 수 있게 되었다. 예를 들어, 누군가가 로켓이 복잡한 대수학적

15) Alfred North Whitehead, *An Introduction to Mathematics*(New York: Galaxy Book / Oxford University Press), p. 107.

공식으로만 표현될 수 있는 속도로 가속화된다고 말했다고 해보자. 이때 우리는 몇 시간 뒤의 로켓 속도가 어떠할지를 계산하기 위해 미적분학을 활용할 수 있다. 속도뿐 아니라 로켓이 움직였던 거리를 계산할 때도 미적분학이 활용된다. 아니면 반대로, 가속을 가지고 몇 시간 뒤의 속도를 계산했던 것처럼 속도만으로 가속도를 계산할 수도 있다. 즉, 어떤 것이 시간과 공간에서 지속적으로 변화하며 그것이 대수학적 공식으로 표현될 수 있다면 미적분학을 활용해 그 변화를 계산할 수 있다는 뜻이다.

미적분학은 물리적 학문, 특히 물리학과 천체학에 믿을 수 없을 정도로 폭넓은 도구를 제공했다. 철학 면에서 우리가 할 말이 많은 버클리Berkeley(1685~1753)는 다음과 같이 주장했다.

> 유율법流率法method of Fluxions(미적분학에 대한 뉴턴의 용어)은 현대의 수학자들이 기하학의 비밀을, 그리고 결과적으로 자연의 비밀을 풀 수 있는 종합적인 열쇠이다.[16)]

20세기 이전에는 물리학과 천체학의 가장 복잡한 문제조차도 미적분학이나 미분 방정식 또는 텐서 기계학tensor mechanics[17)] 같은 미적분학의 수학적 확장 도구 등을 필요로 하지 않았다. 그래서 미적분학은 수학의 높은 수위를 표시하는 학문적 도구였다.

---

16) Berkeley, *The Analyst*, 1734, in David Eugene Smith, *A Source Book in Mathematic*. Reprint of 1929 edition(New York: Dover, 1959), p. 628. Brackets mine.

17) 텐서의 개념은 수학, 특히 물리학에서 중요한 의미를 가진다. 기하학에서는 연구의 편의상 기본 벡터로 좌표라는 개념을 사용한다. 미분 기하학이나 상대성 이론 등에서의 법칙은 모두 텐서의 형식으로 표현된다.

위대한 이론들

과도기에 이론가들은 낡고 비효과적인 비전들을 대체하기 위해 실재에 대한 새로운 비전들을 제시했다. 위대한 이론가들은 대부분 다른 사람들의 상상을 포착하는 정도에서 비전을 내놓았다. 그렇게 많은 사람들이 실재에 대한 새로운 비전에 반응할 수 있었다는 사실은 분위기가 이미 감돌고 있었다는 의미가 된다. 물론 위대한 이론가들은 그 첫 번째 줄에 서 있는 사람들이다. 그들은 다른 사람들보다 더욱 넓은 견지로 미세한 부분의 비전까지 제시하지만, 시대를 지나치게 앞서는 경향이 있어서 대부분 무시되고 만다. 그러나 위대한 이론가들의 비전은 결국 승리를 거둔다.

학문에서든 예술에서든 위대한 이론은 실재의 전체적 묘사에 대한 주요 개요를 표현해야 한다. 이 안에는 단서와 예외들에 대한 여지가 거의 없다. 위대한 이론은 필수적으로 이전의 이론이 이미 다루었던 점과 그 이론을 의심하게 만든 문제점들에 대해 설명한다. 그러나 시간이 지나고, 적은 수의 사람들이 원래의 이론을 적절히 응용함으로써 문제점들은 거의 발견되지 않는다. 이론이 실재의 많은 것을 잘 설명하기 때문에 간혹 생기는 예외는 무시되거나 궤변으로 넘어갈 수 있다. 그리고 미궁같이 복잡한 귀결들이 이론에 더해진다. 즉, 개념의 정확한 이해가 어떤 경우에 왜 부적절한지를 보여주기 위해 지나치게 난해한 정의들이 적용되는 것이다. 따라서 새로운 이론이 나타나는 경우는 예외들이 더 이상 무시될 수 없을 때뿐이다. 이 예외는 새로운 비전을 반영하기 때문에 다음에는 절대적이고 일반적인 이론이 될 수 있다. 이것이 바로 창조성의 순환이다. 하지만 이러한 위대한 이론은 매우 드물다. 미적분학과 뉴턴 법칙의 발견 및 공식화는 우주에 대한 종교적인 견해가 학문적인 견해로 변화했다는 의미를 지닌다.

위대한 새로운 이론들은 **시대정신**Zeitgeist을 반영한다.[18] 그리고 대부분의 위대한 이론은 필요성에 의해 처음 만들어진다. 만일 그 필요성이 충분치 않다면, 거대하고 새로운 이론 탄생의 원동력은 발현되지 않는다. 분할할 수 없는 입자와 절대적 공간 및 시간에 대한 비전은 뉴턴의 비전이었던 동시에 그 시대의 비전이기도 했다. 중세 사상가들은 모든 면에서 신의 목적을 위해 전력을 기울였을 뿐 아니라, 모든 것이 정체된 전체와 결합해 있던 세계에 고정되어 있었다. 반면, 르네상스 사상가들은 필사적으로 변화와 분리를 원했다. 그들은 종교적 제약을 받지 않고 자신들의 비전을 추구하기 위해 자유를 갈망했다. 그렇다고 그들이 비종교적이었다는 의미는 아니다. 오히려 전혀 그렇지 않다. 단지 그들은, 자신들의 사고가 이끄는 곳이 어디든 간에 그 사고들을 추구하기 위해 종교적인 요구들로부터 분리되기를 원했던 것이다. 이러한 점이 바로 뉴턴이 표현했던 그 시대정신이었다.[19]

이렇듯 세계의 진행 방향에 의미심장한 영향을 끼친 뉴턴조차도 시대를 만든 사람이라기보다는 그 시대를 대표하는 사람이었다. 논의의 여지가 있긴 하지만, 뉴턴이 태어난 해에 죽은 갈릴레오Galileo (1564~1642)가 학문적 방법의 발달과 천체학, 물리학, 철학에서의 응용을 이루었다고 할 수 있다. 뉴턴 이전의 반세기 동안은 데카르트와 같은 시대의 사람이었던 토마스 홉스Thomas Hobbes(1588~1679)는 그 뒤에 로크Locke(1632~1704)가 했던 것 이상으로 정신을 환원시켰다. 즉, 홉스는 감각적 인식으로 환원될 수 없는 어떤 정신적인 것이 필요하

---

18) i.e. spirit of the times.

19) 과학적 혁명들의 성질에 대한 더 자세한 내용은 Thomas S. Kuhn, *The Structure of Scientific revolutions*(Chicago: University of Chicago Press, 1970)을 보라.

다고 생각하지 않았다.[20] 그러나 세상은 아직 유물론자들의 입장을 받아들일 준비가 되어 있지 않았다. 우리가 진정한 패러다임의 변화를 갖게 되는 시기는 오직 시대와 사상가가 맞물렸을 때뿐이다. 17세기가 바로 그러한 시기였고, 뉴턴은 그 시대에 적절한 사상가였다. 다음 장에서 알게 되겠지만, 18세기는 또 다른 패러다임으로 변화하기에는 너무 이른 시기였다. 위대한 칸트조차도 뉴턴이 가져다준 새로운 세계관에 충격을 던질 수 없었던 것이다.

---

20) Stuart Hampshire, ed., *The Age of Reason: The 17th Century Philosophers*(New York: Mentor Books / Houghton Mifflin, 1956), pp. 34~58.

Chapter 3

인간은 무엇을 알며, 또 그것을 어떻게 아는가?

세상에 대한 가장 이해할 수 없는 점은 우리가 그것을 이해할 수 있다는 것이다.[1)]

나는 결과를 얻었지만, 아직까지 그것을 어떻게 얻었는지는 모른다.[2)]

로크와 라이프니츠

같은 시대의 인물인 뉴턴에게 영향을 받은 17세기의 철학자 로크는 처음으로 여전히 많은 학자들에 의해 지지를 받고 있던 철학인 경험주의자들의 신조에 대해 말했다. 그는 인간의 정신을 분리되고 구별되는 이데아라는 입자들을 담고 있는 일종의 비어 있는 용기라고 기술했다. 모든 이데아는 단순하거나 복잡하다. 단순한 이데아는 경험에서 직접 나오며, 복잡한 이데아는 단순한 이데아에 작동하는 정신에서 나온다. 따라서 모든 이데아는 직접적 또는 간접적으로 경험에서 나온 것이다. 여기에서의 경험은 외부의 감각적 경험일 수도 있고, 정신 상태 그 자체에서 나오는 내적 경험일 수도 있다. 많

1) Albert Einstein, Isaac Asimov and Jason A. Shulman, eds., *Isaac Asimov's Book of Science and Nature Quotations*(New York: Weidenfeld & Nicholson, 1988), p. 211.

2) Karl Friedrich Gauss, *Isaac Asimov's Book of Science and Nature Quotations*, p. 115.

라이프니츠

은 난관에도 불구하고, 로크의 견해들은 20세기 이전의 사고 주류를 대표한다. 그러나 겉으로는 전혀 문제될 것이 없어 보이는 로크의 견해들이 버클리와 흄David Hume(1711~1776)에 의해 18세기의 논리적 결론으로 받아들여졌을 때 매우 당혹스러운 결과들을 낳게 된다.[3)]

> 라이프니츠는 통찰력에 있어서 뉴턴과 비교된다. 통찰력의 범위에서는 뉴턴보다 성과가 광범위했지만 궁극적인 업적 면에서는 뉴턴보다 성과가 적은, 현대의 가장 박학다식한 천재였다. …… 지금까지도 그의 업적 가운데 대다수가 출판되지 않았다. 그는 현대 지식의 모든 범위에 정통했으며, 백과사전이자 만물박사라고 할 수 있는 마지막 사람이었다.[4)]

앞 장에서 우리는 라이프니츠를 뉴턴과 더불어 미적분학의 공동 발견자라고 언급했다. 그러나 라이프니츠는 한층 더 높은 목표를 가졌다. 즉, 라이프니츠는 젊었을 때부터 이미 의론을 발달시켜 나갈 목표를 가지고 있었다.

---

3) 로크에 대한 자료는 Sir Isaiah Berlin, ed., *The Age of Enlightenment: The 18th Century Philosophers*(New York: Mentor Books / Houghton Mifflin, 1956), pp. 30~112을 보라.

4) Stuart Hampshire, *The Age of Reason*, p. 143.

…… 이성의 모든 진리가 일종의 계산으로 환원될 수 있는 일반적인 방법이 존재할 것이다. 이 방법은 보편적인 언어 또는 스크립트이겠지만 지금까지 반영되었던 것들과는 극히 다르리라고 본다. 그 안에 포함된 기호들과 단어들은 이성을 지시할 것이다. 사실에 대한 오류를 제외하고는, 실수들은 단지 계산상에서의 착오에 지나지 않는다.[5)]

이 원대한 목표를 성취할 수는 없었지만(후에 괴델이 불가능하다는 사실을 증명했다), 라이프니츠는 아리스토텔레스 이후 논리학에서의 첫 진보를 이루었다. 그는 판단을 두 개의 체계적인 범주로 나누었다. 분석적analytic, 종합적synthetic 그리고 선험적a priori, 후험적a posteriori 범주가 바로 그것이다. 우선 분석적·선험적 판단은 "모든 아내들은 여성이다"처럼 경험 이전에 결론을 알고 있는 것들이다. 즉, 아내는 결혼한 여성이기 때문에 결론이 이미 정의 속에 포함되어 있다. 모든 수학적 논리는 분석적이다. 비록 수학 자체는 아니지만, 괴델이 논리학으로 증명을 해보였다. 종합적·후험적 판단의 예로는 "21세가 넘는 대부분의 여성은 아내다"를 들 수 있다. 이 문장이 진리가 되기 위해서는 관찰을 통한 증명이 있어야 한다. 이 관찰을 통해 사실, 21세가 넘은 여성들은 거의 결혼하지 않았다는 것이 증명될 것이다.[6)]

분석적 판단의 강점은 필연성이며, 취약점은 인간에게 어떤 새로운 것을 말해주지 않는다는 점이다. 종합적 판단의 강점은 어떤 새로

5) *De Arte Combinatoria*, 1666. Frederick David Abraham, Ralph H. Abraham, and Christopher D. Shaw, *A Visual Introduction to Dynamical Systems Theory for Psychology* (Santa Cruz: Aerial Press, 1990), pp. iii~21.

6) 라이프니츠에 대한 자료는 Stuart Hampshire, *The Age of Reason*, pp. 142~182를 보라.

운 것을 우리에게 말해주는 능력을 가진다는 점이며, 취약점은 필연성이 없다는 점이다. 만일 정보와 필연성, 이 두 가지를 인간에게 제공할 수 있는 판단을 가진다면 인간은 양쪽 세계에서 가장 최상의 것들을 가지게 된다.[7)]

버클리와 흄

18세기가 시작되자, 로크의 경험주의와 라이프니츠의 판단 범주는 자신들을 활용할 천재를 기다렸다. 그 천재는 칸트였다. 그런데 칸트 전에 두 명의 철학자가 있었는데, 이들이 어느 정도 칸트에게 영향을 끼친 것으로 보인다. 그 철학자는 바로 버클리와 흄이다. 버클리는 로크의 경험주의와는 정확히 반대 지점에 서 있었다. 그는 나중에 '철학적 이상주의philosophical idealism'라고 불리게 될 견해를 발표했다. 로크의 입장을 요약하자면, 이데아는 언제나 경험될 수 있는 모든 것이다. 즉, 모든 이데아는 직·간접적인 감각 경험에서 나온다. 버클리도 이에 동의했지만, 물질세계를 인간의 인식과 분리시키는 일은 무의미하다고 주장했다. 17세기에 데카르트는 "나는 생각한다. 그러므로 나는 존재한다"고 주장했다. 버클리는 한 걸음 더 나아가서 인간이 경험할 수 있는 모든 것은 인간의 사고라고 결론 내렸다. 즉, 인간이 세상에 대해 생각하지 않는 한 세상은 존재하지 않는다. 그런데 버클리는 굉장히 종교적이었다. 그래서 스스로 이 딜레마에서 빠져나오기 위해, 비록 우리가 우리의 경험으로부터 세계를 증명할 수 없을지라도 세계는 신의 마음속에 존재하기 때문에 그 세계는 존재한다고 주장했다.

---

7) W. L. Reese, *Dictionary of Philosophy and Religion: Eastern and Western Thought*(Atlantic Highlands, NJ: Humanities Press, 1980), p. 277.

후자의 주장은 다른 철학자들에게 많은 영향을 끼치지 못했다. 왜냐하면 그들은 세계 존재를 결코 증명할 수 없는 버클리의 초기 주장을 어떻게 다뤄야 할지 몰랐기 때문이다.[8)]

버클리가 물질세계의 존재를 부정한 반면, 흄은 인과관계의 가정이 일상생활에서도 중요하게 작용한다는 점을 강조했다. 만일 (A) 첫 번째 당구공이 두 번째 당구공을 치는 모습을 본 다음에 (B) 두 번째 공이 움직이는 모습을 보게 되면, 우리는 (A)가 (B)의 원인이 되었다고 말할 수 있다. 모든 뉴턴 법칙과 학문에서 핵심을 이루는 점이 바로 이러한 필연적인 인과관계의 가정이다. 흄은 원인과 결과의 관계에서 실제로 경험되는 것에 관심을 기울였다. 흄은 우리가 알고 있는 모든 것은, 두 가지 사건인 (A)와 (B)가 동일한 공간이라는 한계 내에 위치하고, 시간상으로 (A)가 (B)를 선행한다는 사실이라고 지적했다. (A)가 (B)를 유발하기 위해서는 두 사건 사이에 어떤 필연적인 연결이 반드시 필요하다. 흄은 논리적으로 증명될 수 있는 필연적인 연결이 없다고 주장했다.

> 흄에 의하면, 필연적인 참의 유일한 기준은 비모순non-contradiction의 법칙이다. 만일 명제에 모순이 없어서 부정될 수 없다면 그것은 필연적으로 참이다.[9)]

바꾸어 말하면, '필연적인 진리의 유일한 기준'은 라이프니츠가 말한 분석적 판단이다. 분석적 판단에서는 결론이 주제 안에 포함되어

8) 버클리에 대한 자료는 Sir Isaiah Berlin, *The Age of Enlightenment*, pp. 115~161을 보라.

9) Henry D. Aiken, *The Age of Ideology: The 19th Century Philosophers*(New York: Mentor Books / Houghton Mifflin, 1956), p. 32.

있다. 그러나 (B)가 (A)를 따른다는 결론은 외부 세계의 관찰에 의한 종합적 판단이다. 라이프니츠가 지적했듯이, 이들은 판단의 분리된 형태다. 종합적 판단은 결코 선험적·분석적 판단의 필연성을 가질 수 없다. 세상에 관한 모든 정보는 후천적 경험에서 유래된 것이기 때문이다.

두 당구공의 충돌을 예로 든다면, 있을 법하지는 않지만 논리적인 모순이 없는 많은 가정들을 만들어 낼 수 있다. 즉, 두 번째 공이 살아 있어서 기쁜 나머지 갑자기 튀어올랐다거나 비행접시가 당구공에 광선총을 쏘아 공이 튀어올랐다고 가정할 수 있다. 이러한 가정들이 전혀 그럴듯하지는 않다고 해도, **논리적 모순**은 없다. 따라서 우리가 (A)가 (B)의 원인이라고 결론 내릴 수 있는 이유는 단지 경험 때문이다. 어떤 대상이 다른 대상을 치는 장면을 본 적이 있기 때문에 이러한 결론을 내릴 수 있는 것이다.

모든 인과관계 역시 마찬가지다. 실제로 일어난 두 사건이 시간과 공간상에서 충분히 인접해 있다는 사실이 관찰되면 필연적인 연결이 그 사이에 존재한다고 가정할 수 있고, 이것으로 인해 우리는 한 사건이 다른 사건을 일으켰다고 말할 수 있다. 외부 세계에 대한 판단에 있어서 논리적 필연성이 결여될 수만 있다면, 시간의 구애 없이 어떤 사건이든 일어날 수 있을 것이다. 이러한 흄의 주장에 철학자들은 답변을 내놓아야 했다. 달리 말하면, 철학이 막다른 골목에 서 있었다고 할 수도 있다. 물론 20세기 이전에 모든 뉴턴의 법칙과 학문을 형성한 것은 이러한 필연적 인과관계의 가정이었다.[10]

10) 흄에 대한 자료는 Sir Isaiah Berlin, *The Age of Enlightenment*, pp. 162~260을 보라.

칸트의 정신 범주들

> 칸트는 자신의 분야에서 자칭 코페르니쿠스적 혁명을 계획했다. 흄이 했던 것처럼 경험의 용어로 개념을 설명하는 대신 칸트는 개념의 용어로 경험을 설명하기 시작했다.[11)]

칸트는 1781년 자신이 집필한 『순수이성비판*Critique of Pure Reason*』으로 현대 철학의 시대를 열었다. 그는 분석적 진리와 종합적 진리는 분리되고 구별된다는 점에 동의했다. 그러나 이 두 진리가 경험되는 곳이 인간의 정신 내부인 만큼 분석적이거나 종합적인 것이 아닌 세 번째의 판단 범주가 존재한다고 주장했다. 예를 들어, '2+2=4이다', '두 점 간의 최단거리는 직선이다', '모든 사건에는 원인이 있다' 등은 모두 종합적·선험적 판단들이다. 버클리는 외부 세계는 결코 경험될 수 없으며, 오직 사고와 감정의 내부 세계만 경험될 수 있다고 주장했다. 칸트도 이에 동의했다. 흄은 세상에 관한 어떤 결론에도 논리적 필연성이 있을 수 없다고 말했다. 칸트도 이에 동의했다. 그러나 칸트는 버클리나 흄보다 더 깊이 성찰하였다. 즉, 종합적 판단은 실제 인간 주위의 세계에 관한 것이 아니라, 오히려 인간의 정신을 통해 여과된 세상에 관한 것이라고 주장했다. 예를 들어, 인간이 경험하는 것은 원래 그대로의 감각적 데이터가 아니다. 즉, 인간의 모든 경험은 어떤 특정한 시간과 장소에 있다는 것이다. 여기에서 시간과 공간은 모든 인간에 내재하는 판단 범주의 예이다. 이 판단 범주의 예를 통해 우리는 실재를 경험한다. 즉 칸트는, 판단은 내재하는 범주를 통해 감각적 데이터를 받아들이며, 결론에 도달하기 위해 논리학을 적용하게

11) Bertrand Russell, *Wisdom of the West*(New York: Fawcett World Library, 1959), p. 311.

된다고 주장했다. 칸트의 "내용 없는 사고는 공허하고, 개념 없는 직관은 맹목이다"12)라는 말이 이를 잘 설명한다.

벤저민 워프Benjamin Whorf(1897~1941)와 다른 언어학자들은 모든 사람이 시간과 공간을 같은 방식으로 경험한다는 칸트의 가정이 틀렸다는 사실을 발견했다. 특히 워프는 많은 사람들 가운데 호피 인디언들Hopi Indians은 서양인과는 매우 다른 시간적·공간적 감각을 가졌다는 사실을 발견했다.

> 호피 인디언은 세계가 상상의 공간을 가지고 있지 않다고 생각했다. …… 이러한 생각은 사실적 공간을 다루고 있는 사고를 사실적 공간을 제외한 그 어느 곳에도 위치시킬 수 없고, 또한 그 공간을 사고의 영향으로부터 차단시킬 수도 없을 것이다.13)

> 칸트의 특정 분석들은 분석학적 철학자들에게 더 이상 받아들여지지 않는다. 또한 그의 이원적인 인간 본성의 개념, 알 수 없는 물자체things-in-itself, 그리고 일반적인 도식圖式도 더 이상 받아들여지지 않는다. …… 그러나 칸트는 여전히 최선의 상태로 철학적 정신이 가능한 이상ideal을 대표한다.14)

워프의 말처럼 칸트의 어떤 특정 생각들이 더 이상 받아들여지지 않는다면 칸트가 아직도 왜 그렇게 중요한 것일까? 칸트는 인간이 태어날 때부터 가지고 있던 구조들이 정신에 존재하며(이 구조들에 대한

---

12) W. L. Reese, *Dictionary of Philosophy and Religion*, pp. 276~280.

13) Edward T. Hall, *The Silent Language*(Greenwich, CT: Fawcett Publications, 1959), p. 92.

14) Henry D. Aiken, *The Age of Ideology*, p. 273.

칸트의 기술들이 맞든 틀리든 간에), 이러한 구조들은 인간 외부의 물질세계와 사고의 정신세계를 매개한다는 심오한 진리를 알아냈다. 칸트는 로크가 주장하려 했던 것처럼, 이러한 타고난 구조들이 감각적 경험의 무리들을 넘어서는 그 어떤 것이라는 사실을 알았다. 또한 칸트는 생각만이 경험될 수 있다는 버클리의 주장을 완전히 받아들이면서도, 물질세계는 없다는 유아론唯我論적 결론은 받아들이기를 거부했다. 칸트는 내부와 외부 세계가 모두 존재하며, 이 세계들은 타고난 구조들 속에 합쳐져 있다고 주장했다.

우리가 관찰하는 세계의 밖에는 현실 세계가 존재하지만, 인간은 각자 자신의 정신적 지각의 렌즈를 통해 그 세계를 보게 된다. 사실 칸트는 인간의 타고난 심리학적 구성이 자연에 대한 모든 관찰들, 그리고 이러한 관찰들에 대해 내리는 모든 논리적 결론들에 영향을 끼치기 때문에 심리학이 가장 중요한 학문이 되어야 한다고 주장했다. 우리는 물자체das Ding an sich[15)]를 결코 경험하지 못할 수도 있지만, 인간의 정신은 세계가 조직화된 것과 거의 같게 조직화되어 있으며, 인간이 세상을 인식하는 진리의 범주들을 필연적으로 포함하고 있다. 이러한 주장은 르네상스 시대 이전, 심지어 학문의 탄생 이전에도 결코 생각될 수 없는 것들이었다. 칸트의 주장은 2000년 전의 플라톤과 비교될 수 있을 정도로 철학의 방향을 바꾸었다. 하지만 불행하게도 당시뿐 아니라 현재도 칸트의 주장은 학문에 큰 영향력을 미치지는 못했다.

르네상스 시대와 마찬가지로 인간은 다시 한번 자유롭게 생각할 수 있게 되었다. 그러나 사고 자체가 무엇인지에 대한 검토는 없었다.

---

15) The thing in itself.

데카르트가 자신은 생각하므로 존재한다는 사실을 알았다고 확증했을 때, 그는 사고의 힘에 중독되어 있던 한 시기의 **시대정신**을 표현하고 있었던 것이다. 뉴턴은 자신의 무한한 지성을 세계로 돌려 사고에 편리한 세상을 내다보았다. 그 세상은 절대적이면서도 불변하는 시간과 공간 속에 존재하는 분리된 입자들로 구성되어 있다. 로크는 사고 그 자체를 검토한 첫 번째 사람이었다. 뉴턴 사상의 영향을 받은 로크는, 사고는 물질세계와 일대일로 대응하는 분리되고 구별되는 감각적 경험들로 구성되었다고 주장했다. 버클리와 흄은 논리적 귀결에 따라 유물론은 이상주의를 만들어 냈다고 생각했다. 즉, 인간은 자신의 사고 세계를 제외한 세상은 알지 못한다. 그리고 사고 밖의 세계에 대한 어떤 주장에도 논리적 필연성은 없다.

결국 칸트는, 인간은 선천적으로 실재를 조직화한다는 사실을 알았다. 사고는 단지 감각적 경험의 원자나 폐쇄된 논리적 사슬이 아니다. 칸트는 물질적 실재는 '세상만사世上萬事'를 조직화하는 내부 구조를 통해서만 경험된다고 주장했다.[16] 또한 인간이 감각적 인식을 처리하기 위해 물질적 실재를 충분히 구조화할 수 있다는 사실은 타고난, 그리고 동일한 정신적 구조들이 인간 안에 존재한다는 강력한 증거다.

독창적인 모든 생각들이 그러하듯, 칸트의 범주들은 인간이 실재에서 이해하는 것보다 더 똑바르게 상황을 묘사한다. 최근의 연구는 인간의 감각기관 자체가 실재를 조직화한다는 사실을 잘 보여준다. 감각 데이터가 뇌에 제공되면서 조직화가 계속 진행된다. 그러나 완전한 일련의 작용들이 이 시점에 때맞춰 이해되리라는 예측과는 거리가 멀다. 이러한 복잡성과 상관없이, 만일 칸트가 옳다면 인간 정신의 본

16) 세상이 포함하고 있는 세세한 것들의 다양성을 표현하는 중국인의 경구.

질에 대한 이해가 진리를 결정하는 데 중요한 요소가 된다. 따라서 인간 정신의 연구, 즉 심리학이 다른 분야의 한 부속물이 아니라 처음부터 독립된 분야가 되어야 할 필요성이 있었다. 그러나 아직 이 시기가 무르익지 않았으며, 경험주의 심리학과 임상심리학의 두 양극이 존재하게 되는 19세기 후반까지는 현대 심리학이 시작조차 되지 않았다. 칸트는 플라톤 이후 그 어떤 철학자보다도 심오한 영향을 끼친 인물이다. 그러나 18세기 후반의 세상은 칸트의 영향력을 받아들일 준비가 충분히 되어 있지 않았다.

Chapter 4

실용적 반응들

(뉴턴의) 『프린키피아』가 출간된 지 5년이 되었을 때, 유명한 고전 학자이자 기독교의 삼위일체설을 주장하던 벤틀리Bentley 박사는 뉴턴의 동의를 얻어 '신의 기획'의 마지막 예로서 만유인력 법칙에 대한 강의를 했다. 이에 대한 영향으로 현용現用되는 발견이 하나의 굳건한 체계로 확립되었다. 그리고 최소한 영국에서만이라도, 18세기의 사상가들에게 우주의 법칙이 최종적으로 정착하게 되었다.[1)]

학자들은 철학적 문제를 무시한다

18세기의 학자들은 버클리, 흄, 칸트에 의해 제기된 철학적 문제들과 미적분학에 깔려 있는 수학적 문제들을 해결하려고 고심하는 대신 실용적 태도를 취했다. 뉴턴의 법칙은 그 존재만으로도 버클리와 흄에 대한 효과적인 반대 주장인 것처럼 보였다. 즉, 버클리와 흄은 인간이 필연성에 의해 물질세계를 말할 수 있다는 사실을 부정했지만, 뉴턴은 바로 그렇게 한 것처럼 보였다. 뉴턴의 법칙이라는 틀 안에서라면 학자들은 세계에 대한 임시적인 이론들을 제안하는 것만으로도 충분했다. 이론이 맞지 않다는 증거가 나타났을 때, 그때 이론을 수정

1) Jacob Bronowski, *The Common Sense of Science*(New York: Modern Library / Random House, 1953), p. 47.

하면 되기 때문이다.

동료 학자들처럼 많은 수학자들이 미적분학에서 제기되는 의문들에 대해 똑같이 자유방임적인 태도를 취했다. 미적분학이 이전에는 답을 얻을 수 없었던 많은 수학적·과학적 문제들을 해결해주었기 때문에 수학자들은 그 결과들을 사용하는 것만으로도 행복했다. 이는 실재를 다루는 무척 실용적인 방법이었다. 그리고 이것이 엄청나게 성공적인데 누가 논쟁을 하려 하겠는가?

미적분학의 발달과 확장

18세기 수학자들은 거의 대부분 미적분학을 발달시키고 확장하는 데 관여했다. 어떤 이유에서인지, 이 수학적 노력의 중심은 뉴턴의 나라인 영국이나 라이프니츠의 나라인 독일이 아니라 스위스였다.[2] 스위스의 수학은 수에 있어서 놀랄 정도의 천재성을 발휘한 베르누이 Bernoulli 집안이 이끌었다. 그 첫 번째가 야곱Jacob(1654~1705)형제들과 요한Johann(1667~1748)이었으며, 그 다음 세대는 니콜라우스Nikolaus와 다니엘Daniel, 그리고 그 다음 세대는 두 명의 다른 요한Johan과 또 한 명의 야곱Jacob 등이었다. 이 한 가족이 해석기하학, 미적분학, 미분방정식, 변분법, 확률이론을 발달시키고 확장시켰다.[3]

이들보다 더욱 중요한 인물은 모든 시대를 통틀어 가장 생산적이었던 수학자 오일러Leonhard Euler(1707~1783. '해석학의 화신化身', '최고의

2) 이로부터 거의 2세기 후에 융도 나타날 것이다.

3) 프랑스의 수학자이자 철학자인 파스칼은 17세기에 확률이론을 발견했다. 확률이론은 수학사에서 굉장히 중요한 이론이지만, 20세기 괴델의 발견을 이끈 수학사와는 동떨어져 있었기 때문에, 그것에 대한 논의는 생략해야 했다.

알고리스트algorist' 등으로 불림)였다. 어떤 동시대인은 오일러를 두고 '사람이 호흡하듯, 독수리가 하늘을 날듯' 계산을 할 수 있는 사람이라고 말했다.[4] 그는 동시대의 몇몇 수학자들을 당혹스럽게 만들던 문제들을 직관적으로 빨리 풀어내는 능력 때문에 유명했다(베르누이 집안에서조차도 예외는 아니었다). 벨Bell의 말이 오일러를 잘 설명한다.

오일러

> 알고리스트란 독창적인 책략이 자연스럽게 나오는 수학자다. 과정에서 일정한 방식은 없다. 유려한 음유시인들처럼 알고리스트는 태어나는 것이지 만들어지는 것이 아니다. …… 알고리스트로서 오일러를 능가할 사람은 없었다.[5]

오일러는 행복하게도 하나의 수학적 문제에서 또 다른 문제로 이동할 때 메뚜기가 점프하는 것 이상으로 쉽게 옮겨갔다. 그는 이전에는 널리 알려지지 않았던 철두철미하고 완전한 책들 속에 자신의 수학적 결과들과 그와 관련된 다른 사람들의 업적을 모아서 체계적으로 기록했다. 이러한 엄청난 생산성을 넘어서, 오일러가 가진 연산 능력

---

4) Francois Agago, in Carl B. Boyer, *A History of Mathematics*(Princeton: Princeton University Press, 1968), p. 482.

5) Eric Temple Bell, *Men of Mathematics*(New York: Simon & Schuster, 1937 / 1961), p. 140.

과 프레젠테이션의 철저함은, 오늘날까지도 살아남은 기호학적 방법으로서의 새로운 수학적 생각들까지도 이해하는 초인적인 힘이었다. 『수학의 간결한 역사*A Concise history of Mathematics*』에서 디르크 슈트루이크Dirk Struik는 다음과 같이 말했다.

> 오일러는 당시 수학 분야 전체에 엄청난 기여를 했다. 그는 그 결과들을 여러 논문뿐 아니라, 일생 동안 모은 자료를 정리한 뒤 항목별로 요약한 인상적인 수학 교과서로 출간했다. 몇몇 분야에서는 오일러의 발표가 거의 최종적인 것이었다.[6]

역사만큼 우리의 관심을 끄는 것은 오일러의 약점들이다. 왜냐하면 오일러의 약점에는 수학 발달의 초기 단계에서 볼 수 있는 문제점들이 반영되어 있기 때문이다. 과학과 현대 수학은 여전히 새로운 분야였던 만큼 학자들은 형식적인 면이 아니라 새로운 발견에만 기뻐했다.

수학자들은 심각한 문제들이 표면 밑에 숨어서 존재할 수 있다는 사실을 대부분 알지 못했다. 미적분학을 가능하게 만든 중요한 통찰력은 무한이 단지 추상적인 것이 아니라는 깨달음이었다. 즉, 무한은 양으로 표시될 수 있었다. 그러나 그 시대의 수학자 어느 누구도 정량화한다는 것의 의미를 이해하지 못했다.

> 라이프니츠는, 비록 신비스럽게 들릴지는 모르지만, 무한히 작은 양들, 그리고 그것에 대응하는 무한히 작은 수들이 실제로 존재한다고 주장했다.[7]

---

6) Dirk J. Struik, *A Concise History of Mathematics*(New York: Dover, 1948 / 1987), p. 120.

7) Alfred North Whitehead, *An Introduction to Mathematics*(New York: Galaxy Book / Oxford University Press, 1911 / 1958), p. 169. 이 점에서 라이프니츠는 혼자가 아니었다.

> 18세기에는 여전히 무한대 과정이 하찮게 다뤄졌고, 그 시대를 이끌었던 수학자들의 업적은 대부분 열성적인 실험으로 격렬한 인상만을 남겼다. …… 미적분학의 기초에 대한 모든 의문은 논쟁의 주제로 남았으며, 무한대의 과정과 관련된 모든 의문들 역시 그러했다.[8)]

뉴턴과 라이프니츠가 미적분학이 의존하고 있는 무한대 과정에 대해 생각할 때, 사실 그들은 무한대 과정이 무엇을 의미하는지도 몰랐다. 앞 장에서, 뉴턴의 '유율법(미적분학)'의 힘에 대한 버클리의 말을 인용했다. 버클리는 미적분학의 철학적 기초에 대해서도 똑같이 비판적이었다. 뉴턴을 칭찬했던 바로 그 책 『해석자*The Analyst*』라고 불리는 1734년의 철학적 논문에서 버클리는 매우 정당한 질문을 던진다.

> …… 그리고 이 유율법은 무엇인가? 무한소無限小infinitesimal의 증분增分 속도에서 무한소의 증분은 무엇인가? 그것은 유한의 양도 아니고, 무한히 작은 양도 아니며, 그렇다고 무無도 아니다. 그렇다면 그것을 죽은 양量의 유령들이라고 부르면 되지 않을까? …… 생각해 보건대, 두 번째 또는 세 번째 유율법, 두 번째 또는 그것의 차이를 소화해낼 수 있는 사람은 신성神性에서의 어떤 점에 대해 매우 신중할 필요가 없을 듯하다.[9)]

나중에 유율법에서 점점 더 많이 사용된 단어가 바로 무한소이다.

뉴턴도 똑같이 혼란스러워했다.

8) Dirk J. Struik, *A Concise History of Mathematics*, pp. 124~125.

9) David Eugene Smith, *A Source Book in Mathematic*, Reprint of 1929 edition(New York: Dover, 1959), pp. 663, 629~630.

달랑베르

수학자들은 무한소가 '0보다는 크고, 어떤 양수보다는 작은' 좀 이상한 수라고 말했다.[10] 베르누이 집안과 오일러는 미적분학의 수수께끼를 풀기 위해 한 일이 거의 없다. 뉴턴의 과학을 철학적으로 확장한 로크와 마찬가지로, 뉴턴과 라이프니츠의 수학이 가지는 타당성에 대한 의문보다는 그것을 응용하는 데 더 관심이 많았다. 18세기에 프랑스의 수학을 이끈 달랑베르Jean Le Rond d'Alembert(1717~1783)는 극한limit이라는 개념으로 이러한 문제들을 부분적으로 해결했다. 그의 말에 따르면 "극한 이론은 미분학의 진정한 형이상학이다."[11] 대단히 중요한 개념이었지만, 달랑베르의 발표가 섣불렀던 탓에 극한 개념은 수학에 즉각적인 영향을 끼치지 못했다. 그러나 달랑베르의 조야한 수학적 극한 개념으로 방벽에 있는 구멍을 임시로 막을 수 있었다.

> 사실, 설명은 틀렸지만 주제는 옳았다. 어떤 것에 대해 완전히 틀린 설명을 하고 있더라도, 바로 이러한 옳을 수 있다는 가능성 때문에 가끔 외부적 비판을 학문 발달의 저해 요인으로 본다. 이는

---

10) 무한소에 대한 정의를 듣게 된 것은 1994년 수학자 데이비드 무니츠David Moonitz와의 개인적 대화에서였다. 엄밀하고 자기 모순이 없는 무한소 이론은 Abraham Robinson, *Non-Standard Analysis*(Amsterdam: North-Holland Publishing Company, 1966)까지 발달되지 않았다.

11) Eric Temple Bell, *Men of Mathematics*, p. 267.

외부적 비판이 어떤 방법적 추구를 저해하려고 할 때이다.[12)]

앞에서 살펴본 예를 다시 생각해보자. 우리는 울퉁불퉁한 도형의 면적을 계산하기 위해 그 도형을 직사각형으로 감싼 뒤 직사각형의 면적들을 계산함으로써 점점 더 근사치를 얻어냈다. 그리고 직사각형 면적의 합을 울퉁불퉁한 도형 면적의 상한값이라고 했다. 직사각형의 수가 많으면 많을수록 극한은 줄고 근사치는 더욱더 본래 면적에 가까워진다. 면적에 더욱 근사한 값을 얻기 위해서는 충분히 많은 수의 직사각형이 필요하다.

직사각형의 수가 많아질수록 상한값이 작아지므로 결국 어떤 절대 극한값에 이르게 될 것이다. 이러한 절대 극한값은 오직 하나만 있을 수 있다. 이것이 바로 달랑베르가 어려운 시간을 보내야 했던 아주 중요한 개념이다. 예를 들어, 두 번째로 얻어낸 극한값이 있다고 가정해보자. 첫 번째와 두 번째 극한의 차를 측정하고 이것을 *d*라고 하자. 그리고 실제 면적의 근사치가 *d*/2보다 더욱 작게 나오도록 충분히 많은 수의 직사각형을 사용하자. 두 극한값 사이의 간격이 *d*이므로, 그리고 실제 면적과 근사치의 차를 *d*/2보다 작게 만들 수 있으므로, 두 개의 극한값 가운데 한 개만이 그 조건을 충족시킬 수 있다. 둘 가운데 어떤 것이든 그것이 극한값임에 틀림없다. 그래서 극한값이 최대한 근접해지면 그 극한값은 유일무이한 값이 된다.

극한에 대한 이러한 설명을 따라올 수 있는 독자라면 개인적으로 기뻐해야 한다. 이것은 수학의 가장 심오한 발견 가운데 하나이기 때문이다. 극한의 개념은 뉴턴, 라이프니츠, 베르누이 집안, 오일러 등뿐

---

12) Alfred North Whitehead, *An Introduction to Mathematics*, p. 169.

아니라 미적분학을 시작하는 학생들이라면 한 번쯤 걸려 넘어지는 장애물이다. 극한의 기저에 깔린 역학의 심오함에 대한 이해 없이 개념을 단순하게 기계적으로 암기한다는 데 문제가 있다. 중요한 것은 유한수들 이외에 다른 어떤 것을 끌어들이지 않고도 무한 극한에 대해 이야기할 수 있다는 사실이다.

이 개념은 19세기 후반 독일의 수학자 바이어슈트라스Karl Weierstrass (1815~1897. 연속적이면서도 미분이 불가능한 함수인 $\cos(\pi x)+b\cos(a\pi x)+b^2\cos(a^2\pi x)+b^3\cos(a^3\pi x)+\cdots\cdots$를 만듦)에 의해 설명이 약간 바뀐 뒤 수학적으로 더욱 엄밀해지고 치밀해졌다. 그는 극한을 완전히 유한한 양의 용어로 정의함으로써 무한 또는 무한소에 대한 논의의 필요성을 미연에 방지했다.[13)]

그러나 수학에 있어서 엄밀함과 치밀함의 중요성을 과대평가하지 않는 것이 중요하다. 이러한 수학적 설명의 엄밀함과 치밀함이 있기 이전에 뉴턴과 라이프니츠는 150년 동안 성공적으로 사용된 미적분학의 실행 가능한 모델을 개발해냈다. 물론 엄밀함과 치밀함도 중요하지만, 수학적 직관이 여전히 더 중요하다.

관념 연합론ASSOCIATIONISM

18세기에는 복잡한 패턴으로 상호작용하며 병행하는 사상들이 주변에 가득했다. 뉴턴의 수학적 사상의 중심이 스위스로 옮겨갔지만, 철학적 논쟁의 중심은 미래의 영국이었다. 아일랜드의 버클리와 스코틀랜드의 흄이 로크와 뉴턴을 향한 도전을 대표하는 반면, 오일러

13) 7장을 보라.

는 뉴턴의 수학적 사상들을 발전시키고 있었다. 이와 같은 식으로, 데이비드 하틀리David Hartley(1705~1757. 연상이론으로 알려진 심리학 체계를 정식화함)와 토마스 리드Thomas Reid(1710~1796)는 로크의 철학을 방어하고 확장했다.

하틀리

리드는 스코틀랜드 학파라고 불리는 철학 학파를 형성했다. 리드와 그의 제자들은 '상식common sense'과 '본능instinct'을 옹호하면서 버클리와 흄의 모든 주장들을 내던졌다. 만일 버클리와 흄이 물질적 실재를 부정했다면, 그들의 주장은 고려할 가치도 없었을 것이다. 그런데 리드의 제자 가운데 한 명인 브라운Thomas Brown(1778~1820)의 다음과 같은 인용구는 리드의 견해와 흄의 견해가 리드가 믿고 싶어 했던 것보다 훨씬 더 많이 유사하다는 사실을 잘 보여준다.

> 그렇다, 리드는 우리가 외부 세계를 믿어야 한다고 외쳤다. 그러나 낮은 목소리로, 인간은 이러한 믿음에 대한 이유를 설명할 수 없다고 덧붙였다. 흄 역시 이러한 관념에 대한 이유를 설명할 수 없다고 외쳤다. 그리고 흄은 우리가 그것을 끝낼 수 없다는 사실을 인정한다고 낮은 목소리로 말했다.[14]

---

14) Edna Heidbredner, *Seven Psychologies*(New York: Appleton-Century-Crofts, 1933), p. 52에서 인용.

이렇듯 리드와 흄의 철학적 믿음은 그들 자신이 알았던 것보다 더 많이 유사했지만, 리드는 경험주의적 연구를 더욱 강조했으며, 결국 경험주의 심리학이라는 정점에 이르렀다. 그러나 관념 연합론Associationism은 본래 흄에 반대하는 반응이라기보다는 로크의 경험주의를 수용한 것으로 볼 수 있다. 이미 논의했듯이 로크는, 정신을 감각적 경험의 역사가 새롭게 씌어지는 **백지 상태**tabula rasa[15]라고 믿었다. 하틀리는 로크의 사상에 기초한 새로운 학파를 세웠다.

> 연상의 일반적 법칙에 따른다면, 감각들이 경험될 때마다 대응하는 생각들도 동시에 일어나게 된다. …… 연상은 연속적이거나 동시적일 것이다. 전자는 때에 맞춰 사고의 과정을 결정하고, 후자는 복합적 생각들의 형성을 설명한다. 이러한 소수의 원칙이 관념 연합론의 기초를 이룬다.[16]

물질적 · 정신적 세계는 서로 분리되어 있지만 병행하며, 이러한 분리에 모순이 없다는 생각이 바로 관념 연합론이 암시하는 바다. 이 **병행주의**parallelism는 사실 선견지명이 있었던 17세기 철학자 스피노자Baruch Spinoza(1632~1677)에 의해 1세기 전에 처음으로 명백히 논의되었다. 스피노자는 데카르트에 의한 정신과 물질의 분리는 잘못된 것이라고 주장했다.

> …… 사고와 공간에서의 물질 체계는 단일한 실재의 두 가지 면인 만큼 모든 점에서 분리될 수 없다.[17]

---

15) A blank slate.

16) Edna Heidbredner, *Seven Psychologies*, p. 54에서 인용.

스피노자에게 있어서 정신과 물질은 단일한 실재가 가지는 특정 표현이기 때문에 늘 병행한다. 이 책의 뒤에서 알게 되겠지만, 융과 괴델도 자신들의 말년에 하나의 근원적 실재에 대해 믿게 되었다. 즉, 물질세계 그리고 정신세계도 단일한 실재의 현현顯現이라고 믿었다. 융은 이 실재를 **단일 세계**unus mundus라고 칭하면서,[18] 인간은 태어날 때부터 단일화하는 구조를 가지고 있으며,[19] 그것을 통해 근원적인 실재를 경험할 수 있다고 주장했다. 이와는 대조적으로, 스피노자가 신 또는 자연이라고도 바꾸어 부른 단일한 실재는 차갑고 기계적인 영역이다. 이는 후에 뉴턴의 생각에서 나온 '시계 같은 우주'와 매우 흡사하다. 칸트처럼, 스피노자 역시 인간과 자연을 영원히 분리하고 있다. 그러나 스피노자는 매우 이른 시기에 병행주의가 가지고 있는 문제를 내다보는 뛰어난 선견지명을 지니고 있었다.[20]

이러한 단일 실재의 가정이 없다면 병행주의는 깊은 철학적 문제들을 가지게 된다. 만일 정신과 물질이 분리되고 구별된다면 하나의 사건과 또 다른 하나의 사건 사이에 연결 고리가 없게 된다. 관념 연합론에서 암시하는 바가 바로 이 병행주의다. 관념 연합론은 현대의 실험심리학의 많은 부분에 영향을 끼쳤기 때문에 심리학에 있어서 중요한 문제다. 19세기에 접어들면서 이러한 문제들은 정신의 철학과 수학에서 표현되기 시작했다.

---

17) Stuart Hampshire, ed., *The Age of Reason: The 17th Century Philosophers*(New York: Mentor Books / Houghton Mifflin, 1956), p. 101.

18) 단일 세계. C. G. Jung, *Collected Works, Vol. 14: Mysterium Coniunctionis*. Bollingen Series XX(Princeton: Princeton University Press, 1963), pp. 759~775.

19) 초월적 기능 또는 자기. 15장을 보라.

20) 스피노자에 대한 자료는 Stuart Hampshire, *The Age of Reason*, pp. 99~141을 보라.

화학이 존 스튜어트 밀의 창조적 합성을 이끌다

> …… 순수한 관념 연합론자들의 인간의 정신적 삶에 대한 설명은 순수한 정신주의자들의 설명만큼이나 우리를 당황케 한다. 끊임없이 쓰러지는 도미노처럼, 만화경萬華鏡 속의 작은 유리 조각처럼, 절대적으로 존재하긴 하지만 서로 들러붙고 그들 자신의 끝없는 카펫을 짜고 있는 수많은 생각들……, 그들은 어디에서 환상의 들러붙는 법칙을 얻었고, 왜 그런 모양으로 들러붙는 것일까?[21)]

관념 연합론은 극히 단순한 생각의 집합에 근거했다. 토마스 브라운 박사는 관념 연합론에서 많이 사용되는 단어 세 개를 '최신recency, 빈도frequency, 강도intensity의 법칙' 같은 소수의 법칙들로 요약했다.[22)] 이 법칙은 쉽게 이해될 정도로 간단하고 분명하지만, 어떻게 연합이 일어나는지를 정확히 기술하는 데는 어려움이 있었다. 복합적인 생각이 모두 궁극적으로는 단순하면서도 감각적인 인식에서 나온다는 점과, 이것이 실제로 어떻게 작동하는지를 보여주는 것은 아주 별개의 문제다. 이는 20세기 행동주의자들이 인간 정신의 복합성을 단순한 반사궁reflex-arc으로 환원시키려 했던 시도에서 경험한 것과 거의 비슷한 딜레마다. 그러나 이것은 우리의 이야기를 앞서고 있다.

19세기 전반에는 경험주의자 · 관념 연합론자의 전통이 여전히 굳건하게 제자리를 지키고 있었으며, 관념 연합론이 지배적이었다. 제임스 밀James Mill의 『인간 정신의 현상분석*Analysis of the Phenomena of the Human Mind*』(1829)은 그 시대의 사상을 대표했다.

---

21) William James, *The Principle of Psychology*, 2 vols., 1890(New York: Dover Publications, reprint, 1950), vol. I, p. 3.

22) Edna Heidbredner, *Seven Psychologies*, p. 55에서의 인용.

> 제임스 밀은, 연상은 순전히 수동적인 과정이라고 생각했기 때문에 정신은 창조적인 기능을 가지고 있지 않다고 믿었다. 바꾸어 말하면, 어떤 특정 순서에 따라 일어나는 감각들은 생각으로 기계적으로 재생산되고, 이렇게 생겨난 생각들은 그것에 대응하는 감각들과 똑같은 순서로 발생한다. 이로 인해 연상은 개별적인 생각들의 축적이거나 총합만으로 간주되는, 매우 기계적인 용어로 다루어졌다.[23)]

철학은 학문의 어머니다. 즉, 각 학문은 처음에는 철학을 위한 하나의 관심 영역에 지나지 않았다. 그러던 것이 분리된 분야로 다룰 수 있을 정도로 충분히 독립적으로 성장한 것이다. 맨 처음에 수학, 그 다음에 물리학, 그 다음에 화학과 생물, 그리고 나중에 심리학이 된 철학의 분야는, 정신 작용을 기술하는 데 있어서 이 각각의 학문들에 의지했다. 예를 들어, 18세기와 19세기 초의 관념 연합론은 언외言外의 철학을 위해 뉴턴의 물리학에 의존했다. 그런데 화학이라는 새로운 학문이 나타나자 이 견해가 대체하였다. 그리고 심리학이 실제 새로운 분야로 나타났을 때, 이미 생물학은 최첨단의 학문이었으므로 정신에 대한 철학적 모델을 제공하게 되었다.

화학은 18세기 후반과 19세기의 초반 한 분야로 분리되어 발달했다. 라부아지에Antoine Lavoisier는 연소에서 조직적인 실험을 지휘하였고, 이는 무엇보다도 질량 보존 법칙을 처음으로 설명하게 만들었다. 러더포드Daniel Rutherford와 캐번디시Henry Cavendish는 질소를 발견했고, 쉘레Karl Wilhelm Sheele와 프리스틀리Joseph Priestly는 산소를 발견했다. 한 마디로 새로운 발견들이 잇따라 나오고, 화학이 하나의 분리된 완전한 학문으로 자리 잡기 시작한 흥분의 시기였다. 제임스 밀의

23) Duane Schultz, *A History of Modern Psychology*(New York: Academic Press, 1969), p. 27.

아들인 철학자 존 스튜어트 밀이 정신에 대한 자신의 견해를 밝혔을 즈음, 화학은 이론으로뿐만 아니라 실제 학문으로도 굳건하게 제자리를 지키고 있었다.

> 화학은 용기에 담긴 민감한 물체들이 …… 도구, 특히 불을 통해 변화를 일으킴으로써 철학 또는 의학에서 어떤 목적으로 그 물체들의 몇 가지 힘과 가치들을 발견하는 기술이다.[24)]

존 스튜어트 밀은, 정신에는 관념 연합론이 의미하는 기계적인 결합 이상의 어떤 것이 있다고 확신했고, 설명에 도움이 되는 원칙을 찾기 위해 화학으로 전향했다. 한 세기 반 이전에 로크가 뉴턴의 물리학으로 전향했던 것과 같다. 밀은 정신이 감각적 데이터를 습득해 이해하는 데 있어서, 단지 수동적 연상을 통해서 뿐 아니라 창조적인 합성을 통해서 적극적인 역할을 수행한다고 주장했다. 다음은 이와 관련한 밀의 주장이다.

> 많은 인상들과 생각이 정신에서 함께 작동할 때, 간혹 화학적 결합과 비슷한 종류의 과정이 일어난다. …… 이러한 과정을 통해 생각들은 때때로 녹아들거나 서로 뭉쳐서 몇 개의 생각이 아닌 하나의 생각으로 나타난다. …… 몇 개의 간단한 생각들이 섞여서 형성된 복합적인 생각은 …… 그들을 구성하지 않는 단순한 생각들로부터 생기거나 그것들에 의해 생성된다고 봐야 한다.[25)]

---

24) Isaac Asimov and Jason A. Shulman, eds., *Isaac Asimov's Book of Science and Nature Quotations*(New York: Weidenfeld & Nicholson, 1988), p. 44에 사무엘 존슨Samuel Johnson의 인용.

25) Edwin G. Boring, *A History of Experimental Psychology*, 2nd ed.(New York: Appleton-Century-Crofts, 1950), p. 230. Mill's emphasis in all cases.

이러한 밀의 견해가 관념 연합론에서의 두드러진 진보이긴 하지만, 정신이 합성 과정을 돕는 타고난 구조들을 이미 소유하고 있다는 칸트 학파의 깨달음을 통합하는 데는 실패했다. 융의 원형적 입장에 좀 더 가까운 견해가 나타나기 시작한 것은 이 책에 제시된 많은 사상들이 결합되면서부터다. 스피노자처럼 서로 연결된 단일한 실재, 즉 하나의 **단일 세계**가 있고, 물질과 정신은 그 단일한 실재의 다른 두 가지 면일 뿐이라고 가정하자. 그리고 칸트처럼 인간 정신은 근본적 실재로 타고난 정신적 구조들을 가지고 있다고 가정하자. 감각적 데이터는 상관적으로 경험되며 그 후에 정신의 타고난 구조들, 즉 원형들을 사용함으로써 분류되고 통합된다. 그렇다면 밀처럼 이 분류와 통합은 새로운 생각이 나타나는 적극적인 과정이라고 가정하자. 마지막으로, 생물학에서 유기체가 무한한 기간에 걸쳐 진화하는 과정을 더하자. 이 가정들의 집합이 융 심리학의 시발점에 근접하기 시작한다. 나중에 알게 되겠지만, 수학자 괴델은 이와 똑같은 결론에 이르렀다. 그러나 이 세계관은 20세기 발견을 위해 남겨졌다.

허수

수학 역시 철학과 마찬가지로 실용적 입장에서 본래 가지고 있던 문제들과 직면하기 시작했다. 맨 처음 이 문제들은 산술과 기하학에서의 이상한 발견들에서 비롯됐다. 이러한 문제들이 수학의 기초까지 밀고 들어간 시기는 19세기 후반과 20세기 초반이었다.

수학자들이 **제곱근**을 다룰 때 산술에서 문제가 발생했다. 어떤 수의 제곱은 그 수 자체가 곱해지는 바로 그 수이다. 예를 들어, 2의 제곱은 4다(즉 2×2). 10의 제곱은 100이다. 제곱근은 단지 역과정이다.

4의 제곱근은 2다(2×2=4이기 때문). 앞으로 우리는 표준 수학 기호법으로 간단히 $\sqrt{4}=2$를 사용하게 될 것이다. 마찬가지로 $\sqrt{100}=10$(10의 제곱은 100이기 때문이다)이 된다.

나는 사실 독자를 조금 속였다. $\sqrt{4}$는 2(즉, +2)와 동일할 뿐 아니라 $(-2)\times(-2)=4$이기 때문에 −2와도 동일하다. 마찬가지로 100의 제곱근은 +10과 −10이 된다. 이것을 달리 표현하면 '어떤 양수도 양과 음의 제곱근 모두를 가진다'가 된다. 다른 측면에서 보면, 양수와 양수의 제곱, 음수와 음수의 제곱은 늘 양수다.

여기까지는 좋다. 그러나 그 후에 수학자들이 자신의 계산값이 음수의 제곱근이 되는 문제에 직면했다. $\sqrt{-1}$은 무엇을 의미할 수 있을까? 어떻게 자체의 수를 곱해서 음수가 나올 수 있을까? 이것이 수학자들이 직면했던 수수께끼 같은 문제였다. 그들은 이 문제를 아무런 의미가 없다고 그냥 무시하고 지나칠 수 없었다. 왜냐하면 그들은 계속해서 방정식을 풀고, $\sqrt{-1}$과 같은 수들의 해답을 찾아내야 했기 때문이다.

카르다노

16세기 이탈리아의 수학자 카르다노Cardano는 이러한 이상한 수들을 기호로 표현할 만큼 충분히 용감했던 첫 번째 수학자였다. 만일 40이 $5+\sqrt{15}$와 $5-\sqrt{15}$로 인수분해될 수 있다면, 어떤 방정식은 풀릴 수 있다는 사실을 보여주었다.[26] 그러나 카르다노는 재빨리 이러한 수들이 존재할 수 없기 때문에 이것은 단지 관념적인 낙서에 불과하다고 지적했다. 즉, 단지 허수虛數Imaginary Numbers에 지나지 않는다고 했다. 그러나 허수이든 아니든 그것은 실제로 유용했다. 그 후 얼마 지나지 않아, 수학자들은 $\sqrt{-1}$을 표시하는 기호 i를 사용하기 시작했다. 즉, 수학자들은 자신들의 방정식에 자유롭게 (5+15i)와 (5−15i) 같은 수들을 넣었다. 하지만 이러한 수들이 단지 허수에 불과하며 어떤 물리적 의미도 없다는 사실이 수학자들을 괴롭혔다. 문제는 수학자들이 스스로를 가정된 실수實數안에 지나칠 정도로 가두고 있다는 점이었다.

19세기 초, 마침내 독일의 수학자 가우스Karl Friedrich Gauss[27](1777~1855. 19세기 최고의 수학자)는 데카르트의 좌표를 허수와 연결하는 직관적인 도약을 해보였다. 데카르트는 그래프상의 위치가 수로 표시될 수 있다는 사실을 알았다. 역으로 가우스는 (5+15i)와 (5-15i)[28] 같은 수들이 가로축은 -2, -1, 0, +1, +2 등과 같은 자연수를 나타내고, 세로축은 -2i, -i, 0, +i, +2i 등과 같은 허수를 나타내는 그래프상의 위치로 표현될 수 있다는 사실을 알았다. 즉, 어떤 복소수도 그래프상의 점으로 표시될 수 있다는 것이다. 예를 들어, 5+4i는 위치가

가우스

26) $(5+\sqrt{-15})\times(5-\sqrt{-15})=5\times5+5\times\sqrt{-15}-5\times\sqrt{-15}-\sqrt{-15}\times\sqrt{-15}=25-(-15)=25+15=40$

27) 흔히 가장 위대한 수학자라고 불린다.

28) 지금은 복소수라고 불린다.

(5, 4)가 된다. 즉, 원점에서 오른쪽으로 5단위, 위로 4단위인 점이다. 마찬가지로 5-4*i*는 위치가 (5, -4)가 된다. 즉, 원점에서 오른쪽으로 5단위, 아래로 4단위에 위치한 점이다.

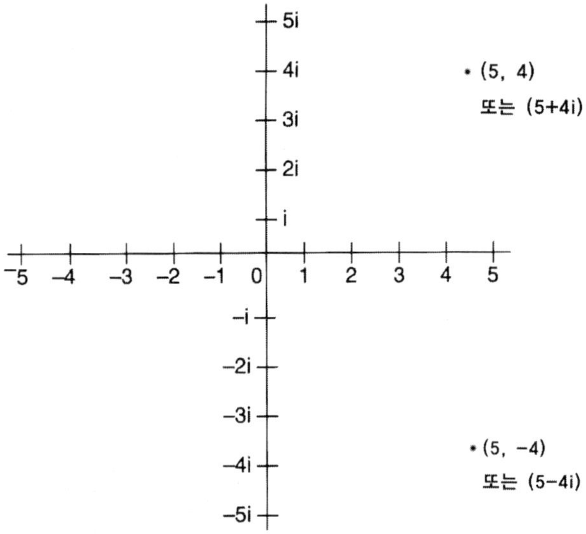

가우스는 레오나르도 다빈치처럼 천재다. 가우스는 동료들보다 너무 앞서 있어서, 그의 발견들이 대부분 수십 년, 심지어 수세기 동안 현실화될 것 같지 않았다. 가우스의 열 살 때 에피소드가 그의 능력을 짐작하게 해준다. 어느 날, 담임선생님이 처리할 문서 업무가 있어서 학생들에게 문제를 풀고 있으라고 했다. 선생님은 학생들에게 897+900+903+……+1,191+ 1,194…… 같은 식으로 100개의 수를 더하라고 했다. 이것은 초등학생들을 일정 시간 동안 집중하게 만들 수 있는 문제인 반면, 한 수학자에 의해 하나의 방정식으로 더해질 수 있는 등차급수의 형태였다.[29)]

선생님의 문제 내기가 끝나기 무섭게 가우스는 자신의 작은 흑판에 답을 쓴 뒤 그것을 선생님의 책상 위에 엎어놓았다(그 당시 독일 교실에서의 관습인 듯하다). 다른 학생들은 여전히 머리를 싸맨 채 어렵게 문제를 풀고 있었지만, 가우스는 나머지 수업시간 동안 그냥 책상 앞에 앉아 있어야 했다. 선생님은 그의 행동이 마음에 들지 않았고, 수업이 끝난 뒤 적절한 처벌을 내려야겠다고 생각했다. 그러나 수업이 끝나고 답을 검토한 순간 가우스가 정답을 적었다는 사실을 알았다. 그것도 반에서 유일한 정답이었다. 가우스의 뛰어난 수학적 경력의 시작에서부터 선생님은 가우스의 옹호자가 되어 살아 갔다.[30)]

가우스의 엄청난 천재성을 염두에 둔다면, 허수의 기하학적 표현을 발견한 것이 독창적이라고 생각할 수도 있다. 사실 수학자들은 16세기 이후 수세기 동안 허수의 개념과 고투하고 있었다. 비록 데카르트가 17세기 초에 해석기하학을 발견함으로써 그 단서를 제공하긴 했지만, 그 이후 거의 200년 동안 어떤 수학자도 함의를 찾지 못했다.

1797년, 도움이 전혀 안 되는 이러한 환경에서도 위대한 가우스[31)]와 노르웨이의 무명의 측량사인 카스파르 베셀Caspar Wessel이 동시에 급진적인 새로운 해석을 발견했다. 양쪽의 발견은 모두 눈에 띄지 않게 진행되었으며, 1806년 파리의 부기 계원인 장 아르강Jean Robert Argand은 독립적으로 복소수의 기하학적 해석을 발견한 세 번째 사람이 되었다. 이 발견은 분명히 동시 발생 그 이상이었다. 뉴턴과 라이프니츠가 동시에 미적분학을 발견했을 때 미적분에 대한 생각이 사회적으로

29) 사실, 그날 가우스의 반 학생들에게 실제로 주어진 급수는 알 수 없다. 하지만 이 책에 주어진 수와 분명 유사하다. 참고로 이 문제의 답은 104,500이다.

30) Eric Temple Bell, *Men of Mathematics*, pp. 221~222.

31) 그 당시 불과 20세였다.

감돌고 있었던 것처럼, 그리고 다윈Darwin(1809~1882)과 알프레드 러셀 월리스Alfred Russel Wallace(1823~1913)가 동시에 자연선택에 의한 진화를 발견했을 때 사회적으로 진화에 대한 생각이 감돌고 있었던 것처럼, 복소수의 기하학적 해석에 대한 생각 역시 감돌고 있었음에 틀림없다. 무의식에서 새로운 상징이 형성되는 과정은 역사적으로 특징적인 패턴을 지니는 듯하다. 우선 그것은 부정에서 시작된다. 그 다음에는 부분적인 수용이 이루어지지만 이해는 전혀 없다. 그리고 부분적인 이해가 성립된다. 그 다음 어떤 명백한 상징체계가 존재하게 되었을 때 완전한 이해가 뒤따른다. 바로 다음에 나오는 비非유클리드 기하학의 발달에 대한 논의에서 위의 예를 더 자세히 살펴보게 될 것이다.[32)]

허수를 기하학적 좌표로 이동시킴으로써 가우스, 베셀, 아르강은 데카르트가 해석기하학을 발견했을 때처럼 실재를 보는 대수학적·기하학적 견해들을 결합하는 데 한 발 더 접근하고 있었다. 비록 그들은 이러한 사실을 알아채지 못했지만, 그들 모두는 정신과 물질의 병행론에 깔려 있는 단일한 실재를 발견하고자 했다. 산술은 정신의 산물들을 다루는 것으로 보일 수 있다. 수, 그리고 점과 선의 기하학은 궁극적으로 물질적 실재의 표현들이다. 그런데 만일 기하학과 물질적 실재 사이에 어떤 필연 연관성이 없다면 어떻게 할 것인가? 그럼 문제는 심각해질 수밖에 없다.

---

32) 이 경우에는 복소수를 나타내기 위한 카티션Cartesian(데카르트파) 평면의 기하학적 기호.

비非유클리드 기하학

> 비유클리드 기하학의 발생에서 …… 우리는 동시 발견의 놀라운 예를 하나 알게 된다. 19세기의 3분의 1세기 동안 비슷한 개념이 세 사람, 즉 한 명의 독일인, 한 명의 헝가리인, 한 명의 러시아인에게서 발견됐다.[33]

19세기까지 수학자들에게는 어떤 형식적 공리 체계가 무모순적이고 완전한 듯했다. 유클리드 기하학이 바로 이러한 형식 체계의 실제적인 예다. 유클리드는 수학자들에게 자명한 것처럼 보였던 공리들로부터 기하학을 만들어 냈다. 예를 들어 만약 *L*이 선이라면, *L* 위가 아닌 곳에 점이 존재한다. 실제로도 종이 위에 선과 다른 어떤 점 하나를 쉽게 그릴 수 있다.

그러나 일반적으로 **평행선 공리**parallel axiom라고 불리는, 유명한 제5공리는 그렇게 자명하지 않았다. 그것은 하나의 주어진 선 *L*과 *L*선상에 있지 않는 하나의 주어진 점 *P*에 대해, *L*에 평행하고 *P*를 포함하는 선은 오직 한 개만 존재한다고 말했다. 이는 다른 공리들보다 훨씬 덜 자명해보여서 많은 세대의 수학자들이 이것을 공리보다는 오히려 정리로 만든 뒤 다른 아홉 개의 공리들로부터 유도해보려고 시도했다. 하지만 아무런 소용이 없었다. 그것을 제거하는 유일한 방법은 똑같이 자명하지 않은 어떤 제10공리를 주고, 그것으로부터 평행선 공리를 유도하는 것뿐이었다.

1830년경 수학자 야노스 보여이Janos Bolyai(1802~1860. 비유클리드 기하학의 창시자 가운데 한 사람)와 니콜라이 로바체프스키Nikolai Lobachevsky

---

33) Carl B. Boyer, *A History of Mathematics*, p. 585.

로바체프스키

(1793~1856)는 독립적으로 다른 접근법을 선택했다. 선에서 떨어져 있는 어떤 점을 통과하는 평행선이 한 개 이상 존재한다는, 즉 제5공리의 반대 입장을 가정했다. 보여이와 로바체프스키는 모순을 유도한 뒤 제5공리가 참이라는 사실을 증명할 수 있기를 기대했다. 하지만 그들은 유클리드 기하학과 완전히 일치하는 이상한 기하학을 개발해냈다. 다시 한번 인간은 생물학에서의 진화 개념, 그리고 수학에서의 허수 개념처럼 느닷없이 나타나고, 다른 사람들이 그 표현을 발견해 내는 새로운 개념의 한 예를 얻었다.

> 비유클리드 기하학은 리만의 일반적인 견해에 의해 완벽하게 통합될 때까지 수십 년 동안 수학의 부차적인 부분에 머물렀다.[34)]

25년 뒤인 1854년, 세 번째 수학자인 게오르그 리만Georg Riemann(1826~1866. 공간기하학에 관한 그의 생각은 근대 이론물리학 발전에 큰 영향을 끼쳤으며, 상대성 원리에 사용된 개념 및 방법에 기초를 제공함)이 어떤 주어진 한 점을 통과하면서 어떤 주어진 선에 평행한 선은 단 하나도 그을 수 없다고 가정함으로써 여전히 다른 독립적인 비유클리드 기하학을 개발해냈다. 만일 어떤 선이 구球의 큰 원으로 정의된다

34) Carl B. Boyer, *A History of Mathematics*, p. 588.

리만

면 이것은 구표면의 기하학이다. 그 표면 위의 어떤 큰 두 개의 원들은 정확하게 공통된 두 점을 가지기 때문에 평행선 같은 것은 정말 없다. 이것이 바로 아인슈타인이 자신의 일반적 상대성 원리에 활용한 기하학이다. 천체학자이자 물리학자인 에딩턴Arthur Eddington은 "리만 같은 기하학자는 현실 세계의 더 중요한 특징들을 거의 미리 알고 있었을 것이다"라고 말했다.[35)]

수학자들은 새로운 공리들이 모순을 갖고 있기보다는 오히려 새로운 기하학을 산출해 낸다는 사실에 매우 놀라워했다. 그러나 이는 매우 심각하게도 수학자들을 불안하게 만들었다. 유클리드 기하학이 세계에 대한 자명한 묘사라고 가정될 수 있는 한, 어떤 명제도 참이나 거짓일 수 없다는 사실을 보여주기 위해 수학자들은 세상으로 눈을 돌릴 수 있을 것이다. 일단 그것이 가능하지 않다면, 증명해 보이기 위해 어디로 눈을 돌릴 수 있을까? 수학자들은 수학이 물질적 실재와 큰 관계가 없는 형식적 체계를 다루고 있다는 사실을 파악하기 시작했다.

비록 그것이 정신과 물질의 분리, 그리고 현실에서 심화된 소외를 더욱 증가시키긴 했지만, 추상적 사고 면에서는 의미 있는 큰 발전이

35) Eric Temple Bell, *Men of Mathematics*, p. 484.

었다. 빠진 요소는 원형의 개념이었다. 즉, 정신과 물질 양쪽의 기저에 깔려 있는 단일한 실재가 존재하는데, 이 단일한 실재는 정신과 물질 양쪽에서 상징 형성을 통해 그 표현이 발견되는 원형들로 구성된다는 개념이 빠져있다. 그러나 이러한 개념이 나타나기에는 아직 시기가 일렀다. 대신 19세기 후반을 환원주의가 지배했고, 결국 19세기와 20세기 사이의 데카당파Decadent[36] 시기에 극점에 달했다. 이때가 바로 심리학이 하나의 학문으로 분리된 시기이므로, 우리는 이제 그 때로 시선을 돌려야 한다.

36) 19세기 말 프랑스의 상징주의 시인과 영국 심미주의 운동의 후세대에 속하는 시인들을 가리킨다. 이 두 집단은 문학과 예술을 산업사회의 물질만능주의로부터 해방시키고자 했으며, 일부는 도덕에서도 자유분방함을 추구했기 때문에 '데카당'은 '세기말世紀末'과 같은 의미로도 쓰였다.

Chapter 5

실험심리학의 창시자들

나중에 철학과 과학 양쪽에서 심리학에 대한 관심이 생겨났는데, 그 계기가 우연이었다는 사실이 매우 흥미롭고 재미있다. 우주에 대한 설명을 위해 마련된 철학에서 천체학이 시작되었고, 이것이 인식론적 문제와 관련되면서 진지하고 직접적으로 심리학적 자료들을 연구하기 시작했다. 과학 역시 물리학과 천체학에서 시작해, 주로 세계를 설명하려는 시도로 구체화되었다. 그리고 철학처럼 물리학 역시 인식론적 문제에 직면했을 때 처음으로 진지하게 심리학에 주의를 기울였다. 즉, 관찰된 우주를 완벽하게 설명하기 위해 관찰하는 유기체에 대해 고려할 필요가 있었다.[1]

학문으로서의 심리학의 출현

독립된 학문 분야로서의 심리학은 19세기 후반 독일의 구스타프 페히너Gustav Fechner(1801~1887), 헤르만 폰 헬름홀츠Hermann von Helmholtz(1821~1894), 빌헬름 분트Wilhelm Wundt(1832~1900)의 실험적 연구와 프랑스의 장 마르탱 샤르코Jean-Martin Charcot(1825~1893), 피에르 자네Pierre Janet(1859~1947), 베른하임Bernheim의 임상적 연구에서 시작되었다.

1) Edna Heidbredner, *Seven Psychologies*(New York: Appleton-Century-Crofts, 1933), p. 76 에서의 인용.

최근의 학문 심리학과 실험심리학의 성과는 대부분 세 명의 독일인으로부터 시작되고, 정신치료는 세 명의 프랑스인으로부터 시작된다.

여기에서는 실험심리학의 시작에 대해, 다음 장에서는 임상심리학의 시작에 대해 추적하겠지만, 이 두 부분이 동시에 진행되고 있었다는 사실을 기억해야 한다. 그리고 곧 알게 되겠지만, 비슷한 분화가 수학에서도 동시에 일어나고 있었다.[2] 몸과 마음의 문제를 조정하려는 칸트의 시도가 과학 분야에서 주목받지 못한 채 지나가버렸기 때문에 각 분야들은 문제의 한 면 또는 다른 면을 다루기 위해 점점 더 상반된 방향으로 벌어지기 시작했다. 인간이 인식하는 물질적 실재를 구성하는 것은 정신이라는 칸트의 주장이 받아들여지기에는 너무 이른 시기였을 가능성도 있지만, 이 문제는 철학에서 인간 정신의 심리학으로 옮겨갔다. 당연히 임상심리학자들과 실험자들 사이에 분열이 일어났다. 의학적 모델을 바탕으로 한 임상심리학자들은 결과에 가장 큰 관심을 가졌다. 반면 실험적·과학적 모델을 바탕으로 한 실험심리학자들은 실험적 기술을 사용해서 검사될 수 있는 정신 측면에 가장 큰 관심을 보였다. 이러한 두 영역 사이에는 분명히 뭔가가 빠져 있었다.

대조적으로, 프로이트(1856~1939)와 융은 실험심리학자이면서 동시에 임상의였다는 점이 색다르다. 예를 들어, 융은 단어 연상에 있어서의 선구적 연구와 바이오피드백biofeedback[3] 연구를 예견했던 갈바니전기[4]의 피부 반응으로 연구를 하였다. 또한 융은 철학에 박식했고, 임

2) 7장을 보라.

3) 생체의 자기제어自己制御, 즉 생체의 신경·생리상태 등을 어떤 형태의 자극정보刺戟情報로 바꿔서 그 생체에 전달하는 조작을 말한다. 미국에서는 이미 일종의 자기 컨트롤 방법으로 쓰이고 있다.

4) 종류가 다른 금속끼리 또는 금속과 전해질 용액이 서로 맞닿을 때 일어나는 전기.

상심리학과 실험심리학의 기초가 되는 철학적 뿌리를 정확히 인식하고 있었다. 그는 늘 치료자로서의 자신을 우선시했지만, 양쪽 부분에서 자신이 관심 분야에 대한 연구를 멈추지 않았다. 그럼 지금부터 실험심리학의 세 선구자 가운데 융의 박식함을 공유했던 유일한 인물인 페히너부터 살펴보기로 하자.

페히너와 베버의 법칙

> …… 페히너는 조심스럽게 1850년 10월 22일 아침이라고 적었다. 그의 과학적이면서도 인간적인 성격을 모두 만족시킬 만한 생각이 떠오른 것이다. 즉 자극과 감각, 신체적인 것과 정신적인 것 사이에 관찰 가능하고, 심지어 측정 가능한 관계가 존재할 수 있다는 생각이 들었다.[5)]

페히너는 대조에 대한 흥미로운 연구를 했고, 그의 업적 또한 이러한 대조들을 반영하고 있다. 그는 죽는 순간까지 정신과 물질이라는 두 개의 극 사이에 많은 관심을 가졌다. 그의 이러한 관심은 형이상학과 과학 양쪽 모두에서 표현된다. 페히너의 초기 업적은 생리학 분야에서 두드러졌으며, 그 후에는 물리학에서 업적을 쌓았다. 그는 중년에 몸이 안 좋아 은둔생활을 하면서 위기를 겪기도 했다. 만일 페히너가, 자신이 연구하고 있는 과학과 믿고 있는 정신세계를 양립할 수 있는 어떤 방법을 발견하지 못했다면, 그의 초기 연구는 스스로에게 아무런 의미도 없었을 것이다. 아픈 몸으로 은둔한 채 12년을 지낸 페히너가 어느 날 갑자기 건강을 회복했다.

---

5) Edna Heidbredner, *Seven Psychologies*, p. 81.

> (위기)의 가장 중요한 결과는 종교적 양심과 영혼의 문제에 대한 관심이 깊어졌다는 것이다. …… 영혼의 문제에 대한 근본적인 해결은, 위기가 가져다준 페히너의 의식화된 관점에서 정신과 물질의 동일성에 대한 확인 그리고 전 우주가 쉽게 이해될 수 있다는 확신에 있었다.[6)]

이것이 바로 융, 그리고 나중에 괴델이 경미한 정도로 표현하려 했던 견해에 대한 첫 번째 진술이다. 그러나 페히너는 자신의 입장을 정당화하려는 시도로 실험 과학을 강조하면서 융이나 괴델과는 전혀 다른 길을 선택했다. 페히너는, 만일 정신과 신체가 단일한 의식의 두 가지 표현이라면 이 둘 사이의 연관성을 반영하는 물리적 상수가 존재해야 한다고 생각했다. 사실 그는 우주 질서의 원형들을 찾고 있었다. 나중에 알게 되겠지만, 융과 괴델은 정신과 물질 양쪽의 기초가 되는 질서의 가장 중요한 원형은 바로 수數라고 생각했다.

앞에서 언급했지만, 칸트는 타고난 구조 또는 범주라고 칭한 정신적 불변의 것들이 존재한다고 말했다. 융은 이것을 처음에는 원초적 상[7)] 나중에는 원형[8)]이라고 불렀다. 물론 그들보다 훨씬 이전에 플라톤은 세계의 대상들이 단지 이상화된 모형의 희미한 복사들에 지나지 않는다고 말했다. 여기에 칸트가 주요하게 추가한 점은 이상화된 영원한 모형이 인간의 정신에 존재하며, 물질과 정신이 만나는 바탕을

---

6) Edwin G. Boring, *A History of Experimental Psychology*(New York: Appleton-Century-Crofts, 1950), p. 278.

7) After Jacob Burckhardt. C. G. Jung, *Collected Works, Vol. 7: Two Essays on Analytical Psychology* (Princeton: Princeton University Press, 1966), ¶ 101.

8) prime imprinter를 의미하는 그리스어. 처음 사용은 C. G. Jung, *Collected Works, Vol. 8: The Structure and Dynamics of the Psyche*(Princeton: Princeton University Press, 1966), ¶ 270.

형성하는 것은 인간 정신이라는 뚜렷한 인식이었다.

베버

그러나 실험 과학자인 페히너는 정신적 영역과 신체적 영역 사이의 물리적 관계를 정량화하는 방법을 발견하길 원했다. 그리고 이러한 정량화를 에른스트 하인리히 베버Ernst Heinrich Weber(1795~1878)의 업적에서 발견했다. 베버는 감각적 인식의 역치를 발견하기 위해 일련의 실험을 시행했다. 그는 피실험자로 하여금 어떤 무게를 들게 했는데, 피실험자가 차이를 감지할 수 있을 때까지 계속 무게 간의 차이를 증가시켰다. 그 결과 다음과 같은 사실을 발견했다.

> 두 무게 사이에서 인식될 수 있는 가장 미세한 차이는 무게 간의 비율, 즉 무게의 수치들과는 무관한 비율로 기술될 수 있다.[9)]

이뿐만 아니라 비율도 모든 피실험자에게서 동일하게 나타났으며, 시각과 청각 반응의 실험에서도 유사한 결과들이 나왔다. 물론 이 이야기가 당연하게 들릴 수도 있지만, 결국 어떤 차이가 감지되려면 무게가 더 무거워야 한다는, 무게와 무게 간의 차이가 더 커야 한다는 결론이 나온다. 달리 말하면, 감각의 세계는 절대적 차이가 아니라 상

---

9) Edwin G. Boring, *A History of Experimental Psychology*, p. 113.

관성을 통해 경험된다는 것이다. 하지만 정신적 연상의 법칙에서는 정신을 아무것도 없는, 즉 감각적 경험에 의해 끊임없이 나타나는 일련의 연상들이 그 위에 기록되는 **백지 상태**로 본다는 점을 기억하라. 그렇다면 세상에서 인간의 경험은 상관적이 아니라 절대적이어야 한다.

감각적 경험이 상관적이라는 사실은 새로운 연구를 이끌기에 충분할 만큼 흥분된 결과였을 것이다. 예를 들어, 이 상관적 배열이 정신에서 일어나는 것인가? 아니면 감각기 자체에서 일어나는 것인가?(최근의 연구는 후자일 것이라고 보여주는 듯하다) 만일 인간의 감각 경험이 상관적이라면, 감각적인 것에서 심리학적인 것에 이르게 하는 관계 체계가 존재하는가? 이러한 상관적 인식이 모든 종種에서 일어나는가? 이러한 것이 일어나지 않는 동물 발달의 최하 수준은 어디까지인가? 다른 종은 전혀 다른 방식으로 현실을 배열하는가? 인간의 범위 안에서 병리가 이 배열에 어떻게, 그리고 어떤 수준까지 영향을 미치는가? 질문은 끝이 없다.

페히너에게 베버의 실험은 하나의 계시였고, 그는 이 결과들을 '베버의 법칙'이라고 불렀다. 사실 '페히너의 법칙'이라고 불리는 것이 더 좋았을 수도 있다. 왜냐하면 베버는 자신의 발견이 얼마나 중요한지 전혀 알지 못했을 뿐 아니라, 법칙의 일반적인 공식을 만들지도 못했기 때문이다. 페히너가 '베버의 법칙'에서 기술했듯이, 감각(페히너가 오로지 정신적 과정으로만 생각했던)은 자극(페히너가 오로지 물질적이라고만 생각했던)의 자연로그natural logarithm[10]에 따라 변한다. '베버의 법칙'을 다른 방식으로 표현하면, 자극이 기하학적으로 변하듯이 반응은

---

10) 네이피어 로그Napierian logarithm라고도 한다. 실수 $e = 1 + 1/1! + 1/2! + 1/3! + \cdots\cdots = 2.71828\cdots\cdots$ 을 밑으로 하는 로그log x를 간단히 log x라고 쓰고, 이를 x의 자연로그라고 한다.

산술적으로 변한다는 것이다. 페히너는 이후 10년을 자신이 **정신물리학**psychophysics이라고 이름 붙인 연구를 확장하면서 보냈다.[11)]

이 연구를 하는 동안 페히너는 실험심리학의 많은 기술들을 개발했다. 페히너는 만족해하면서 정신과 신체 사이의 관계를 정량화하겠다는 자신의 목적을 달성했다고 생각했다. 하지만 그 이후 소수의 실험 과학자들은 그의 자가-평가에 동의하지 않았다. 예를 들어, 윌리엄 제임스William James는 다음과 같이 진술했다.

> 나는 (페히너의 연구의) 적절한 심리학적 성과가 사실은 **아무것도 아니라고** 본다.[12)]

페히너의 업적에 대한 제임스의 부정적인 의견에도 불구하고, 페히너의 정량화할 수 있는 결과에 대한 믿음이 실험심리학을 만들었고, 그의 방법은 오늘날에도 여전히 사용되고 있다. 단지 페히너의 업적에서 정신과 물질의 기초를 이루는 단일성unity(페히너가 의식이라고 생각했던)에 대한 시각이 거의 완전히 무시되었다는 점은 실망스럽다. 이

---

11) 100년 후 스티븐스S. S. Stevens는 정신물리학에 관한 베버와 페히너의 연구를 폭넓게 확장시켰다. 대부분의 선구자적인 결과들이 그러하듯이, 베버의 처음 추측은 지나치게 조야하였다. 스티븐스는 감각과 자극의 비율은 단지 로그 함수가 아니라, 제곱 함수power function라는 것을 증명하였다. 즉, 감각은 측정된 어떤 감각의 종류에 따라 변하는 일정한 어떤 상수와 동일하고, 때로는 자극의 어떤(가끔 분수의) 제곱의 크기와 같다는 사실을 증명한 것이다. 이것이 '베버의 법칙'을 수정하였지만, 감각과 자극 사이의 관계는 직접적이 아니고 상관적이라는 사실을 명확히 해 주었다. S. S. Stevens, "Problema and Methods of Psychophysics," *Psychological Bulletin*(55, 1958), pp. 177~196, and S. S. Stevens, *Handbook of Experimental Psychology*(New York: Wiley, 1951).

12) William James, *The Principles of Psychology,* Vol. I: 1890(New York: Dover, reprint, 1950), p. 534. James' emphasis.

러한 상황은 이후에도 종종 재현되었다. 다음 장에서 그 예를 간단히 기술할 것이다.

게슈탈트Gestalt 심리학 vs. 관념 연합론

과학적 실험의 힘은 대부분 관찰자와 관찰 대상을 분리시키고 충분히 고려한 뒤 매개 변수들을 제한하는 능력에 달려 있다. 이것은 엄청나게 강력한 방법이긴 하지만, 다분히 인위적이다. 관계가 없는 요소들을 완벽하게 제거하는 일은 사실상 불가능하다. 훌륭한 과학자들은 이 사실을 충분히 인식하고 있기 때문에 거기에 맞게 실험을 디자인한다. 하지만 불행하게도, 관찰 대상이 인간일 경우 과학자의 인간성과는 상관없이 인간 대상을 일반 대상들처럼 보는 경향이 있다. 물론 훌륭한 과학자는 이러한 함정을 피하긴 하지만, 그럼에도 이것은 어쩔 수 없는 함정이다.[13]

특히 유물론자의 경우에는 정신을 부수 현상으로 간단히 처리하려는 위험성이 처음부터 존재한다. 앞에 언급한 것처럼, 이는 실험심리학의 시작 단계에서부터 존재해온 관점이며, 최소한 관념 연합론의 기원인 로크까지 거슬러 올라가는 문제다. 만일 인간 정신이 감각 경험의 단위들이 뒤섞인 연상들에 불과하다면, 왜 내적 경험을 무시하지 않으며, 또한 감각 자극 자체와 그 자극에 대한 생리적 반응에 집중하는 것일까? 우리는 이미 '베버의 법칙'의 내용과 함께 인간의 정

13) 최근 이 문제는 피검사자가 고의적으로 속임을 당하는, 스텐리 밀겜Stanley Milgam의 연구 기술에 따라 이루어진 대량의 연구에 의해 악화되었다. 이것에 대한 더 많은 내용은 나의 *Beginner's Guide to Jungian Psychology*(York Beach, ME: Nicolas-Hays, 1992)의 "The Shadow Hidden Within the Light of Science"를 보라.

신은 단순한 감각 단위에 불과한 것이 아니며, 관계를 인식하고, 이 관계에 대한 인식은 선천적인 것 같다는 법칙의 함축적 의미를 살펴봤다. 20세기 초 게슈탈트Gestalt(형태심리학. 근대 지각작용의 연구에 토대를 제공한 20세기 심리학의 한 학파) 심리학자들은 실험을 통해 이 가정을 확인했다.

게슈탈트 심리학자인 볼프강 쾰러Wolfgang Köhler(1887~1967)와 신경심리학자인 칼 래슐리Karl Lashley(1890~1958)에 의해 독립적으로 이루어진 일련의 실험을 살펴보면, 우선 병아리들에게 다른 채도의 회색 두 개를 구별하도록 가르쳤다. 쉽게 회색과 어두운-회색이라고 하자. 만일 병아리들이 정확하게 어두운-회색을 구별해낼 경우, 보상으로 먹이를 주었다. 어두운-회색을 찍도록 훈련받은 병아리들에게 심리학자들은 회색-검정이라고 부르는 좀 더 짙은 회색을 보여주었고, 잠시 뒤 병아리들에게 어두운-회색과 회색-검정을 동시에 보여주었다.

만일 관념 연합론이 옳다면, 어두운-회색이 직접적으로 먹이를 연상시키기 때문에 병아리들은 다시 한번 어두운-회색을 찍어야만 했다. 하지만 결과적으로 몇 마리의 병아리만 어두운-회색을 찍었고, 압도적으로 많은 수의 병아리들이 더 어두운 회색-검정을 찍었다. 다른 말로, 대부분의 병아리들이 '더 어두운' 것을 보고 보상을 연상한 것이다.[14)]

이때, 병아리들이 더 어두운 채도의 회색을 찍어야만 하는 일련의 상황들에 노출되지 않았다는 점이 무척 중요하다. 즉, 병아리들은 단지 한 쌍의 회색들로만 훈련을 받았지만, 대부분은 그 하나의 상황에서 더 어두운 채도를 찍어야 한다는 사실을 배웠다. 이러한 실험들에서 자극은 곧장 반응을 유도하지 못했다. "자극과 반응 사이에 조직

14) Wolfgang Kohler, *Gestalt Psychology*(New York: Mentor Books / New American Library, 1947), p. 118.

화의 과정이 일어나기 때문이다."[15] 그래서 감각의 수준에서조차도 경험은 상관적으로 구성된다. 이러한 실험들이 인간에 훨씬 더 가까운 원숭이에게로 확장되었고, 또한 더 작은 것과 더 큰 것과의 관계가 실제적인 크기보다 우선적이라고 증명된 크기의 인식으로도 확장되었다.

이와 유사한 많은 실험들이 인간뿐 아니라 동물들도 감각적 인식을 조직화한다는 사실을 보여주었다. 하지만 정신의 다양한 수준에서 본래의 감각적 인식과 마지막의 복합적 조직화 사이에 얼마나 많은 조직화가 진행되고 있는지에 대한 문제는 해결되지 않은 상태이다. 과학자는 복합적 조직화를 더욱 정확히 파악하기 위해 피실험자로부터 얻은 주관적 정보를 외부 행동의 객관적 관찰만큼 중요하게 여겨야 한다. 양쪽 모두 중요한 자료들이기 때문이다.

그러나 논쟁의 여지가 없는 이러한 결과들에도 불구하고, 행동심리학은 실험심리학자들과 임상심리학자들에 의해서 오늘날 미국에서 가장 인정받는 심리학으로 남아 있다. 그리고 행동심리학은 자극과 반응 사이에 개입하는 조직화를 가정하지 않기 때문에 주관적 자료에는 관심이 없다!

헬름홀츠와 에너지 보존의 법칙

> 헬름홀츠는 생리학 실험실의 자원들을 심리학과 학생들의 재량에 맡김으로써 실험심리학의 발전을 가져왔다.[16]

> 헬름홀츠에게 있어서 심리학은 수학에 의해 좌우되고……, 실험에 의해 좌우되는 정확한 과학이었다.[17]

---

15) Wolfgang Kohler, *Gestalt Psychology*, p. 119.

16) Edna Heidbredner, *Seven Psychologies*, p. 91.

헬름홀츠

위대한 독일의 실험심리학자 세 명 가운데 두 번째는 헬름홀츠이다. 헬름홀츠는 자연과학자로서는 세 명 가운데 독보적인 존재였다. 그러나 현대 심리학의 선구자로서는 가장 주목받지 못했다. 비록 헬름홀츠가 시각과 청각에 관한 뛰어난 생리학적 연구 결과를 내놓고 신경 전달 속도를 측정했다고는 하지만, 심리학에 끼친 가장 큰 영향력은 물리학자로서의 그의 업적에서 비롯되었을 것이다! 오늘날 물질의 가장 심층을 다루는 물리학자들, 그리고 정신의 가장 심층을 다루는 심층심리학자들은 해답을 찾기 위해 각각 다른 원칙들을 참조하고 있다. 이에 비해 헬름홀츠는 정신적 과정을 비웃는 철저한 유물론자로서 자신의 시대를 대표하는 사람이었다.

흥미롭게도 헬름홀츠는 유물론적 개념이 가장 적용되지 않는 에너지를 신비적 개념으로서 간단히 처리하지 않았다. 그는 "에너지의 총합은 일정하다"는 에너지 보존의 법칙을 처음으로 공식화한 인물이다. 물질과 에너지 사이의 변환을 포함하기 위해 아인슈타인이 이 법칙을 수정했듯이, 이는 물리학의 두 가지 중요한 가정 가운데 하나로 남아 있다.[18] 에너지 보존의 법칙은 심리학을 포함한 많은 다른 분야의 과

---

17) Edwin G. Boring, *A History of Experimental Psychology*, p. 303.

18) 다른 하나는 엔트로피의 법칙으로, 조직은 늘 감소한다는 것이 핵심이다. 그러나 노벨상 수상자인 화학자 일리아 프리고지네Ilya Prigogine의 업적은 개방 체계, 즉 실제로 어떤 삶의 환경 안에서 조직은 엔트로피를 엉망으로 만들지 않으며, 무질서를 주위 환경으로 내보냄으로써 증가시킬 수 있다는 사실을 보여주었다.

학자들을 자유롭게 하는 개념이었다. 어떤 신비한 설명 없이도 변환이 가능하다는 사실을 의미하기 때문이다. 이러한 법칙 없이는 어떤 역동적 과학도 불가능하다. 프로이트와 융 역시 이 법칙을 자신들의 생각의 초석으로 이용하려고 했다. 사실, 프로이트와 융을 갈라놓았던 것이 바로 이 **정신적 에너지** 또는 **리비도libido**의 본질에 대한 그들의 견해 차이였다.

에너지라는 단어는 무척이나 평범해져서 물체 또는 물질적 대상으로 생각된다. 또한 우리는 그럴듯하게 전기 에너지나 원자 에너지에 대해 이야기한다. 그러나 에너지는 물체가 아니다. 에너지는 단지 변환을 위한 가능성이며, 두 개의 정의된 상태 사이에 존재하는 정의되지 않은 중간물의 개념이다. 비록 에너지를 물체로 생각하고 전기 에너지나 자기磁氣 에너지를 논하는 것이 유용하다고 해도, 그것은 단지 학습적인 도움에 불과하다는 것을 잊지 말아야 한다. 예를 들어, 프로이트의 리비도 또는 정신적 에너지의 개념이 굉장히 유용하다고 해도 그것은 단지 고안일 뿐이다. 프로이트의 저술을 보면, 그는 리비도를 성적 에너지에 제한되는 것으로 판단한 듯하다. 이는 프로이트가 일반적인 에너지의 개념을 이해하고 의미를 확장했는지 의구심이 든다. 그의 저술들을 살펴보면, 융이 했던 연구는 정확한 것처럼 보인다.[19]

분트의 내성주의

분트는 심리학의 역사에 있어서 수석 심리학자다. 즉, 그는 심리학자로 불릴 수 있는 최초의 인물이다.[20]

---

19) C. G. Jung, *Collected Works,* Vol. 8, ¶ 1~130 "On Psychic Energy"를 보라.

20) Edwin G. Boring, *A History of Experimental Psychology*, ¶ 316.

세 명 가운데 제일 마지막이었던 분트는 흔히 심리학의 창시자로 불린다. 분트, 헬름홀츠, 페히너 가운데 분트에게 실험심리학의 창시자라는 타이틀을 붙이는 것이 가장 정확할 듯하다. 임상심리학의 창시자라는 타이틀은 프로이트를 위해 남겨두기로 하자. 분트는 1879년 라이프치히Leipzig에 심리학 실험실을 만들었다. 실험심리학을 광범위하게 발전시킨 것은 분트의 업적이었던 동시에 실험실에 있던 제자들의 업적이었다.

분트는 창립자라기보다 백과사전 편집자였다. 이미 발견된 많은 심리학적 사실들을 모아서 분류하고 출판했으며, 이 과정을 평생 계속했다. 분트는 자신의 연구 방법을 내성주의introspectionism라고 불렀다. 내성주의는 행동주의자나 다른 실험심리학자들에게 받아들여지지 않았을 뿐 아니라 여러 가지 임상 원칙들 가운데 어떤 것도 아닌, 지금은 그 시대의 유물이 되어버렸다. 내성주의라는 이름에서 깊긴 하지만 분명치 않은 생각들을 상기해낼 수 있다. 하지만 이는 분트의 영역은 아니었다. 오히려 그는 행동 심리학이 잘 사상寫像한 단순 반응들을 연구했는데, 이는 단순한 구별을 하도록 훈련받은 인간을 대상으로 한 실험이었다. 마치 '베버의 법칙'을 이치에 맞게 확장한 듯하다. 하지만 불행하게도 분트는 실험심리학에는 동물, 아동, 비정상, 응용심리학을 위한 자리가 없다고 생각했기 때문에 그의 연구 분야는 범위가 제한되어 있었다. 행동 심리학의 대응 발전counter-development을 이끈 것은 이러한 편협함이었다.

비록 분트의 시야는 좁았지만 영향력은 대단했다. 당시는 정량적 · 실험적 심리학을 위한 환경이 충분히 조성되어 있었으며, 라이프치히는 1880년대와 1890년대의 총명하고 촉망받는 젊은 실험심리학자들이 모이는 장소가 되었다. 영국인 에드워드 티치너Edward Tichener는 분트

심리학의 열렬한 신봉자가 되었고, 분트 심리학을 미국 코넬Cornell 대학교에 도입했다. 거의 독보적인 존재였던 티치너를 통해 실험심리학은 19세기 말 미국에서 주요 심리학적 힘이 되었다. 분트처럼 티치너의 견해도 대부분 잊혀지고 말았지만, 실험심리학은 여전히 미국의 대학 심리학에서 우위를 차지하고 있다.

정신을 의식으로 한정시킴

실험심리학은 물리적 학문을 모방했다. 즉, 어떤 희생을 치르더라도 신비적, 심지어 철학적이라고 불리는 그 어떤 것도 피하기를 원했다. 결국 이러한 태도는 심리학에서 정신을 완전히 꺼낸, 심리학을 신체적 행동에 제한시킨 행동심리학을 이끌었다. 실험심리학이 창립될 시기에는 의식이 인간의 구별되는 속성이라는 풍조가 여전했다. 즉, 그 시대는 행동심리학의 완전한 환원주의가 이루어질 만큼 아직 성숙하지 못한 상태였다. 그러나 의식적이지 않은 어떤 정신적 과정이 있을지 모른다는 생각은 분트와 그의 추종자들에게 용납되지 않았다.

『정신의 본질에 대하여*On the Nature of the Psyche*』에서 융은 '분트 학파를 대표하는 것'으로 다음과 같은 말을 인용했다. "무의식에 대한 생각이 일단 받아들여지면, 인간은 자신의 어떤 관찰에 의해서도 통제될 수 없는 무의식적 삶에 대한 모든 가정들의 처분에 맡겨진다는 것을 알게 된다." 분트 자신은 정신에 무의식적인 것은 없으며, 단지 '좀 더 희미한 의식적인 것'만 있다고 주장하면서 거의 궤변으로 그 논점을 해결하려 했다.[21] 사실을 희생하여 이론을 지키려고 애쓰는 분

21) C. G. Jung, *Collected Works,* Vol. 8, ¶ 349~351의 모든 인용에서.

트의 태도에 융은 더 이상 인내심을 발휘하지 못했다. 본능적인 행동은 수용할 수 있지만 무의식적 정신 과정을 부인하는 그 후의 몇몇 심리학자와 생리학자들과는 달리, 분트는 무의식에 대한 거부가 본능적 행동에 대한 거부도 의미한다는 점을 깨달았다. 융은 이 주제에 대한 분트의 말을 인용했다.

> 만일 새로 태어난 동물이 정말 자신이 의도하는 (원문 그대로) 모든 행동에 대해 미리 생각을 가지고 있다면, 인간과 동물의 본능에는 얼마나 풍요로운 예기된 삶의 경험들이 축적되어 있을 것이며, 인간뿐 아니라 동물들도 단지 경험과 실행을 통해서 대부분의 것들을 얻을 수 있다는 설명이 얼마나 이해하기 어려워 보이는지![22]

에드나 하이드브레더Edna Heidbreder가 이 인용문에서 주목했듯이, '관찰한 우주를 완전하게 설명하기 위해 관찰하는 유기체를 고려해야 할 필요성'이 대두됨으로써 19세기 후반에 심리학이 존재하게 되었다. 달리 표현하면, 100년 전 칸트에 의해 제기된 문제들을 더 이상 무시할 수 없었던 것이다. 그러나 두려운 마음이 지나치게 컸던 탓에, 인간의 정신이 우리의 감각적 인식과 조직화를 구성할 뿐 아니라 어느 정도 인간의 행동을 미리 결정하는 인지적인 불변의 것들(즉, 원형들)을 포함하고 있다는 가능성을 검토하는 일은 불가능했다.

물론 페히너는 이러한 정설의 밖에 서 있었다. 페히너는 "정신물리적 역치에 대한 생각은 일반적으로 무의식의 정신물리적 역치에 대한 확실한 근거를 제공하기 때문에 가장 중요하다"고 생각했다.[23] 불행

22) C. G. Jung, *Collected Works,* Vol. 8, ¶ 352.

23) C. G. Jung, *Collected Works,* Vol. 8, ¶ 354, n. 18.

히도, 페히너의 실험 기술은 그의 생각들이 무시되는 동안에 채택되었다. 실험심리학이 새로운 원칙이었으며, 그 회원들은 꿈꾸는 낭만주의자로 생각되는 자들이 아닌, 헬름홀츠 같은 엄격하고 의미 있는 물리학자를 모방했다. 실험과학은 유효한 결과를 위해 이런 원칙이 필요했던 것이다. 그러나 당시의 시대정신은 정신 같은 어떤 비非물리적인 현상을 위한 여유 공간이 거의 없었다는 것은 불행한 일이다.

만일 초기 실험심리학자들이 정신을 다뤄야 했다면, 분트가 가르쳤듯이, 그들은 정신이 의식으로 환원되고, 의식이 실험적으로 점검될 수 있는 아주 작은 요소들로 환원되길 원했다. 아마 이것이 복잡한 영역에 접근하는 섬세한 시작 방법이었을 것이다. 하지만 이 방법은 매우 제한적이었다. 최근에 최면술로 알려진 이상한 경계적 현상에 대한 실험은 실험심리학과 임상심리학 양쪽에 결정적인 영향력을 끼칠 수 있었을 것이다. 그러나 나중에 알게 되겠지만, 정신적으로 아픈 사람들을 다룰 도구를 원했던 임상심리학자들만이 이 새로운 도구를 사용했다.

Chapter 6

임상심리학의 창시자들

단어들을 순서대로 쓰면 마그네티즘magnetism, 메스머리즘mesmerism, 최면술, 히스테리아, 암시suggestion가 된다. 이것들을 적절한 이름들로 옮기면 반 헬몬트, 메스머, 브레이드, 샤르코, 베른하임이 되며, 프로이트 이전 (임상)심리학의 윤곽을 이룬다.[1)]

하늘 위, 하늘 아래

실험심리학의 기원은 의식적 정신의 힘을 재발견한 르네상스 시대로 거슬러 올라갈 수 있다. 대조적으로, 임상심리학은 무의식 과정의 연구에 기인한다. 즉, 꿈이나 신화 연구를 통해 시작된 것이다. 사실 최면술은 무의식적인 정신으로의 첫 번째 다리 역할을 했다.

우리는 이미 이 책에서 끊어지지 않은 사고의 맥락이 르네상스에서 시작되어 실험심리학에서 절정을 이루는 과정을 추적했다. 두 번째 사고의 맥락도 역시 르네상스에서 시작해 결국 임상심리학으로 이어졌다. 이 분야는 르네상스 절정기의 신비스러운 인물인 16세기의 의사 파라셀수스에 의해 시작된다.

---

1) Edwin G. Boring, *A History of Experimental Psychology*(New York: Appleton-Century-Crofts, 1950), p. 694. Boring's emphasis.

파라셀수스

파라셀수스는 명성만큼 욕도 많이 먹은 인물로, 16세기의 가장 유명한 의사이면서 다작을 한 저자이기도 하다. 의사로서 가진 기술 측면에서의 믿을 수 없을 정도의 명성, 그리고 업적에 대한 동료들의 심한 경멸은 모두 인간과 우주에 대한 그의 미래상의 산물들이었다.

르네상스 시대는 세심한 관찰의 힘을 재발견했다. 그 관찰은 밖으로는 거시 세계로, 안으로는 미시 세계로 향했다. 예를 들어, 1543년에 현대 인체 해부학을 확립한 안드레아스 베살리우스Andreas Vesalius(1514~1564)의 『인체의 구조에 관하여*Concerning the Structure of the Human Body*』와 현대 천체학을 확립한 코페르니쿠스의 『천체의 혁명에 관하여*Concerning the Revolution of the Heavenly Bodies*』가 출간되었다. 4세기 후의 융처럼, 파라셀수스는 각각의 두 세계 자체보다는 거시세계와 미시세계 사이의 연결에 더 많은 관심을 가졌다.

융은 "파라셀수스가 '하늘 위, 하늘 아래heaven above, heaven below'라는 연금술 사상의 영향을 받았다는 데 전혀 의심의 여지가 없다"고 말했다.[2] 즉, 연금술의 금언인 '하늘 위, 하늘 아래'가, 현실은 전체와 서로 연관되어 있으며 그 각각의 부분은 전체를 반영한다는 사실을

2) C. G. Jung, "Paracelsus the Physician," in *Collected Works, Vol. 15: The Spirit in Man, Art, and Literature*(Princeton: Princeton University Press, 1942), ¶ 31.

베살리우스

의미하는 것이었다. 이러한 개념은 페히너의 이론을 논하면서 이미 언급되었다. 파라셀수스는 다음과 같이 말했다.

> 모든 인간에게는 특별한 하늘이 있다. 전체적이고 끊어지지 않은 ……, 하늘은 인간이고 인간은 하늘이다. 그리고 모든 인간은 하나의 하늘이며, 하늘은 유일한 하나의 인간이다.[3]

흥미롭게도, 파라셀수스는 각 개인이 살고 있는, 겉으로 보기에 분리된 세계들 사이를 연결시켜 주는 것은 사랑이라고 생각했다.

> 무엇보다 의사에게 내재되어야 하는 동정심에 대해 말해야 한다.
>
> 사랑이 없는 곳에는 의술도 없다.
>
> 이 의술의 실행은 가슴에 있다. 만일 당신의 가슴이 거짓이라면, 당신 안의 의사도 거짓일 것이다.[4]

관계에서의 최고 원칙이 사랑 또는 에로스라는 사상은 20세기에 다시 등장하게 된다. 우선 프로이트에 의해 성욕설로 환원된 에로스가 등장했다. 그리고 후에 융이 한편으로는 의식적인 정신과 외부 세계, 그리고 다른 한편으로 무의식적 정신과 내부 세계 사이의 연관성에 대한 탐구를 실시함으로써 에로스의 완전한 존엄성을 다시 회복시켰다. 그러나 우리는 우선 파라셀수스에서 프로이트와 융에 이르는 뒤얽힌 길을 따라가야만 한다.

---

3) C. G. Jung, "Paracelsus the Physician," ¶ 31에서 인용.

4) C. G. Jung, "Paracelsus the Physician," ¶ 42에서 파라셀수스에 관한 모든 것을 인용.

동물 자기학, 메스머리즘, 그리고 최면술

인간의 미시 세계, 그리고 우주의 거시 세계 사이의 연관성을 발견하고자 했던 파라셀수스는 점성학과 연금술, 그리고 자기磁氣의 영향에 많은 관심을 가졌다.

> 파라셀수스는 별들처럼 자기가 인체에 영향을 끼친다는 학설을 확립했다. 그리고 1세기 후 헬몬트의 동물 자기학설을 열었다.[5)]

반 헬몬트Van Helmont(1577~1644)는 다음과 같이 가르쳤다.

> 자기액磁氣液은 모든 사람에게서 방출되며, 다른 사람의 마음과 육체에 영향을 끼치려는 그들의 의지에 의해 유도될 수 있다.[6)]

18세기 후반 메스머Franz Anton Mesmer(1734~1815. '메스머 최면술'이라고 하는 근대적 최면술의 선구자)는 모든 유럽이 동물 자기학animal magnetism 라는 자신의 놀라운 치료법을 사용하는 상상에 사로잡혔다. 하지만 학회에서는 이 개념을 받아들이길 거부했고, 메스머를 사기꾼이라고 몰아붙이거나 그의 성공을 메스머 혼자만이 가진 어떤 개인적 능력 탓으로 돌렸다.

제임스 브레이드James Braid(1795~1860. 1840년대에 그리스어로 '수면'이라는 뜻의 '최면hypnosis'이라는 용어를 만듦)가 최면술 현상을 학회에서 수용될 수 있는 형태로 발표한 것은 19세기 초반의 일이다. 즉, 파

---

5) Edwin G. Boring, *A History of Experimental Psychology*, pp. 695~696.

6) Edwin G. Boring, *A History of Experimental Psychology*, p. 116.

메스머

라셀수스가 최면술을 서양 세계에 대해 말한 지 300년, 헬몬트가 동물 자기학이라는 용어를 유행시킨 지 200년, 그리고 메스머가 유럽 전역에 최면술의 효과를 증명한 지 50년이 지난 뒤에 최면술이 조금 받아들여진 것이다. 학회는 개념이 쉽게 학문의 틀에 맞지 않을 경우, 맞지 않다는 것을 증명할 수 있으면 부인하고, 증명할 수 없으면 무시한다. 물론 적절한 곳에서는 이런 일이 의미가 있다. 즉, 많은 경우에 유용하게 적용될 수 있는 일반적인 모델이 부분적으로 적용되는 예외의 모델보다 더 유용한 것은 사실이다. 하지만 예외가 중요한 때와 예외를 포함하는 새로운 모델이 개발될 필요가 있는 때를 감지하는 사람은 늘 위대한 발견자들이었다. 우리 시대는 실재에 대한 좀 더 광범위한 설명 속에 모두 포함되길 갈구하는 그러한 예외들로 가득 차 있다.

브레이드 이전에는 최면술이 과학적 체면 때문에 늘 가장자리에 위치했다. 최면술은 단지 하나의 흥미로운 호기심거리에 불과했으며, 존경받는 의사들과 과학자들 입장에서는 자신의 손을 더럽힐 것 같은 기피 대상이었다. 따라서 최면술은 단순히 생리학적인 현상이라는 브레이드의 제한된 초기 가정으로 인해 학회에서 받아들여질 수 있었다. 브레이드 이전의 과학자들은 동물 자기학이 메스머리즘자들에게 귀속되고 이론화되었다고 생각했다. 최면술이 과학 분야에 수용되게 만든 브레이드의 발표에서 가장 중요한 변화는 그 책임이 의사에서 환자에게로 옮겨졌다는 점이다. 브레이드의 초기 견해에 따르면, 환자들은 스스로를 마비시킬 때까지 자신을 어떤 것에 고정하기 때문에 최면에 걸릴 수 있었다.

> 후에 브레이드는 최면 현상을 유도하는 데 있어서 암시 요소의 중요성을 분명히 인식하게 되었다. 그의 강조점은 생리적 측면에서 심리학적 측면으로 더욱더 옮겨 갔다.[7)]

만일 브레이드가 암시를 최면의 원인이라고 초기에 발표했다면 어떤 일이 일어났을까? 생각만으로도 흥미롭다. 동물 자기학이 퇴거당했던 것과 같은 방식으로 최면술 역시 신비주의로 퇴거당했을까? 최면술이 어떤 타당성을 획득했던 것은 브레이드가 맨 처음 생리학적인 설명으로 최면술을 발표했기 때문이었을까?

최면술에 대한 최근의 학문적·실험적 연구는 대부분 행동 과학자들에 의해 시행된다. 또한 최면술이 다시 한번 흔하게 무시되고 있다. 행동과학자들의 임상적 최면 사례 연구들은 대부분 부적절한 것으로 무시된다. 예를 들어, 스투클리프J. P. Sutcliffe는 밀턴 에릭슨Milton Erikson(1901~1980)[8)]을 경신輕信하는 사람이라며 경멸했다. 스투클리프는 모든 최면술이 (1) 환자에 의한 최면 상태의 가장(꾀병)이나 (2) 환자 측에서의 망상[9)]으로 설명될 수 있다고 주장했다.

---

7) Edwin G. Boring, *A History of Experimental Psychology*, p. 128.

8) 세계적으로 가장 위대한 의학적 최면술사로 알려져 있는 전설적인 능력의 최면술사.

9) Ernst R. Hilgard, *The Experience of Hypnosis*(New York: Harvest / Harcourt Brace, 1965), pp. 14~20.

임상심리학자들에게 있어서 중심 문제는, 만일 최면 상태의 망아경이 분리된 별개의 의식상태로 받아들여진다면, 변화된 의식상태에 대한 일반적 개념에 대한 문이 열려 있다는 점이다.[10] 이는 **변화된 의식상태**는 물론이고 조직화된 무의식이 존재한다는 의미가 된다. 그리고 그것은 파문감이다. 다시 한번, 실험심리학과 임상심리학이 매우 다른 방향으로 진행된다.[11]

심리학에서의 주관적 경험의 가치

주관적 경험이 고려할 만한 대상이라는 인식은 임상심리학을 창시한 의사들에게 가장 중요한 기본이다. 그들의 직업은 심리학 분야를 무관심하게 조사하는 일이 아니다. 절망적으로 아파하는 동료 인간들을 치료하는 일이다. 임상심리학자들은 환자들의 주관적 경험의 중요성을 인정하지 않고서는 환자를 도와줄 희망이 없다. 비록 임상심리학자들이 빈번히 주관적 경험을 단순한 헛소리로 에누리해서 들으려고 하지만, 그들은 실험심리학자들보다는 최소한 경험에 더 관심을 가지려고 했다.

이로 인해 처음으로 실험심리학과 임상심리학 사이에 벽이 생기게

---

10) 실험심리학자이자 임상심리학자인 찰스 타트Charles Tart가 처음으로 용어를 붙였다. Charles T. Tart, *Altered States of Consciousness*(New York: Anchor Books, 1969); Charles T. Tart, *States of Consciousness*(El Cerrito, CA: Psychological Processes, 1975).

11) Robert A. Baker, *They Call it Hypnosis*(Buffalo, NY: Prometheus Books, 1990). 비록 베이커는 망아경의 존재를 완전히 부정했지만, 이 문제의 모든 측면을 조심스럽게 요약했다. Andre M. Weitzenhoffer, *The Practice of Hypnotism*, 2 vols.(New York: John Wiley & Sons, 1988)에서 최면술이 어떻게 임상심리학자들과 실험심리학자들에 의해 확장된 치료법으로 사용됐는지를 보라. 이 책에서 바이트젠호퍼Weitzenhoffer는 개업 중인 대부분의 최면술사들처럼 의식의 변화된 상태가 존재한다고 인정했다.

되었다. 흥미롭게도, 오늘날 그 벽들이 상호 이익을 위해 서서히 허물어지고 있다. 행동주의자들은 임상심리학으로 옮겨갔으며, 많은 사람들이 주관적 반응들을 포함시키기 위해 자신의 위치를 확장했다. 그리고 훨씬 더 중요한 점은 과학적 객관성을 부드럽게 해줄 인간성이 필요하다는 것을 인식했다는 사실이다. 즉, 임상심리학자들은 과학적 방법의 힘을 배웠고, 바로 비인간화시키고 있다고 주장할 이유가 없다는 사실을 깨달았다. 예를 들어, 카오스 및 복잡성의 새로운 과학적 이론들이 실험심리학과 임상심리학에 똑같이 수용될 수 있는 과학적 패러다임이 가능해졌다.

그러나 아직도 갈 길은 멀고, 여전히 깊은 균열이 두 접근법 사이에 남아 있다.

샤르코

샤르코는 1862년 프랑스의 살페트리에Saltpetriere 병원에서 일했다. 그곳에서 일하게 되자마자 그는 곧 신경과를 개설했으며, 얼마 뒤 유럽에서 가장 유명한 병원이 되었다. 샤르코는 지금의 **신경증neurosis**으로 분류되는 환자들을 전문으로 상담했다.[12] 그 당시 대부분의 환자들은 여성이었기 때문에 그들의 상태는 **히스테리hysteria**('uterus'에 해당하는 그리스어 'hystera')로 불렸다. 요즘의 심리학자들은 남성도 여성만큼 신경증이 자주 나타난다는 사실을 잘 알고 있다. 그러나 최근까지도 남성은 여성보다 자신의 감정적 문제를 이야기하는 것에 거부감을 느낀다.[13]

---

12) 신경증적이라는 단어 자체만 가지고 정서적 고통을 받고 있는 사람들이 일반 사람들보다 어느 정도 열등하다고 말하기에는 아직 그 의미가 충분치 않다.

샤르코

> 어떤 사례에서, 샤르코는 신경증 환자들을 최면술이라는 새로운 도구로 치료해 약간의 성공을 거뒀다. 그는 최면술은 암시에 의해 생긴다는 브레이드의 후기 이론을 무시했으며, 히스테리와 최면술을 여성의 생리학적 상태로 간주하는 경향을 보였다.
>
> 최면술과 히스테리 증상들 사이의 유사성은 샤르코로 하여금 피최면성被催眠省은 히스테리의 특징이며, 어느 정도까지는 그 증상이라고 생각하게 만들었다. 이것은 실수였다.[14]

샤르코는 프로이트가 나중에 **무의식**unconscious이라고 칭한 것을 발견할 수 있는 이상적인 위치에 있었다. 프로이트는 무의식이란, 말 그대로 의식적 자각이 없는 우리의 생각, 감정, 그리고 기억들의 어느 부분을 의미한다고 했다. 샤르코는 무의식적 자료들이 계속해서 정신적 표면으로 나오고 있는 히스테리 환자들을 치료하고 있었다. 그는 최면술을 사용했으며, 최면술은 어떠한 의식적 금지들을 차단한 채

13) 예를 들어, *Under Saturn's Shadow: The Wounding and Healing of Men*(Toronto: Inner City Books, 1994), p. 7에서 융 분석학자 제임스 홀리스James Hollis는 다음과 같이 말했다. "12년 전에는 내 피분석자의 여자 대 남자 비율이 9 대 1이었다. 최근에는 6 대 4 이상의 비율로 남자들이 많아졌다. 나는 이러한 변화가 다른 치료사들의 사무실에서도 나타나고 있다고 믿는다."

14) Edwin G. Boring, *A History of Experimental Psychology*, p. 698.

샤르코에게 깊은 무의식적 자료들을 탐구할 기회를 주었다. 하지만 불행하게도 샤르코는 최면술을 단지 히스테리의 또 다른 증거로만 보았고, 히스테리는 여성들의 생리학적 불평이라고 간주했기 때문에 그는 결코 이런 기회를 활용할 수 없었다.

피에르 자네

비록 짧은 기간이긴 했지만 자네와 프로이트는 샤르코의 병원에서 함께 연구했다. 자네는 샤르코의 제자였을 뿐 아니라, 병원에서 그의 후계자였다. 자네는 무의식의 연구를 진전시키는 데 있어서 샤르코보다 몇 가지 이점을 지니고 있었다. 우선, 자네는 기본 바탕으로 삼을 수 있는 샤르코의 업적을 소유하고 있었다. 그리고 더 중요한 이점은, 자네는 의학자였을 뿐 아니라 심리학과 철학의 학문적 배경을 지닌 점에서 샤르코보다 더욱 넓은 견해를 지닌 사상가였다는 점이다. 자네는 최면술을 히스테리 증상이나 개인적 현상으로서가 아니라 의식의 통제를 피해가는 듯한 많은 과정들 가운데 하나로 받아들였다. 자네의 생애 연구는, 그의 위대한 초기 연구의 제목을 사용하면 '자동반응의 심리학L'Autotisme Psychologique'이다.15)

> 1892년 히스테리에 대한 자네의 주요 논점에 따르면, 히스테리는 하나의 사고체계에 의식이 집중되고 다른 것으로부터는 의식이 철회되어 생기는 인격의 분열이다.16)

---

15) Pierre Janet, *L'Autotisme Psychologique*(Paris, 1889).

16) Edwin G. Boring, *A History of Experimental Psychology*, p. 700.

개업 중인 대부분의 임상심리학자들은 자네의 이러한 기술의 정확성을 증명해보이곤 했다. 신경증은 정상 영역으로부터의 에너지 철수와 신경증 영역으로의 에너지 과집중으로 특징지어진다. 예를 들어, 성적으로 억압되었던 빅토리아 시기에, 프로이트와 자네가 히스테리 환자를 보았을 때, 신경증은 성욕 주위에 집중되어 있었다. 반면, 성적 자유가 과도하고 외부의 안전성이 거의 없는 현대의 신경증은 대부분 정상적으로 자기-정의self-definition의 문제에 집중된다.[17)]

융의 업적의 대부분은 이러한 에너지의 이동이 어떻게 일어나는지에 대한 정확한 기술에 집중되어 있다. 융은, 신경증을 유발하는 영역은 문화와 시대의 산물이라는 사실을 깨달았다. 따라서 주의력의 지나친 집중은 증상이지 원인이 아니다. 샤르코는 최면술을 무의식적 과정을 해방시키기 위해 사용했지만, 그 원인은 생리학적인 것으로 해석했다. 자네는 최면술이 생리학적 과정뿐 아니라 무의식적 심리학과 관련된 현상이라는 예를 제공했으며, 이러한 많은 무의식적 과정들이 존재한다는 사실을 깨달았다.

그러나 프로이트는 억압된 성행위가 어떤 특정한 문화적 산물이 아니라 보편적이라고 잘못 믿고 있었기 때문에 그 자신조차도 무의식의 범위를 충분히 알지 못했다. 하지만 무의식의 발견은 여전히 프로이트에게 맡겨졌다. 위대한 선배들의 연구 결과를 모두 토대로 삼을 수 있었던 융은 자신의 탐구에서 좀 더 나아갈 수 있었으며, 이는 "만일 내가 다른 사람들보다 더 멀리 보았다면, 그것은 내가 거인의 어깨 위에 서 있었기 때문이다"[18)]라는 뉴턴의 말을 반영한 것이었다.

---

17) Rollo May, *Love and Will*(New York: Laurel / Dell, 1969), pp. 38~39.

18) W. W. Rouse Ball, *A Short Account of the History of Mathematics*, 1908(New York: Dover Publications, reprint, 1960), p. 349.

Chapter 7

칸토어의 초한수 집합론

칸토어의 시대에도 그리고 이후 수년 동안에도, 칸토어의 이름은 논쟁과 분열을 의미했다. 궁극적으로 초한수 집합론은 수학의 성질, 특히 무한 상태에 대해 서로 다른 견해를 지닌 수학자들의 진영을 서로 더 멀어지게 만드는 구실을 했다.[1)]

수학에서의 갈라진 틈

19세기 후반, 심리학이 하나의 독립된 분야로 대두되기 시작한 반면에, 수학은 스스로를 개조하려는 노력을 하고 있었다. 실제로 17세기에 해석기하학과 미적분학이 수학을 현대적 분야로 끌어올렸다. 그리고 그 후 200년에 걸쳐 수학자들은 이 새로운 생각들의 함의를 충분히 탐구했으며, 지금 그들은 수학적 엄밀함에 대한 새로운 욕구에 사로잡혀 있다는 사실을 스스로 깨달았다. 그들은 거의 철학적으로 수 자체의 성질을 엄밀하게 검토하기 시작했다.

수학자들의 검토에서 나온 맨 처음 결과로 강력하면서도 새로운 수학적 이론은 집합론이었다. 집합론은 200년 전 칸트의 개념들이 현

---

1) Joseph Warren Dauben, *Georg Cantor: His Mathematics and Philosophy of the Infinite* (Princeton: Princeton University Press, 1979), p. 1.

칸토어

대 철학을 변화시켰던 만큼 현대 수학을 변화시키려 했다. 비록 많은 수학자들의 눈에 띄는 결과들이 있긴 하지만, 이 시대의 가장 위대한 수학자인 게오르크 칸토어 Georg Cantor(1845~1918)에 의해 개발된 초한수 집합론에서 최고의 절정에 이르렀다. 칸토어는 그 뒤의 괴델처럼 수들이 '신의 건축재God's building blocks'라는 깊은 정신적 믿음을 지니고 있었다. 이런 칸토어에 의해 무한의 성질의 숨겨진 신비가 밝혀졌다.

그런데 칸토어의 이론에서 역설들이 나타났다. 이 역설들은 모든 수학을 위협했다. 한 세기 반 이전에 흄과 버클리의 역설들이 철학을 분열시켰던 것처럼, 수학자들은 순수한 수학적 고려보다는 오히려 철학적 실재의 모델에 근거를 둔 서로 대항하는 진영들로 분열되기 시작했다.

예를 들어, 구성주의자들은 철학에서의 실용주의자들이 취한 근본적 태도인 '염병할 놈a pox on your house'과 비슷한 태도를 보였다. 구성주의자들은 만일 무한이 역설을 만들면, 수학은 그것을 유한에 국한시켜야 한다고 주장했다. 오직 단계들의 유한수에만 관련되는 구성주의적 증명으로 말이다. 그러나 불행하게도 그들이 주장하는 수학은 너무 제한적이어서 수학이라는 용어에 맞는 자격을 갖출 수가 없다.

두 개의 가장 중요한 새로운 접근법에는 형식주의 접근법과 논리주의 접근법 등이 있다. 전자는 독일의 데이비드 힐베르트David Hilbert(1862~1943. 기하학을 일련의 공리公理로 환원함)와 이탈리아의 주세페 페아노Giuseppe Peano(1858~1932)의 지도 아래, 기하학의 선상에서 수학을 완전히 발달된 형식적 공리 체계로 발표함으로써 칸토어의 이론이 대부분 보존되길 기대했다. 러셀과 화이트헤드의 『수학 원리 *Principia Mathematica*』에서 극치에 이른 논리주의 접근법은 수학을 기호논리학으로 환원하길 기대했다.[2] 1931년 괴델은 두 가지 접근법이 모두 불가능하다는 사실을 증명하려 했다. 괴델은 수학은 논리학 이상, 형식적 공리 체계 이상이라고 이해했기 때문에 그렇게 할 수 있었다. 괴델은 수학은 의미, 즉 원형적 의미를 다룬다고 이해했다.

이 장에서는 칸토어의 초한수 집합론에서 정점을 이루는 집합론의 발달을 소개할 것이다. 다음 장에서는 우리의 화제를 프로이트에게 옮긴 뒤에 형식주의자와 논리학자들의 잘못된 시작을 이어갈 것이다. 괴델의 생각은 책의 나머지 부분을 통해 융과 병행해 소개할 예정이다.

무한을 유한의 용어로 정의하려는 바이어슈트라스의 시도

> 무리수와 극한의 개념에 근거를 둔 이러한 추론 과정에 대한 완전한 동의와 확신이 현재의 해석학에 존재하는 이유는 근본적으로 바이어슈트라스의 학문적 활동이 가지는 장점 때문이다.[3]

---

2) N. A. Whitehead and Bertrand Russell, *Principia Mathematica*(Cambridge: Cambridge University Press, 1910, 1912, 1913).

3) Dirk J. Struik, *A Concise History of Mathematics*(New York: Dover, 1987), p. 161에서 수학자 힐베르트에 의한 인용.

바이어슈트라스

만일 수학이 유한수만 다룬다면 집합론은 필요하지 않았을 것이다. 앞에서 지적했듯이,[4] 18세기의 수학자들은 뉴턴과 라이프니츠가 미적분학의 기초가 되는 낯설고 무한히 작은 양들에 대해 취한 경솔한 태도를 의문시하기 시작했다. 물론 그 전에 극한에 대해 이해하기 쉽고 비非수학적인 내용들을 기술했다. 19세기 중반, 수학자들은 이러한 내용들에 대한 기술을 강화하려고 했다. 독일의 수학자 칼 바이어슈트라스Karl Weierstrass(1815~1907. 현대 함수이론의 창시자 중 한 사람)는 처음으로 중요한 개념을 개발했다. 비록 무한이 가진 성질상의 한계를 정할 수는 없지만, 어떤 점에서는 무한을 유한의 용어들로 기술할 수 있을 것이라는 사실이었다.

바이어슈트라스가 무엇을 생각해냈는지를 알기 위해 우리는 좀 더 수학적인 세부사항으로 들어가야 한다(그러나 너무 걱정하지 말라). 앞에서 언급한, 즉 미적분학에서 극한이 어떻게 작용하는지에 대한 내용을 기억할 것이다. 어떤 울퉁불퉁한 도형을 직사각형들로 감싸는데, 이때 직사각형 자체는 점점 더 좁아지게, 하지만 그 수는 점점 더 많아지게 만든다. 그리고 우리는 울퉁불퉁한 도형의 면적 근사치를 얻기 위해 직사각형들의 면적을 합할 것이다. 직사각형의 수가 증가할수록

4) 4장을 보라.

근사치는 실제 면적일 수 있는 극한값에 점점 더 가까워지게 된다.

바이어슈트라스는, 우리가 그 합이 극한값에 근접한다고 말할 때 그것이 정말 무엇을 의미하는지를 물었다. 단순히 우리가 원하는 만큼의 직사각형의 개수로 극한값과의 작은 차이를 만들길 바란다면, 그리고 그 차이가 주어진다면 직사각형의 면적과 극한값 사이의 차이가 직사각형의 개수보다 더 작아질 수 있도록 충분한 양의 직사각형을 골라잡을 수 있다. 예를 들어, 미적분법을 사용해 극한값이 25제곱인치로 계산되었다고 하자. 그럼 면적과 극한의 차이에서 매우 작은 수를 골라잡는데, 1제곱인치의 1,000분의 1이라고 하자. 바이어슈트라스는 직사각형의 개수가 25제곱인치의 1제곱인치의 1,000분의 1 안에 들어 있을 충분한 수를 우리가 발견할 수 있다고 말한다. 단순한 예로, 우리는 250개의 직사각형을 선택할 것이다. 만일 우리가 여전히 더 작은 차이를 골라잡길 원한다면, 예를 들어 1제곱인치의 100만분의 1이라면 아마도 우리는 5,000개의 직사각형을 선택할 것이다. 그러나 얼마나 작은 차이가 요구되든 간에, 직사각형 면적의 합이 극한값과 더 적게 차이가 나게 하기 위해서 우리는 충분한 수의 직사각형들을 생각해낼 수 있다.

물론 바이어슈트라스는 이것을 엄밀한 수학적 형태로 진술했지만, 이 책의 논의에 있어서는 그리 중요하지 않다.[5] 중요한 것은 그가 무한을 언급하지 않으면서도 극한을 엄밀하게 정의내릴 수 있었다는 점이다.

바이어슈트라스는 무리수를 논의하기 위해 똑같은 기술의 확장을 사용했다. 기원전 6세기에 피타고라스는 $\sqrt{2}$가 두 셈수(1, 2, 3……)의

5) 비이이슈드라스의 시내에 'Weierstrassian Rigor'는 수학적 엄밀함과 동의어였다. Dirk J. Struik, *A Concise History of Mathematics*, p. 160.

비율로 표현될 수 없다는 점을 발견했다. 시간이 지나서 수학자들은 그러한 수가 대단히 많다는 사실을 깨달았다. 그들은 이러한 수를 1/2, 23/47 같은 유리수와는 대조적으로 무리수(비율이 아닌)라고 불렀다. 비록 무리수라는 개념이 경멸적인 의미를 지니지는 않았다고 해도, 수학자들이 가지는 불쾌감의 정도를 이해한다면 이 용어가 적절했다는 것은 사실이다. 수학자들이 $\sqrt{-1}$ 같은 수에 무척 반감을 가져서, 자신들의 불쾌감을 표현하기 위해 이를 **허수**라고 부르도록 강요했다는 사실은 익히 알려져 있으며, 우리는 앞에서 이미 비슷한 예를 만났다.[6] 우리는 칸토어의 초한수 집합론으로 옮겨갈 때 수학자들이 보이는 똑같은 유형의 반감을 만나게 될 것이다. 그리고 그들에게 혐오감을 주었던 것이 유리수와 무리수 간의 비교였다는 점이 다시 한번 매혹적이다.

무리수는 정수의 간단한 비율로 표현될 수 없기 때문에 수학자들은 그 값을 계산하기 위해 무한급수와 관련된 복소 방정식complex equation을 사용했다. 이는 수학자들이 무한과 관련된 똑같은 종류의 문제들을 미적분학으로서 제공했다는 의미다. 바이어슈트라스는 극한을 성공적으로 다룰 수 있었던 기술을 비슷하게 사용해서 이 문제를 해쳐나갔다. 즉, 무리수의 실제 값에 가까운 유리수의 수열을 포함한 집합을 사용해 무리수를 정의했다.

예를 들어, 피타고라스에게 많은 어려움을 줬던 $\sqrt{2}$는 십진 기수법에 의해 1.414213……으로 표시될 수 있다(여기 작은 점들 '……'은 두 가지 의미를 지닌다. 십진법의 확장에 끝이 없다는 의미와 어떤 규정된 패턴이 없다는 의미). 바이어슈트라스는 2의 제곱근을 집합(1.4, 1.41, 1.414,

---

6) 4장을 보라.

1.4142, 1.41421, 1.414213……)으로 정의했다. 만일 우리가 다시 작은 차이, 예를 들어 1/104(1만분의 1)을 골라잡는다면 우리는 집합의 4번째 원소(1.4142)는 $\sqrt{2}$의 실제 값에서 1/104보다 작다는 것을 안다. 만일 1/106(100만분의 1)보다 작은 차이를 원한다면 유사하게 그 집합의 6번째로 이동하기만 하면 된다.

다시 한번 말하지만, 미적분학의 극한의 경우처럼 무한은 단지 수들의 유한 집합으로만 획득될 수 있다. 여기에서 중요한 것은 바이어슈트라스는 이 집합이 극한값으로서 무리수에 가깝다고 말하지 않았다는 점이다. 그는 실제로 "집합은 무리수다"라고 말했다. 비록 이 차이가 무의미해 보일 수도 있지만, 그는 새로운 참고의 프레임인 집합론으로 이동하고 있었던 것이다.

바이어슈트라스(그리고 그 당시부터 지금까지의 많은 수학자들)는 집합들을 매우 유용하다고 생각했기 때문에 우리는 집합이 무엇인지를 정의할 필요가 있다. '집합'은 단지 같은 종류를 묶은 수집물이다. 예를 들어, '논리학 책들의 집합'은 논리학에 관한 모든 책들로 구성된다. 또한 '신의 존재에 대한 증거의 집합'은 그것에 관한 증거들로 구성된다. 주어진 집합의 각 항목은 그 집합의 '원소'라고 불린다. 여기에서 집합이 그 원소들과 같지 않다는 점을 이해하는 것이 중요하다. 집합은 수집물·집합물이지, 모여진 것들이 아니다. 바이어슈트라스는 수들의 집합을 생각하고 있었다. 집합의 개념은 수에만 국한된 것이 아니라 어떤 것이든 포함할 수 있었기 때문에 매우 유용했다.

바이어슈트라스의 무리수에 대한 정의는 중요했다. 왜냐하면 정의의 강조점이 단순한 무한급수에서, 어떤 무리수라도 원소들의 유한수만으로 정확히 표현될 수 있는 집합론으로 옮겨 갔기 때문이다.

바이어슈트라스가 자신의 주장을 기껏해야 집합 원소들의 유한수로 제한할 수 있었는지의 여부와 상관없이, 무리수로 정의된 어떤 집합이 여전히 무한수의 원소들을 가지고 있었기 때문에 이 정의는 훌륭했다. 하지만 많은 수학자들은 하나의 속임수로 이 정의에 반대했다. 이 수학자들은 바이어슈트라스의 정의가 차후 발전했음에도 결코 만족하지 않았다. 하지만 집합론으로의 이동에 있어서는 대부분의 수학자들이 문을 열어주었고, 수직선에 대한 기술에서는 더욱 현명한 시도를 위해 길을 준비하고 있었다. 집합론을 이용해 칸토어와 리처드 데데킨트Richard Dedekind(1831~1916. 산술 개념으로 무리수를 다시 정의함)는 무리수의 새로운 정의들을 개발했다. '데데킨트 절단Dedekind Cut'이라고 불리는 그의 기술은 전통으로 자리 잡았다.

데데킨트 절단

> 데데킨트는 선분線分이 가지는 연속성의 근본은 막연한 밀착에 있는 것이 아니라 오히려 반대의 성질, 즉 선분 위의 한 점에 의해 그 선분이 두 부분으로 분할되는 성질에 있는 것이라는 결론을 내렸다.7)

데데킨트의 이론을 살펴보기 전에, 이 책의 나머지 부분에서 중요하게 언급될 연속체continuum라는 용어에 대한 간단한 논의가 필요하다. 연속체란 수직선의 또 다른 이름이며(그림 7.1), 여기에서 공간과 관련된 기하학적 개념이 나왔다. 또한 연속체는 모든 실수들(유리수와

7) Carl B. Boyer, *A History of Mathematics*(Princeton: Princeton University Press, 1969), p. 607.

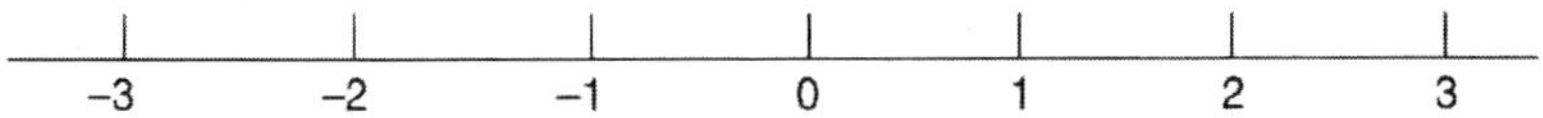

그림 7.1 수직선 또는 연속체

무리수 모두)의 완전한 집합이며, 이것에서 수와 관련된 산술적 개념들이 나왔다. 수직선상의 모든 점은 한 유리수나 무리수에 대응한다. 다른 방향으로 가면, 모든 유리수나 무리수는 수직선상에 자신의 자리를 갖는다.

우리는 데카르트의 해석기하학에 대한 논의에서, 한 면을 기술하기 위해 수평과 수직 양 방향으로 확장되는 연속체를 처음으로 만났다.[8] 데카르트가 기하학적 위치들과 도형들을 수 좌표와 산술 방정식으로 바꾸는 방법을 발견했다는 사실을 기억할 것이다. 우리는 다시 가우스의 허수의 기하학적 해석 논의에서 연속체를 만났다.[9] 데카르트는 기하학이 수들로 환원될 수 있다는 사실을 깨달았다. 그리고 가우스는 이러한 공간적 수들이 기하학으로 환원될 수 있다는 사실을 알았다. 분명히 연속체는 산술과 기하학이 만나는 장소다. 우리는 연속체를 고찰할 테지만, 이는 유리수에 국한될 것이다. 단, 이러한 연속체가 분수를 나타내는, 하나의 정수를 다른 하나로 나눔으로써 계산될 수 있는 '수'라는 사실을 기억하자. 무리수는 유리수 사이에 놓여 있기 때문에, 만일 그 수를 충분히 자세히 볼 수 있다면 선분은 사실상 구멍들을 가진다. 그러나 우리는 분수들을 원하는 만큼 작게 만들 수 있기 때문에 항상 더 많은 유리수들이 존재한다. 단, 우리는 그 구멍들을 볼 수 있을 만큼의 강력한 현미경을 발견할 수 없을 것이다.

8) 2장을 보라.

9) 4장을 보라.

데데킨트는 우리로 하여금 연속체를 두 선분으로 자를 무한히 얇은 칼(전혀 두께가 없는)을 상상하도록 했다. 그 칼 왼쪽의 모든 유리수는 칼 오른쪽의 모든 유리수보다 작다. 데데킨트는 여기에 세 가지 가능성이 있으며, 이 가능성들은 유리수와 무리수 모두를 기술한다고 말했다.

(1) 가장 왼쪽 선분에 가장 큰 수가 있을 수 있다. 또는,
(2) 가장 오른쪽 선분에 가장 작은 수가 있을 수 있다. 또는,
(3) 가장 왼쪽 선분에 가장 큰 수가 있을 수 없다. 또는 가장 오른쪽 선분에 가장 작은 수가 있을 수 없다.

(1)과 (2)의 경우에서 데데킨트의 절단은 각각 정확히 한 유리수를 명중시켰다. 그래서 데데킨트는 이 특정 유리수를 연속체의 두 집합으로의 분리라고 정의했다. (3)의 경우에는 절단이 한 무리수를 명중시켰음에 틀림없다. 이에 데데킨트는 유리수든 무리수든 간에, 모든 수를 '데데킨트의 절단으로 연속체를 반으로 자름으로써 만들어지는 두 집합들'로 정의했다.

지금으로서는 이 의미가 분명치 않을 것이다. 그렇다면 우선 유리수의 경우를 살펴보자. 만일 데데킨트의 절단이 정확히 한 유리수를 명중했다면, 이는 왼쪽의 집합이나 오른쪽의 집합에서 끝나야만 한다(칼은 두께가 전혀 없어서 공간을 차지하지 않기 때문). 만일 그것이 왼쪽의 집합이었다면, 그 수는 왼쪽의 집합에서 가장 큰 유리수여야만 한다. 그렇지 않으면 다른 수들의 오른쪽일 수 없었을 것이다. 유사하게 그것이 오른쪽 집합이었다면, 그 수는 오른쪽 집합에서 가장 작은 유리수여야만 한다. 왜냐하면 정의상 그 수는 모든 그러한 수들의 왼쪽

이기 때문이다. 마침내, 만일 그 절단이 무리수를 명중했다면 양쪽의 얼마나 많은 유리수들이 그 값에 점점 더 가까워질 것인지에 대한 논의는 끝이 없다(바이어슈트라스 역시 유리수의 무한 수열을 각각의 무리수를 정의하기 위해 사용했다는 사실을 기억하라).[10)]

우리는 칸토어의 정의를 무시할 수 있다. 쉽게 기술하는 것이 더 어려워짐에 따라, 그 정의는 집합들의 개념에도 사용되었으며 또한 데데킨트의 절단이 하나의 전통이 되었기 때문이다. 이렇게 새롭고 더욱 엄밀한 집합론적인 수의 정의들이 제자리를 잡은 것, 특히 하나의 집합이 다른 것보다 더 큰지를 알기 위해 다양한 방법으로 유리수들의 집합을 무리수들의 집합과 비교하기 시작한 것은 자연스런 다음 단계였다. 그리고 마침내 칸토어의 초한수 이론이 세상에 나왔다.

칸토어의 초한수 이론

1874년 칸토어는 『집합론 *Mengenlehre*(Theory of Sets)』을 출간했다. 이 책에서 그는 집합론을 체계적으로 기술·발표했을 뿐 아니라, 무한을 고찰하는 새로운 방법을 제시했다. 이미 논의했듯이, 18세기부터 수학자들은 무한을 다루는 것과 관련된 문제들이 존재한다는 사실을 점점 더 자각하기 시작했다. 따라서 수학자들은 이 문제를 완전히 피해갈 수 없을 때는 매우 신중하게 무한에 접근했다. 1831년 수학자 가우스[11)]

10) 나중에 러셀은 데데킨트의 절단에 의해 만들어진 두 집합의 각각은 다른 것도 정의한다는 사실을 깨달았다. 그래서 러셀은 가장 왼쪽의 집합만으로도 모든 수를 정의하기에 충분할 것이라고 제안했다. 이 사실과 데데킨트의 절단에 대한 다른 정보에 대해서는 Carl. B. Boyer, *A History of Mathematics* pp. 607~608, 그리고 Eric Temple Bell, *Men of Mathematics*(New York: Simon & Schuster, 1937 / 1965), pp. 519~522.

는 무한에 대해 악담을 했다.

> 나는 무한한 크기를 완성된 어떤 것으로 사용하는 데 이의를 제기한다. 그것은 수학에서 결코 용납될 수 없는 일이다. 다른 것들은 아무런 제한 없이 계속 증가할 수 있도록 허용된 반면, 극한은 어떤 비율들이 무한히 가깝게 접근하는 것을 의미하므로, 무한은 단지 하나의 언어적 표현에 불과하다.[12)]

그러나 칸토어의 발견은 반세기 후에 끝이 났고, 그 사이 칸토어는 많은 것을 배웠다. 칸토어는 다음과 같이 주장하면서 가우스와 반대 노선을 취했다.

> 정당한 실제적인 무한을 무비판적으로 거부하는 일은 사물들의 본질을 위배하는 것과 마찬가지다. …… 그들은 있는 그대로 받아들여져야 한다.[13)]

칸토어가 관심을 가졌던 것은 바로 '정당한 실제적인 무한'이었고, 그는 이러한 무한의 양이 '있는 그대로의' 사물의 부분이라는 점을 확신했다. 예를 들어, 정수에는 분명히 끝이 없다. 만일 가장 큰 수가 생각났다면, 단순히 그 수에 1을 더하라. 그럼 그 큰 수는 더 이상 가장 큰 수가 아니다. 점은 차원이 없는 것으로 이해되는데, 한 선 위의 점들 역시 분명히 끝이 없다. 언뜻 생각하기에는 한 선 위에 무한한 양의 정수들, 무한한 점들이 있다고 주장할 수 있을 것 같다(여러분은

---

11) 가우스의 허수들의 기하학적 해석에 대한 발견은 4장에서 논의될 것이다.

12) Eric Temple Bell, *Men of Mathematics*, p. 556.

13) Eric Temple Bell, *Men of Mathematics*, pp. 556~557.

연속체에 관한 간단한 논의에서 하나의 선 위에 존재하는 점들의 수는 실수, 즉 유리수와 무리수 모두와 똑같다고 한 말을 기억할 것이다). 칸토어는 훌륭하게도 이러한 무한이 똑같은 크기인지를 물었다. 이 말이 바늘 끝에 설 수 있는 천사들의 수를 이야기한 중세 스콜라 철학의 주장처럼 들리지 않게 하기 위해, 칸토어가 무한을 정량화하는 방법과 자신의 질문에 답하는 방법을 발견했다는 사실을 우리는 알아야 한다.

> 만일 대상들을 똑같게 두고, 그들의 특성들 또는 상호관계(즉, 그들의 색깔이나 공간에서의 분포)를 어떤 식으로든 변화시킨다면, 무한 집합들에 적용된 어떤 '수'든 간에 우리는 어떤 등급에 속하는 대상들의 수가 변하지 않는다는 특성을 가지기를 원한다는 사실을 알 수 있다.[14]

집합의 개념으로 돌아가자. 두 집합의 원소들이 같은 수를 가진다는 말은 무슨 의미인가? 예를 들어, 손가락들의 집합이 발가락들의 집합과 같은 수의 원소를 가졌다는 말은 무슨 의미인가? 이것에 대해 깊이 생각해본다면, 우리는 두 집합들의 원소들을 각각 짝지을 수 있고, 각 집합에는 남겨지는 원소가 없다는 사실을 알게 된다. 즉, 열 개 손가락들을 열 개의 발가락들과 짝지어 위치를 정할 수 있을 것이다.

우리가 어떤 손가락을 두 개의 발가락과 또는 어떤 발가락을 두 개의 손가락과 짝짓지 않도록 조심만 한다면 우리가 어떤 손가락을 어떤 발가락과 짝지을지는 별문제가 되지 않는다는 점에 주목하자.

14) Kurt Gödel, "What is Cantor's Continuum Hypothesis?" in Solomon Feferman(editor-in-chief), *Kurt Gödel, Collected Works, Volume II: Publications 1938～1974*(New York: Oxford University Press, 1990), p. 254.

게다가 이 경우 우리는 **기수**基數cardinal number가 10이라고 정의할 수 있으며, 이는 각 집합의 원소가 가지는 수의 성격을 나타낸다. 기수 10을 찾아냈다면, 이는 손가락들의 집합과 짝지을 수 있는 어떤 집합의 원소 수를 결정하는 데 사용할 수 있다. 우리는 각각을 똑같은 **카디널리티**cardinality(집합의 원소의 개수)를 가진 것으로 기술할 것이다. 카디널리티는 집합의 원소의 개수를 정의하는 확실한 방법을 제공한다(더 정확히는 그들이 같은 크기를 가지고 있는지 알기 위해 집합들을 비교함으로써 말이다).

하나의 집합 원소들을 다른 집합 원소들과 짝지음으로써 수를 세는 이 방법을 일반적으로 비둘기집 원리pigeon-hole 기술이라고 한다. 칸토어는 비둘기집 원리 기술이 무한 집합 내에서 놀라운 결과를 산출한다는 사실을 알았다. 예를 들어, 그는 홀수·짝수의 정수와 정확히 똑같은 개수의 짝수 정수들이 존재한다는 점을 발견했다. 즉, 정수 집합의 모든 정수 i에 대해 i를 짝수 집합의 정수 2i와 짝지을 수 있다는 점을 추론한 것이다. 예를 들어, 모든 정수 집합의 1은 짝수 정수 집합의 2와 짝이 되고, 2는 4와, 3은 6과 짝지어질 것이다. 여러분이 각각의 집합에서 어떤 정수라고 이름을 붙여도 이 방법은 고유하게 다른 집합에 대응하는 정수를 규정한다. 따라서 비둘기집 원리 기술은 짝수인 정수 집합이 모든 정수 집합과 같은 크기라는 사실을 증명했다. 이것이 타당해보이지 않는다면 한 번 시도해보라. 홀수들이 남게 되니까 처음에는 분명히 짝수보다 정수가 더 많아 보일 것이다. 그러나 그것이 요지가 아니다. 만일 두 집합의 원소들이 각각 남김없이 짝을 지을 수 있다면, 그들은 똑같은 카디널리티를 가진다. 문제는 방법에 있는 것이 아니라, 무한 그 자체에 있다.

칸토어는 3에 의해 균등하게 나누어떨어지는 수들의 집합 역시 모든 정수의 집합만큼 크다는 사실을 보여주기 위해 똑같은 논리를 사용할 수 있었다. 사실 특정 배수는 아무런 차이가 없다. 10억에 의해 균등하게 나누어떨어지는 수들의 집합은 여전히 모든 정수들의 집합만큼 크다. 다른 방향으로도 똑같은 결과를 낳는다. 정수들은 유리수들의 부분집합이다(분수들을 기억하자). 예를 들어 2는 분수로 2/1로, 3은 3/1로 표현될 수 있다. 그렇다면 1/2, 1/3, 357/962 등등의 다른 분수들을 생각해보자. 확실히 정수들보다는 더 많은 분수들이 있다! 그래서 칸토어는 유리수의 집합이 정수의 집합과 정확히 똑같은 수의 원소들을 가진다는 것을 증명하기 위해 자신의 비둘기집 원리 기술을 사용했다.[15] 이것은 정말 놀라운 결과였다! 칸토어는 **유리수 집합의 어떤 무한 부분집합도 정확히 똑같은 수의 원소들을 포함한다**는 사실을 증명했다! 모든 것은 똑같은 카디널리티를 가지는데, 이를 칸토어는 $\aleph_0$으로 칭했다.[16] 이러한 모든 집합들은 셈수인 1, 2, 3…… 등으로 두 개씩 짝지어질 수 있기 때문에 이 수는 일반적으로 '셀 수 있는 무한 countably infinite'이라고 불린다.

그 다음 칸토어는 무한 집합이 모두 다 셀 수 있는 무한인지에 대해 물었다. 즉, 모든 무한 집합이 다른 무한 집합과 똑같은 크기인가? 이에 대한 대답은 더욱 놀랍게도 하나의 울려퍼지는 소리, "아니오 No"였다. 즉, 실수(유리수와 무리수 모두)의 무한은 유리수의 무한보다 더 크다는 것이 발견되었다. 앞에서 이미 피타고라스에 의해 $\sqrt{2}$가 무리수로 발견되었다는 사실을 여러 번 언급했다. 예를 들어, 우리는 학교에서 원의 면적은 πr^2(r은 원의 반지름이다)이라고 배웠기 때문에

15) 칸토어의 짝짓기 기술에 대한 구체적인 내용은 생략된다.

16) 알레프Aleph($\aleph$)는 히브리어 알파벳의 첫 문자로, 새로운 형태의 수를 원하던 칸토어에게 적절한 선택이었던 것 같다.

대부분의 사람들이 알 수 있는 또 다른 무리수는 π(즉, *pi*)다. 언뜻 보기에는 확실히 이러한 극소수의 이상한 수들이 있고, 대부분의 실수들이 분수로 표현될 수 있다고 판단될 것이다. 겉으로는 속이고 있을 수 있다. 데데킨트의 절단에 대한 논의에서, 수직선상의 유리수들 사이에 있는 구멍을 채우는 수들을 볼 수 있으므로 거기에는 대단히 많은 무리수가 존재한다는 힌트를 이미 얻었다. 칸토어는 단지 거기에 얼마나 많은 구멍들이 있는지를 증명해보였다.

그의 증명은 수학자가 아닌 사람들도 이해할 수 있는 비둘기집 원리 기술의 훌륭한 적용이었다.[17] 실수의 카디널리티가 유리수의 카디널리티와 똑같다는 것이 참이라면, 우리는 실수들을 정수들과 두 개씩 짝지을 수 있을 것이다(왜냐하면 유리수와 정수도 카디널리티 $\aleph_0$를 가지고 있기 때문에 어떤 실수도 남지 않는다).

앞의 예에서 우리가 손가락을 발가락과 두 개씩 짝지어 봤듯이, 하나의 집합이 가지는 모든 원소를 다른 집합이 가지는 단일한 원소와 짝지을 수 있는 한, 우리가 어떠한 짝짓기 기술을 사용하는지는 아무런 차이를 만들어 내지 않는다. 단지 예증을 위해, 이러한 짝짓기 기술이 실수와 정수를 짝지어 주기 위해 만들어졌다고 가정해보자. 그리고 그 짝들 안에 정수 *1*은 실수 *0.20357*에……, *2*는 *0.053489*……에, *3*은 *0.8693217*……에 대응한다고 가정해보자. 여기에서 나는 어떤 다른 짝도 동등하게 받아들여질 것이라는 점을 강조하고 싶다. 우리는 단지 우리의 예에서 임의의 수를 골랐을 뿐이다.

---

17) 매우 독창적인 발견들이 대부분 그렇듯이, 칸토어의 초기 증명은 훨씬 더 복잡했다. 이 증명은 매우 중요한 발견이어서, 그는 지속적으로 더 깔끔하게 정돈된 증명을 개발했다. 우리가 기술하고 있는 증명은 흔히 '대각선 증명'이라고 불리며, 수학에서 가장 유명한 증명들 가운데 하나다.

칸토어는 어떤 정수와 짝지을 수 없는 실수를 구성할 수 있었다. 예를 들어, 우리는 첫 번째 자리에 정수 *1*과 짝지어진 실수와 다른 한 수를, 두 번째 자리에 정수 *2*와 짝지어진 실수와 다른 한 수를…… 등의 방법으로 구성할 수 있다. 위의 예를 사용해서 구성된 수는 첫 번째 자리에 *2*가 아닌 다른 어떤 것(*0.20357*……), 두 번째 자리에 *5*가 아닌 다른 어떤 것(*0.053489*……), 세 번째 자리에 *9*가 아닌 다른 어떤 것(*0.8693217*……) 등을 포함하게 될 것이다.

이 방법대로라면 여기의 수들은 원래 정수들과 두 개씩 짝지어졌던 집합에는 포함될 수 없다. 만일 우리가 그러하다고 주장하면, 우리가 해야 할 일은 그것이 어떤 정수와 둘씩 짝짓는지를 묻는 것이다. 어떤 수가 정수 *529*와 두 개로 짝지어진다고 가정해보자. 위의 구성 방법에 의해, 이 숫자가 *529*번째 수에 *529*와 실제로 짝지어진 수와는 다르다는 것을 알게 된다. 그래서 실수들은 정수들과 두 개씩 짝을 이룰 수 없다. 그리고 이 짝짓기 방법을 고려함으로써 실수들이 얼마나 막대하게 큰지를 쉽게 알 수 있다. 원래 짝지어진 쌍으로 된 집합에서 모든 수를 위해, 우리의 기술은 집합에는 없는 아홉 개의 가능한 대안들을 가지고 있다. 그래서 우리는 쉽게 9×9×9……(셀 수 있는 무한 번으로 계속하는)를 집합에서 잃어버린 부가적인 수들로 발견할 수 있다. 또한 우리의 구성 기술에 딱 들어맞지 않는 더 많은 잃어버린 수들이 존재한다. 그래서 칸토어가 연속체를 나타내는 c로 칭한, 실수들의 카디널리티는 정수의 카디널리티보다 더 크다.

이 크기(또는 더 큰)의 집합들이 흔히 '셀 수 없는 무한uncountably infinite'으로 언급된다. 실수들 사이에는 무리수로 채워진 너무 많은 구멍들이 있기 때문에 실수들은 유리수들과 쌍을 이룰 수 없다. 여기에서 이를 증명하기 위해 애쓰지는 않겠지만, 사실 실수들이 무리수들과 쌍을 이룰 수 있을 정도로 많은 무리수가 존재한다. 그래서 셀 수 없을 정도로 많은 무리수가 있고, 또한 셀 수 있을 정도로 많은 유리수가 있다.

처음에는 이러한 모든 것이 하나의 속임수처럼 보이지만, 깊이 생각해보면 심오해 보일 수 있다. 첫째, 이것은 크기의 명백한 정의를 제공한다. 즉, 쉽게 이해되는 짝짓기 기술을 사용해 집합의 원소들이 짝을 이룰 수 있다면 두 집합의 크기는 같다. 이것은 유한 집합의 경우에도, 무한 집합의 경우에도 참이다. 둘째, 유한 집합과 무한 집합의 구별도 명백하게 정의되었다. 무한 집합은 그 자체의 진부분집합(한 부분집합은 전 집합의 원소들이 약간 남겨지는 것)과 일대일 관계(피존홀 기술을 표현하는 형식적인 수학적 방법)에 놓일 수 있는 집합이다. 분명히 이것은 어떤 유한 집합에 대한 참이 아니다. 만일 우리가 유한 집합을 그것의 부분집합의 어떤 것과 짝지으려고 시도한다면, 일정하게 변함없이 남겨지는 원소들이 있다. 그러나 무한 집합에서는 이것이 참이 아니다. 이미 보았듯이, 유리수는 정수 및 짝수 등과 짝지을 수 있다. 물론 각각은 유리수들의 부분집합이다. 유사하게 유리수와 무리수로 구성되어 있기 때문에 무리수는 다시 부분집합이고, 따라서 실수들은 무리수와 짝지을 수 있다.

물론 칸토어의 집합론에서 가장 자극적인 부분은 모든 무한 집합이 똑같은 크기가 아니라는 칸토어의 증명이었다. 정수 같은 가산 무한 집합과 실수 같은 불가산 무한 집합이 일대일 대응을 이룰 수는 없다. 그렇다면 이것이 다인가? 정수와 실수들이 모든 무한을 해결했는가? 이 질문에 대답하기 위해 칸토어는 **멱집합**power set이라는 또 다른 개념을 제시했다.

멱집합과 연속체 가설

칸토어는 어떤 집합에 대한 멱집합을 원래의 집합이 가지는 부분집합들의 집합이라고 정의했다. 중요한 것은 멱집합이 원래의 집합보다 한 수준 높은 집합이라는 점이다. 즉, 멱집합의 원소들은 그들 자체의 집합들이다. 삼원색 집합을 예로 들어보자. 우리는 모난 괄호{ }로 집합을 나타낼 것이며, 삼원색 집합은 {빨강, 노랑, 파랑}이 된다. 이때 멱집합은 이 집합의 모든 부분집합으로 구성될 것이다. 즉, 우선 한 번에 하나씩 택하고, 그 다음에 한 번에 두 개씩, 마지막으로 한 번에 세 개씩[18] 택함으로써 멱집합은 **{**{빨강}, {노랑}, {파랑}, {빨강, 노랑}, {빨강, 파랑}, {노랑, 파랑}, {빨강, 노랑, 파랑}**}**이 된다(진한 색의 모난 괄호**{ }**는 멱집합이 집합인 것을 표시하며, 일반적인 모난 괄호 { }는 원소가 집합인 것을 표시한다).

멱집합을 고찰하는 또 다른 방법은 멱집합이 집합 원소들 사이의 모든 관계, 즉 어떤 조합으로든 연결될 수 있는 모든 방법들로 구성된다고 생각하는 것이다. 원래의 집합이 점점 더 커질수록 멱집합은 훨씬 더 많이 커진다는 사실을 쉽게 알 수 있다.[19] 우리의 작은 예에서, 멱집합이 8개의 원소들(여덟 번째의 영집합을 포함해서)을 가졌던 데 비해 삼원색 집합은 3개의 원소들을 가졌다. 또한 4개의 원소들을 가진 집합은 16개의 원소들을 가진 멱집합이 될 것이다. 칸토어는 **심지**

18) 실제로 동시에 영을 택했다. 수직선을 완성하기 위해 영이 필요하듯이, 영집합이라고 불리는 특수한 집합은 집합론을 완성하기 위해 필요했다. 연속체와 실수에 대한 모든 토론에서 우리는 은연중에 영을 포함시켰다.

19) 멱집합은, 원래 집합의 크기가 n일 때, 2^n개의 요소들을 가진다. 그래서 2^n의 표시는 카디널리티 n인 어떤 집합의 멱집합을 표시하는 데 사용된다(카디널리티는 칸토어의 이론에서는 크기와 같은 말이라는 것을 기억하라).

어 집합이 무한이라고 해도, 멱집합이 항상 원래의 집합보다 더 큰 카디널리티를 가진다는 사실을 증명해 보일 수 있었다. 그래서 유리수의 멱집합은 $\aleph_0$보다 더 큰 카디널리티를 가졌다. 칸토어는 이를 $\aleph_1$이라고 칭했으며, 그 다음에는 멱집합 $\aleph_2$라고 했다. 우리는 원래의 집합에서 멱집합을 선택함으로써 더 큰 무한대를 만들 수 있으므로 무한대를 위한 가장 큰 사이즈는 없다.

칸토어는 $\aleph_1=c$, 즉 정수의 멱집합 카디널리티는 실수의 카디널리티와 같은 크기라는 점을 제안했다.[20] 바꿔 말하면, 비록 무한대에는 끝이 없지만 칸토어는 모든 무한대가 단순히 정수의 멱집합이라는 점을 제안했다. 언뜻 보기에는 아무런 문제가 없어 보이는 이 제안이 바로 **연속체 가설**continuum hypothesis이며, 수학에서 풀리는 않는 가장 중요한 문제다. 이 문제는 피타고라스 이래로 수학자들과 학자들에게 던져진 근본적인 질문을 안고 있기 때문에 중요하다. 즉, 전 세계가 정신의 원형들로 보일 수 있는 셈수들로 구성되어 있는가? 융은 수학적 궤변이 전혀 없는 상태에서 일생 말년에 거의 똑같은 제안을 하려고 했다. 융이 심리학적으로 정교했던 것만큼, 괴델은 수학적으로 그랬을지 모르지만, 괴델은 자신의 생애에 걸쳐 이 똑같은 개념에 대해 생각했다.[21] 자신의 초한수 집합론이 불완전했던 칸토어에게는 이것이 결정적인 문제였다. 우리는 이 책의 뒷부분에서 연속체 가설로 되돌아가 좀 더 자세히 논의할 것이다. 그러나 지금 칸토어를 떠나기

---

20) 이는 선분 위의 점들 수와 같다.

21) 뒤에서 알게 되겠지만, 괴델과 수학자 코헨은 연속체 가설이 형식적 집합론 안에서는 참 또는 거짓을 결정할 수 없다는 사실을 증명했다. 증명이 아니라면, 발견이나 증명될 수 없는 제안이라고 해도 좋다! 그러나 괴델과 코헨은 칸토어나 융과는 반대로, 연속체 가설은 미래의 좀 더 완벽한 집합론 안에서 결국 거짓으로 증명되리라는 사실을 굳게 믿었다.

전에, 우리는 실재에 대한 그의 놀랍고도 새로운 견해에서 곧 나타나게 된 역설을 중점적으로 다룰 필요가 있다. 후에 발견된 역설은 집합론을 훨씬 뛰어넘는 깊은 함의를 지닌다.

무한의 역설

칸토어가 얻어낸 결과들은 이미 이러한 모순들을 역설이라고 부를 정도로 사고를 변환시켰다. 이는 훨씬 덜 혼란스럽게 만드는 듯하다.[22)]

> 집합론의 이율배반을 처음 발견한 수학자가 칸토어 자신이었다는 사실은 앞으로 역사에 비춰볼 때 적지 않은 아이러니다.[23)]

우리는 이미 집합론에서 가장 먼저 누락된 부분, 즉 칸토어의 연속체 가설을 증명할 수 없다는 사실을 언급했다. 칸토어는 자신의 집합론에서 그럴 듯한 또 다른 역설을 발견했다. 만일 우리가 모든 **집합들의 집합**을 생각한다면 어떻게 될까? 칸토어는 모든 집합들이 자신의 집합론으로 분명히 정의될 수 있다고 생각했기 때문에, 모든 다른 집합들을 원소로 포함하는 집합을 정의하는 데 논리적 모순이 없는 듯했다. 그럼 그것의 멱집합, 즉 모든 집합의 부분집합들의 집합은 어떤가? 멱집합의 정의에 의하면, 그것은 모든 집합들의 집합보다 더 큰 카디널리티여야 한다. 그런데 멱집합은 집합이기 때문에 그것은 정의

22) Lucienne Félix, *The Modern Aspect of Mathematics*(New York: Basic Books, 1960), p. 49에서 Henri Lebesgue에 의한 인용.

23) Joseph Warren Dauben, *Georg Cantor: His Mathematics and Philosophy of the Infinite*, p. 241.

상 모든 집합들의 집합 원소가 아닌가? 그렇다면 멱집합은 모든 집합들의 집합과 같거나 더 작은 카디널리티여야 한다.

이 문제를 발견했을 때 칸토어는 이를 집합론 안에서 풀어야 하는 논리적 문제로 보지 않고, 오히려 집합론 자체가 우주의 신비스런 성질에 대한 증명의 모델이라고 생각했다. 모든 집합들의 집합은 유대교에서 발음할 수 없는 신의 이름과 거의 똑같은 방식으로 인간의 이해를 넘어서는 해석이 불가능한 개념이었다.

> 비록 그(칸토어)가 의식적으로 또는 재빨리 집합론의 모순을 인식하지 못했던 것 같지만, 그는 항상 가장 큰 기수는 존재하지 않는다는 점을 강조했다. 칸토어는 모든 기수들의 집합을 **이해될 수 없는 것**incomprehensible one이라는 의미로 해석했다. 초한수 집합론은 그 자체처럼 인정될 수는 있지만, 결코 완전히 이해될 수는 없다. …… 칸토어는 초한수가 가지는 무한한 연속성을 절대자에 대한 완전하면서도 적절한 상징으로 간주했다.[24)]

이 종교적인 해석은 반대 진영의 수학자들에게 받아들여질 수 없었고, 어떤 사람들은 이를 칸토어의 집합론을 무시할 수 있는 충분한 이유로 받아들였으며, 또 다른 사람들은 장대한 건축물에 난 작은 구멍이라고 판단하고 이 구멍을 막을 논리적 방법을 발견하려고 시도했다. 우리는 이 책의 뒤에서 힐베르트와 페아노의 형식적으로 공리화하는 수학 프로그램, 그리고 수학을 논리학으로 환원시키려는 러셀의 시도를 고찰하면서 이 문제를 다시 언급하게 될 것이다.[25)] 여기에서

---

24) Joseph Warren Dauben, *Georg Cantor: His Mathematics and Philosophy of the Infinite*, p. 245.

25) 9장을 보라.

는 칸토어의 초한수 이론이 여전히 수학의 가장 훌륭한 건축물로 대표되며, 집합론에서 제기된 문제들은 해결할 수 없다는 점을 받아들여야 한다. 사실 이 점을 증명하는 데 있어서, 괴델이 수학에 혁명을 일으켰으며 수학을 뛰어넘어 잠재적으로 모든 학문에 영향을 끼쳤다.

Chapter 8

프로이트

> 인간의 본성에 대한 정통한 지식으로 인해, 프로이트는 염세적이면서도 비판적인 사람이 되었다. 그는 인간에 대해 좋게 평가하지도 않았다. 또한 프로이트는 인간 본성에서 비합리적인 힘이 너무 강해서, 이성적인 힘이 비합리적인 함에 대항해 이길 가능성은 거의 없다고 생각했다.[1]

> (프로이트는) 합리주의를 대표하는 마지막 위대한 인물이다. 그리고 이 합리주의가 실패했을 때, 비극적인 운명은 그의 생을 끝마치게 했다 …….[2]

프로이트의 배경

앞서 뉴턴에 대해 이야기하면서,[3] 그가 모든 시대의 위대한 발명가 가운데 한 명이긴 하지만, 그 시대를 대표하는 한 인물이기도 했다는 사실을 알았다. 뉴턴을 빛과 중력의 이론으로 인도한 개념들은

---

1) Calvin S. Hall, *A Primer of Freudian Psychology*(New York: Mentor / New American Library, 1954), p. 20.

2) Erich Fromm, *Sigmund Freud's Mission*(New York: Harper Colophon / HaperCollins, 1959), p. 114.

3) 2장을 보라.

그 시대의 곳곳에 퍼져 있었다. 유사하게, 다윈이 자연선택에 의한 진화 이론을 전개했을 때도, 진화 개념은 어떤 적당한 인물에 의해 표현되길 기다리면서 시대의 곳곳에 퍼져 있었다. 우리는 비유클리드 기하학과 허수 같은 수학에서의 발견도 똑같은 현상을 겪었다는 사실을 알았다. 새로운 원형 생각archetypal idea이 나타나야 할 바로 그 시기라면, 그 출구를 발견하게 될 것이다. 20세기 초에 무의식의 개념은 막연히 퍼져 있었다. 이러한 시대정신을 획득한 천재는 바로 비엔나 출신의 의사 프로이트였다!

프로이트는 자신의 긴 경력을 의사가 아닌 과학자로 시작했으며, 전문 분야는 신경계였다. 그가 늘어나는 가족을 부양하기 위해 임상의로 전환한 것은 연구 과학자로서 15년 동안 일한 다음이었다. 프로이트는 자신을 늘 과학자로 생각하려고 했지만, 과학은 세심한 관찰과 기술에 기초를 둔 분야라는 점을 감안한다면 프로이트는 '기술자記述者'라기보다는 오히려 '설명자'에 가까웠다. 그의 모든 업적은 반복되는 형태로 특징지어진다. 프로이트는 먼저 조심스럽게 관찰했을 것이고, 관찰한 바를 설명하기 위한 가설을 전개했을 것이다. 여기까지는 정확히 과학적인 방법이다. 정신을 부분적으로 모델링하는 일은 어렵기 때문에 그가 만들어 낸 가설들은 형이상학적 모델과 관련되어 있었고, 그만큼 그것의 진실성을 증명하는 일은 불가능했다. 가장 생산적인 모델 가운데 어떤 것들은 과학적 검증에 쉽게 노출되어 있지가 않다. 이로 인해 프로이트는 자신이 원했던 과학적 수용이라는 기회를 얻지 못했다. 학계와 과학계의 주류에서 격리된 프로이트는 자신의 가설을 불변의 법칙으로 굳혀버렸다.

융이 사실이 아닌 형이상학을 취급한다고 비난받아 온 것은 오해에서 비롯되었다. 사실, 프로이트와 대조적으로 융이 좋아했던 방법은 환자들 또는 자신의 꿈과 환상에서 발견한 바를 기술하는 것이었다. 그 다음에 융은 과학적 연구에 개방되어 있는 이러한 관찰들로부터 제한된 모델들을 구성했다. 하나의 예로, 보통 비과학적이라는 이유로 간단히 처리되는 융의 집단적 무의식의 원형 모델은 광범위하고 다양한 과학적 기술로 검증될 수 있다.[4] 대조적으로, 정신이 정말 이드id, 자아ego, 초의식super-conscious으로 구성되어 있는지의 여부를 과학적으로 증명하는 방법에 대해 생각해 내는 것은 거의 불가능하다.[5] 프로이트는 모델이 아닌 이론을 만들어 냈고, 이 이론들은 여전히 과학적 검사를 면하고 있다.

그러나 프로이트가 임상연구를 시작했을 때 그는 아무런 이론도 가지고 있지 않았다. 그는 단지 환자의 문제를 다룰 때 필요한 기술만을 원했을 뿐이다. 처음에는 샤르코와 동료들의 지도 아래 최면술을 사용했다.

> 프로이트의 학문적 배경으로 보건대, 개업의사로 일을 시작했을 때 그는 당연히 신경 질환을 전문적으로 치료했어야 한다. …… 프로이트는 샤르코의 치료 방법을 배우면서 파리에서 1년(1885~1886년)을 보냈다. 그러나 최면술의 효과가 일시적이었고 효과도 병소 부위까지 미치지 못했기 때문에 프로이트는 그것으로 만족하지 못했다.[6]

---

4) 융의 가설을 지지하는 넓고 다양한 학문적 연구들이 있다. 하지만 불행하게도 대부분의 학회에서는 융의 가설을 모르거나 적대적인 자세를 취한다. 더 자세한 내용을 원한다면 Anthony Stevens, *Archetypes: a Natural Histories of the Self*(New York: Quill, 1982)를 보라.

5) 그럼에도 나는, 이것이 쓸모 있는 형이상학적 모델이라고 강조하고 싶다. 교류분석Transactional Analysis, 즉 이드 · 자아 · 초자아를 아이 · 성인 · 부모로 환언하는 조야한 개작조차도 효과적인 치료 모델로 사용될 수 있다.

6) Calvin S. Hall, *A Primer of Freudian Psychology*, p. 14.

프로이트는 친구 플리스Fliess에게 보낸 편지에서 스스로 인정했듯이, 기술이 매우 좋은 최면술사는 아니었으며, 더 성공적인 결과를 얻을 수 있는 방법을 원했다. 프로이트는 나이 많은 동료인 조셉 브로이어Joseph Breuer와 함께 일을 시작하면서 그 방법을 발견했다. 브로이어는 프로이트가 최면술을 대체할 만한 방법으로 큰 관심을 보였던 카타르시스 또는 대화 치료talking cure를 이미 개발한 상태였다. 즉, 브로이어는 히스테리 환자들은 머릿속에 떠오르는 대로 말하도록 격려 받으면 환자 스스로 안도감을 느껴 증상이 감소된다는 사실을 발견한 것이다.

프로이트는 환자들을 대상으로 실험한 끝에 브로이어의 대화 치료 또는 자신이 **자유연상**free association이라고 부른 방법이 최면술보다 더 효과적이라는 결론을 내렸다. 그 다음 프로이트는 무의식 자료들의 출처로서 환자들의 꿈에 관심을 가지기 시작했다. 프로이트가 장차 가장 많이 사용하게 되는 일반적인 방법을 얻게 된 계기도, 이 두 가지 방법을 병용함으로써 환자들이 자신의 꿈에 대해 자유연상을 하게 되면서부터다. 프로이트는 새로운 방법들을 사용하면서 신경증적 증상들이 무의미하고 이상한 것이 아니라, 기저의 정신 역동을 표현하는 것 같다는 사실을 알게 되었다. 그리고 점차 의식적인 행동의 근저에 있는 무의식의 사고, 감정, 그리고 기억들의 전체적인 시스템이 존재한다는 것을 믿었다.

프로이트는 어떤 면에서 면밀한 과학자였다. 그는 환자들이 말한 꿈과 자유연상에서 내놓은 무의식의 자료들을 일일이 기록했으며, 스스로에게도 똑같은 검사를 면밀히 시행했다.

…… 1890년대에 프로이트는 자신의 특징적인 면밀함으로 무의식

> 의 근원에 대한 철저한 자기분석self-analysis을 시작했다. …… 그는 꿈들을 분석하고 떠오르는 모든 생각들을 스스로에게 말함으로써 자신의 내부에 있는 정신 역동의 작용들을 알 수 있었다.[7)]

문제들이 통례적으로 성적 문제로 판명되는 것은 샤르코의 병원에서 일하던 치료자들 사이에서는 흔한 일이었다. 프로이트는 성sex이 중심적 개념이라는 사실을 즉시 감지했고, 샤르코와 브로이어에게 그 중요성을 확신시키려고 노력했다. 하지만 둘 다 성욕이라는 문제에 매우 당혹스러워하는 진정한 유럽 신사들이었기 때문에 결과적으로 다른 설명에 의지했다. 프로이트 자신도 빅토리아 시대의 진정한 신사였던 만큼 금지된 주제를 다루는 것에 당혹스러워했지만, 그는 갈수록 성이 무의식의 문을 여는 열쇠라는 점을 확신하게 되었다. 실제로, 프로이트 이후 대부분의 심리학자들은 성을 인간의 일반적인 특징으로보다는 빅토리아 시대 유럽인들의 독특한 문화와 가치의 특징을 나타내는 하나의 중요한 요소로만 받아들여졌다.

프로이트는 오랫동안 창조적인 삶을 살았고, 삶이 끝나는 날까지 자신의 이론 체계를 꾸준히 개정하고 확장했다. 특히 프로이트 자신이 초반에 체계적으로 정리한 뒤 후반에 광범위하게 수정하긴 했지만, 모든 후반 작업의 핵심을 이루는 프로이트 초기의 중요한 두 개의 개념이 있었다. 여기에서 우리는 프로이트의 이론들은 단지 프로이트에 의해서만 개정되었다는 사실을 기억해야 한다. 그는 제자들로부터의 반대 이론을 견뎌내지 못했다.

첫 번째 개념은 무의식의 사고, 감정, 그리고 기억들의 거대한 저장소가 의식적 사고의 밑에 놓여 있다는 생각이다. 최초이면서도 유

---

7) Calvin S. Hall, *A Primer of Freudian Psychology*, p. 15.

명한 프로이트의 무의식 영역 탐구는 1890년대에 시작해 1900년에 처음으로 출간한 『꿈의 해석*The Interpretation of Dreams*』에 실려 있다.[8)] 두 번째 개념은 인간의 발달에 있어서 성적 본능의 수위首位다. 성욕설에 대한 프로이트의 첫 번째 저서는 1905년에 출간된 『성욕설에 관한 세 편의 에세이*Three Essays on the Theory of Sexuality*』이다.[9)] 각각의 개념은 그것을 개별적으로 토론하기에 충분할 만큼 중요한 문제들이다.

꿈의 해석

『꿈의 해석』의 첫 장에서 프로이트는 '꿈 문제들Dream-Problems에 관한 과학적 문헌(1900년까지)'의 역사를 소개하였다.

> 고대 사람들은 …… 꿈이 초자연적인 세계와 관련되어 있다는 것을 당연하게 받아들였다. …… 꿈은 그 꿈을 꾸는 사람에게 특별한 목적을 채워야만 하는 것으로 여겨졌다. 즉, 일반적으로 꿈은 미래를 예언했다.[10)]

프로이트는 아리스토텔레스에게로 옮겨갔으며, 그의 견해들이 프로

8) In Dr. A. A. Brill, ed., *The Basic Writings of Sigmund Freud*(New York: Modern Library / Random House, 1938).

9) Sigmund Freud, *Three Essays on the Theory of Sexuality*. Reprint of 4th edition of 1920 (New York: Basic Books / HaperCollins, 1962). 이 장에서 우리는 데카당파 시기에 수학자 힐베르트가 자신의 목적인 수학적 형식주의를 제안했으며, 러셀이 수학은 기호논리학으로 환원될 수 있을 것이라고 믿고 프로젝트를 추진하기로 결심한 시기라는 것을 알게 된다. 모두 세 가지의 목적, 즉 프로이트의 목적, 힐베르트의 목적, 러셀의 목적이 미숙한 시도임이 증명되었다.

10) Dr. A. A. Brill, *The Basic Writings of Sigmund Freud*, p. 184.

이트에게는 더 편하게 생각되었다.

> 꿈에 대한 언급이 있는 아리스토텔레스의 두 저서에서, 꿈은 이미 심리학의 문제를 구성하고 있는 것으로 간주되었다. 꿈은 신이 보내 온 메시지가 아니고, …… 꿈은 잠자는 사람의 정신적인 활동으로 정의된다는 이야기이다.[11]

이런 점에서 보건대, 꿈은 단지 꿈을 꾸는 자에 대해 이야기할 뿐이며, 신비롭거나 종교적인 색채를 띠는 꿈 해석에 대해서, 프로이트는 그것에 대한 참을성이 거의 없었다는 것이 시작부터 분명하였다. 프로이트는 자신의 책 대부분에서 꿈의 해석 이론, 즉 "모든 꿈은 숨겨진 소망의 성취다"라는 것을 만들었다.[12] 캘빈 홀Calvin S. Hall은 프로이트의 견해를 "인간은 자신이 두려워하는 것에 대해 꿈꾼다"고 요약했다.[13]

프로이트는 꿈은 우리가 깨어 있는 동안 억압한 모든 충동들을 나타낸다고 생각했다. 문명화된 존재로서 우리는 의식적으로 자신의 욕망, 증오, 탐욕 등의 원시적 감정들을 인정할 수 없다. 자는 동안에는 이러한 금지된 사고들을 억제하는 능력이 약해짐으로써 이러한 사고들이 어렴풋한 의식으로 나타나게 된다. 그러나 최후의 보호 방법으로, 내부의 검열관이 바람직하지 않은 사고들의 의미를 숨기기 위해 그것들을 상징으로 왜곡시킨다.

인간이 꿈을 기록하고 연구하기 시작하자, 꿈은 드러난 내용을 훨

11) Dr. A. A. Brill, *The Basic Writings of Sigmund Freud*, p. 184.

12) Gerard Lauzun, *Sigmund Freud: The Man and his Theories*(Greenwich, CT: Fawcett. 1962), p. 48.

13) Calvin S. Hall, *A Primer of Freudian Psychology*, p. 25.

씬 능가하는 매력을 발산했다. 꿈의 요소들은 마치 자체 에너지를 가지고 있는 듯하다. 이때 꿈의 요소들은 가장 깊숙한 욕구의 상징적 표현들이어야 하므로, 프로이트의 견해와 잘 일치한다. 꿈이 실제로 '금지된 과일'에 대해 말한다면, 꿈을 꾸는 사람들은 꿈에 대해 애매한 감정을 느낄 수 있다. 그러나 이 애매한 감정은 일반적이지 않다. 자주 그렇듯, 꿈에 대한 반응은 명백하게 긍정적이다. '고대인'과 '원시인'이라고 생각되는 사람들이 꿈이 그렇다고 믿었던 것처럼, 어떤 특별한 꿈은 꿈을 꾼 사람에게 신이 메시지를 내린 것처럼 보이게 만드는 강한 매력을 발휘한다.

내부의 검열관이라는 개념은 아무래도 있음직 하지 않으며, 현대의 꿈 연구가들에게도 인정받지 못하고 있다. 꿈은 그 내용을 감추기 위해서가 아니라, 그들이 언어를 앞서는 정신의 일부에서 나오는 것이기 때문에 그들 자신의 상징적 언어로 말하고 있는 듯하다. 단, 상징은 어떤 것을 정확히 표현하는 일대일의 단순한 대응 기호가 아니라는 점을 깨닫는 것이 중요하다. 융은 다음과 같이 말했다.

> 상징은, 선택된 표현이 그래도 존재한다고 알려지거나 존재하는 것으로 가정되는, 비교적 알려지지 않은 사실에 대한 가장 가능한 최선의 기술이거나 형식화라는 것을 항상 전제로 한다.[14]

프로이트는 꿈의 상징들을 성적 해석으로 환원할 수 있는 간단한 기호로 간주했다. 이 개념의 기원에 대해 로젠Lauzen은 다음과 같이 말하면서 프로이트의 제자인 스테켈Stekel과 랭크Rank에 대한 우선권을

14) C. G. Jung, *Collected Works, Vol. 6: Psychological Types*(Princeton: Princeton University Press, 1971), ¶ 814.

요구했다.

> 프로이트가 『꿈의 해석』에서 상징을 다루고, 꿈들을 시 · 신화와 비교할 수 있었던 것은 반대자인 스테켈과 랭크의 영향 때문이다. …… 긴 것은 남근이고 어떤 속이 빈 것은 질이라는 가정된 상징 같은 것 말이다.[15]

우선권에 상관없이, 모든 꿈의 상징을 성 이미지로 환원한 것은 꿈의 풍부한 색채를 무시한 처사다. 꿈이 왜 상징으로 이야기되는지에 대한 깨달음은 아주 다른 분야에서의 최근 연구들에서 비롯되었다. 예를 들어, 언어학자 노암 촘스키Noam Chomsky(1928~ . 독창적 언어분석 체계인 변형생성문법의 창시자 가운데 한 사람)는 모든 언어들의 기초가 되는 심층구조deep structure 모델을 개발했다. 그는 이 심층구조가 인간 정신의 타고난 고유 구조라고 주장한다.[16] 선구자적인 생물학자/심리학자인 장 피아제Jean Piaget(1896~1980. 20세기 발달심리학 분야의 대표자)는 조심스럽게 어린이의 행동과 발달을 연구했다. 그리고 동작들로부터 언어가 나온다고 주장했다.[17] 많은 언어학자들과 심리학자들의 이야기를 종합해보면 양쪽 모두가 옳다는 결론이 나온다. 즉, 언어에 기초가 되는 심층구조가 있고, 이 심층구조는 타고난 것이다. 그러나 이것은 우선 동작에서 드러나고, 서서히 말로 발달되어 간다. 이 점에 있어서 인류학자 에드워드 홀Edward T. Hall은 언어의 많은 부분

---

15) Gerard Lauzun, *Sigmund Freud: The Man and his Theories*, p. 51.

16) Richard L. Gregory, ed., *The Oxford Companion to the Mind*(New York: Oxford University Press, 1987), pp. 419~421.

17) Jean Piaget, *The Language and Thought of the Child*(New York: Meridian Book / World Publishing, 1955).

이 얼마나 비구어적인지를 보여주었다.[18]

노벨상 수상자인 동물 행동학자 콘라드 로렌츠Konrad Lorenz(1903~1989. 비교 동물학적 방법으로 동물의 행동을 연구하는 현대 행동학의 창시자)는, 모든 동물들은 그들의 발달과는 달리, 환경에서의 특별한 단서들에 의해 야기되는 타고난 상징적 반응을 가진다는 사실을 밝혀냈다. 적절한 시기에 적절한 상황이 발생할 때, 동물은 자신들의 내부적 소인素因을 실제 사건으로 **날인**imprint할 것이다.[19]

예를 들어, 로렌츠가 거위의 행동을 연구하고 있을 때 어미를 잃어버린 새끼 거위가 내부의 어미 모델을 로렌츠로 날인했다. 이때 필요한 것은 단지 새끼 거위가 태어날 때 보게 되는 최초의 피조물이 로렌츠이면 된다. 로렌츠를 어미로 날인한 새끼 거위는 갓 태어난 새끼 거위들이 그렇듯, 그가 가는 곳이라면 어디든 따라다녔다. 로렌츠가 어미로서의 자격을 갖출 수 없다는 사실을 감안한다면, 어미와 일치하는 타고난 상징은 분명 실제 어미 거위의 모습은 아니다. 그러나 타고난 상징은 어미와 새끼의 관계에 있어서 많은 특징들을 지니고 있으므로, 거위들이 각 세대마다 다시 배울 필요가 없었다.[20]

미르체아 엘리아데Mircea Eliade(1907~1986)의 원시 종교 신화에 대한 연구에서 이러한 원형적 구조에 대한 다른 근거를 찾을 수 있다. 엘리아데는 발달 수준이 비슷한 문화의 각 신화에서 공통된 상징들이 나타난다는 사실을 발견했다. 예를 들어, 유대교 및 기독교의 성경에 나오는 에덴동산처럼 모든 것이 완벽한 시기와 장소에 대한 믿음은

---

18) Edward T. Hall, *The Silent Language*(Greenwich, CT: Fawcett. 1959).

19) Richard I. Evans, *Konrad Lorenz: The Man and his Ideas*(New York: Harcourt Brace, 1975).

20) Konrad Lorenz, *King Solomon's Ring*(New York: Crowell, 1952).

일반적인 듯 하다. 또 다른 예는 인간 세계와 신들의 세계를 연결하는 중심축이 존재한다는 외관상의 일반적인 믿음이다. 즉, 신화적 상징들이 꿈의 상징들처럼 뚜렷한 유사성을 가지면서 모든 문화와 모든 시대에 재등장한다는 것이다. 단, 꿈의 상징들이 인간의 특별한 기억을 통해 걸러지듯이, 신화적 상징들 또한 문화의 특수성을 통해 걸러진다. 예를 들어, 유대교와 기독교에서는, 야곱의 큰 꿈에서 인간 세계와 신들의 세계를 연결하는 중심축이 하늘까지 뻗은 사다리인 데 비해, 노르웨이의 신화에서는 큰 나무로 그려지고 있다.[21)]

다양한 분야에서의 이러한 예들은 다시 한번, 융이 조심스럽게 묘사하려던 집단 무의식의 원형, 플라톤의 이데아, 칸트의 판단 범주 등과 비슷한 어떤 것이 존재할 수 있다는 가능성을 암시한다. 촘스키의 업적은 그 자체를 결국 언어로서 나타내는 심층구조로 보고 있다는 점이다. 피아제의 업적은 언어가 처음에는 단어가 아니라 동작으로 나타난다는 사실을 증명했다는 점이다. 홀은 광범위한 양의 비구어적 언어를 보여줌으로써 피아제를 지지했다. 로렌츠의 업적은 인간을 포함한 모든 동물들이 비슷하게 타고난, 본능적·상징적 반응들을 가지고 있다는 점을 보여줬다는 것이다. 엘리아데의 연구들은, 모든 문화가 그들의 가장 깊은 신앙심을 상징적 용어로 표현하고 있다는 것을 보여주고 있다. 그 상징적 용어들은 대부분 그것들을 표현하는 특정한 문화와는 관계가 없다.

이러한 점들로 인해 꿈이 상징적 언어로 이야기한다는 프로이트의 깨달음이 무척 중요했던 것이다. 그러나 꿈의 상징들을 성 이미지로 환원한 것은 꿈의 상징들이 가지는 복합성을 과도하게 단순화시킨 잘

---

21) Mircea Eliade, *The Sacred and the Profane*(New York: Harvest / Harcourt Brace, 1959).

못된 시도였다. 특히 종교적 상징을 위한 여지가 포함되어야 한다는 엘리아데의 언급을 인용하면 더욱 그렇다.

> **신성한 것**은 의식의 **구조** 요소다. …… 종교적 상징은 깊은 생각 이전의 언어로 구성되어 있다. 이는 독특한 특별 언어에 해당하므로 적절한 해석학을 필요로 한다.[22]

성욕설에 대한 세 논문

> 자신의 **세 논문**에서 프로이트는 소위 성적 도착perversion이 타고나는 것인지, 아니면 발달되는 것인지를 연구했다. 프로이트는 도착을 다음과 같이 정의했다.

> …… (a) 해부학적 관점에서 성적 결합을 위한 신체 부위를 넘어서는 성행위, (b) 성행위의 최종 목표를 향해 정상적으로는 빨리 지나가야 하는 중간 단계에서 지나치게 오래 머무는 성행위.[23]

프로이트는 정신분석 과정에서 신경증 환자들이 모두 성적 도착 증상을 보인다는 사실을 알아냈다. 신경증 환자들은 '다수층이며 정상인들과 큰 차이 없는 사람들이기 때문에' 프로이트는 성적 도착이 타고난 것이며, 정상적인 성행위는 발달된다고 생각했다.[24] 또한 그는 성

22) Mircea Eliade, No Souvenirs: Journal, 1957~1969(San Francisco: HarperSanFrancisco, 1977), p. 313.

23) James Strachey, ed., Josef Breuer and Sigmund Freud: Studies in Hysteria, reprint of 1955 edition(New York: Basic Books / HarperCollins, 1962), p. 16.

24) James Strachey, ed., *Josef Breuer and Sigmund Freud: Studies in Hysteria,* p. 97.

적 도착이 타고난다면 유아에게서도 발견되어야 한다고 이론화하였고, 그것이 바로 그가 발견했던 것이다.

> 성적 충동의 싹이 신생아에게도 존재한다는 점과 이것이 한동안 계속적으로 발달하다가 점차 억압의 과정을 통해 압도된다는 점에는 의심의 여지가 없다. …… 아이들의 성행위는 세 살이나 네 살쯤에 관찰 가능한 형태로 나타난다.[25)]

프로이트에 의하면, 아이들은 대개 다섯 살까지 과도기적 세 단계, 즉 구강기, 항문기, 남근기를 거친다. 각 단계는 그 시기에 발달하는 성감대에서 이름을 따왔다. 구강기에는 성행위가 입으로 취하는 것으로 표현된다. 가장 흔한 예로 엄지손가락 빨기를 들 수 있다. 그러나 무엇이든 호기심을 가지고 확인하는 과정을 거치게 되는 모든 아이들은 어떤 것이든 입 안에 넣는 시기를 겪는다. 항문기에는 아이들이 자신의 첫 창조물, 예를 들어 대변을 보고 놀라움을 표현한다. 남근기에는 아이들이 자신의 성기를 발견하는 것이 특징이다. 이 시기에 아이들은 흔히 수음하는 방식으로 성기를 문지른다.

프로이트는 다양한 표현들과 대상들을 취하는 아이들의 이러한 성행위를 '다양한 도착적 성행위polymorphous perverse sexuality'라고 칭했다. 과도기의 세 단계를 거치면 잠복기가 오는데, 이 시기에는 아이들의 다양한 도착적 성행위가 사회적 요구에 적응하도록 강요받는다. 결국 청소년기에 다시 한번 성기가 주요 성감대가 되는데, 이 시기의 적절한 성적 대상은 이성異性이 된다.

성인이 된 뒤의 성격은 어린 시절에 이러한 발달 단계들을 어떻게

25) James Strachey, ed., *Josef Breuer and Sigmund Freud: Studies in Hysteria*, p. 42.

겪었느냐에 따라 결정된다. 만일 아이가 각각의 단계를 성공적으로 넘어가는 데 실패한다면, 성인으로서의 이성 간의 성행위가 완전히 발달할 수 없을 것이다. 성적 도착이 성인에게 나타나는 이유는 바로 이러한 정신-성적 발달psycho-sexual development 문제들 때문이다. 성적 도착은 발생하는 것이 아니라, 적절한 발달이 결여되어 있다는 증거다. 즉, 아이의 성적 표현은 원래 다양한 도착 증상을 보이는데, 만일 아이가 초기의 세 단계 가운데 어느 하나라도 성공적으로 넘기지 못했다면 성인이 되어서도 그런 식으로 남게 된다.

나중에 프로이트는 세 단계의 정신-성적 발달 단계가 가지는 심리학적 함축 의미를 자세히 검토했다. 그는 이것으로 개인 성격의 모든 차이점을 충분히 설명할 수 있다고 생각했다. 예를 들어, 심리학자 홀은 구강기에 대해 다음과 같이 말했다.

> 대상을 접촉, 함입incorporation함으로써 발생하는 입술과 구강의 촉각적 자극은 입 부분의 성적 쾌락을 야기한다. …… 그래서 입은 최소한 (1) 집어넣기taking in (2) 가지고 있기holding on (3) 깨물기biting (4) 내뱉기spitting out (5) 다물기closing 등의 다섯 가지 주요 기능 방식을 가진다. 이러한 방식은 각각 어떤 성격 유형의 원형 또는 원모델이다. …… 어떤 특정 적응을 제대로 익힌 아이는 나이가 들어서 비슷한 상황이 발생했을 때, 똑같은 적응 방식을 사용하게 된다. 즉, 아이가 배고플 때 입에 뭔가를 넣는 것이 즐겁다면, 나중에 성장해서 뭔가 공허함을 느낄 때 지식이나 사랑 또는 권력을 집어넣거나 함입하는 것이 즐거울 수 있다.[26]

---

26) Calvin S. Hall, *A Primer of Freudian Psychology*, pp. 103~104.

프로이트는 자신의 이론을 검토한 끝에 한 바퀴 빙 돌아 제자리로 돌아왔다. 그는 성적 도착이 어디에서 기원하는지를 알기 위해 검토를 시작했고, 그 결과 성적 도착은 타고난 것이며, 아이들은 다양한 도착 증상을 가진다는 사실을 발견했다. 이에 따라 프로이트는 성인의 성적 행위에 이르는 발달 과정들을 추적했으며, 어떤 단계에서의 성공적이지 못한 대처는 성인이 되어서도 그 단계의 성적 도착 증상으로 남는다는 사실을 발견했다. 여기에서 중요한 점은, 이제 프로이트는 어떤 성인의 문제도 유아적 발달 문제로 환원할 수 있는 발달 도식을 얻었다는 것이다. 즉, 어떤 성인의 성취, 예를 들어 예술이나 종교 등에서의 성취도 성적 행위를 충분히 발달시키지 못한 것으로 환원할 수 있었다.

프로이트의 꿈 해석과 마찬가지로 이 견해에도 똑같은 장점과 약점이 있다. 각각의 단계별 분석은 중세 스콜라 철학에서 사용된 논법처럼 비교할 수 없을 정도로 훌륭했다. 단, 스콜라 철학자와는 달리 프로이트는 자신의 관찰을 통해 지적 일반화를 얻기 전에, 환자들에게서 실제로 관찰한 내용을 먼저 기술함으로써 기술적인 학자가 되려고 노력했다. 그러나 프로이트는 자신이 보길 원했던 것만 보려고 했다. 매우 적은 수의 사람들에게서 나타나는 본능적 행동을 너무 쉽게 성적 표현으로만 받아들이려고 한 것이다. 인간의 행동은 매우 복잡해서 성욕설 같은 단일한 설명으로 환원될 수가 없다.

예를 들어, 아이는 배고픔 해결과 영양 보충, 그리고 구강 욕구의 충족을 위해서 뿐 아니라 사랑과 애정을 확인하기 위해서도 엄마의 젖가슴을 찾는다. 실험심리학자인 해리 할로Harry F. Harlow의 침팬지 연구는, 어린 침팬지에게는 먹이만큼이나 양육도 매우 중요하다는 사실을 증명해 보였다. 한 실험에서, 고아 침팬지를 위해 두 어미 침팬지가 만들어졌다. 하나는 우유를 제공하지만 철사로 만들어졌고, 다른 하나는 따뜻한 모피로 만들어졌으나 우유가 나오지 않았다. 그렇다면 새끼 침팬지는 먹이를 제공하는 어미와 따뜻한 양육을 제공하는 어미 중 어느 쪽을 선택했을까? 실험 결과, 새끼 침팬지는 따뜻한 모피로 만든 어미에게 주로 매달렸으며, 배가 고플 때만 잠시 철사로 만든 어미에게 가곤 했다. 새끼 침팬지조차 이미 여러 가지 욕구를 가지고 있다는 것이 증명되었으며, 그 가운데 특히 사랑에 대한 욕구가 강했다.[27)]

이에 비해 프로이트는 어린아이의 엄지손가락 빨기 같은 행위를 오로지 성적 만족으로만 봤다. 융은 프로이트와 의견이 달랐고, 프로이트와 사이가 나빠지기 시작한 1912년에 다음과 같이 말했다.

> …… 만일 인간이 쾌락을 추구하는 것이 성적 욕구를 위해서라면, 역설적으로 배고픔도 성적 욕구를 추구하는 것이라고 말해야 한다. 왜냐하면 배고픔도 충족에 의한 쾌락을 찾는 것이기 때문이다. 만일 우리가 이와 같은 개념을 왜곡한다면, 우리는 반대 의견을 가진 사람들에게 배고픔의 용어를 성적 행위에 적용하도록 허용해야 할 것이다.[28)]

프로이트의 정신-성적 발달 단계를 다른 발달 모델과 비교하는 일은 매우 흥미롭다. 예를 들어, 피아제는 수십 년 동안 어린이를 연구한 자료를 바탕으로, 아동기 발달 단계를 완성했다. 흥미롭게도 이

---

27) Gene Bylinsky, "New Clues to the Causes of Violence," in *Annual Editions, Readings in Psychology '74/'75*(Guilford, CT: Dushkin Publishing Group, 1974), pp. 73~78.

28) C. G. Jung, "The Psychology of the Transference," in *Collected Works, Vol. 16: The Practice of Psychotherapy*(Princeton: Princeton University Press, 1966), ¶ 241.

단계들은 프로이트의 연구와 유사성 및 차이점들을 가진다. 단, 피아제의 아동기 발달 단계는 성적 발달이 아니라 동작 발달에 기초를 두고 있다. 예를 들어, 출생에서 18개월까지의 기간은 프로이트의 구강기에 해당한다. 프로이트의 경우, 출생에서 24개월까지가 피아제의 감각−운동sensory-motor 단계에 해당한다. 앞에서 언급했듯이, 프로이트는 이 기간을 아이가 공격성과 획득성을 다루는 시기로 보고 있다. 이에 비해 피아제는 내재화되어 있던 기본적인 운동 동작들이 행동 도식들schemes of action을 수행하기 위한 계획들을 획득하는 시기라고 표현하고 있다. 이 도식에 잘 들어맞는 새로운 동작들을 동화시킴으로써, 또는 새로운 동작들을 순응시키기 위해 도식을 수정함으로써 동작들이 도식에 추가되는 것이다.

피아제는 『아동에서의 지능의 기원*The Origin of Intelligence in the Child*』에서 행동 도식이 어떻게 발달되는지 구체적인 예를 들어 설명하고 있다. 그는 시곗줄을 성냥갑 속에 넣은 뒤 성냥갑을 거의 닫아버렸다. 그리고 개월 수가 어느 정도 된 유아기의 여자아이에게 그 성냥갑을 주자 아이는 그것을 집어들고 뒤집어서 시곗줄을 꺼내려고 시도했다. 이 방법이 소용없자, 여자아이는 손가락을 성냥갑 안에 넣어 시곗줄을 끄집어냈다. 피아제는 그 여자아이가 보지 않고 있을 때 시곗줄을 다시 성냥갑 속에 집어넣고 뚜껑을 닫았다. 그런데 이번에는 아이의 손가락이 들어갈 수 없을 정도로 그 틈이 매우 좁았다. 성냥갑을 집어 든 아이는 전에 했던 방식으로 시곗줄을 꺼내려고 했지만 실패하고 말았다. 그 아이를 지켜보던 피아제는 다음과 같이 말했다.

> 아이는 대단한 집중력으로 성냥갑의 틈새를 바라본다. 그 후 연속적으로 몇 번 자신의 입을 벌렸다가 다물었다. 처음에는 조그맣게,

> 그 다음에는 점점 더 크게! …… 아이는 그 상황을 언어나 선명한 시각적 이미지로 표현할 능력이 없기 때문에 표현 또는 상징으로 단순한 운동 표시를 사용한다. …… 자신의 입을 벌림으로써 그 상자의 틈을 크게 벌리고 싶은 욕구를 표현하거나 반영한다.[29)]

그 후 여자아이는 성냥갑을 거꾸로 집어들어 안에 있는 시곗줄이 나오게 하는 대신, 손가락으로 틈새를 넓혔다. 그러고는 안에 있는 줄에 손가락을 뻗는다! 이것이 바로 "사고는 내재화된 행동이다"라는 피아제의 주제를 훌륭하게 보여주는 예다. 물론 이는 프로이트의 구강기와도 잘 들어맞는다. 그런데 왜 우리는 발달의 모든 단계를 정신-성적 발달로 환원하는 논법을 받아들여야 하는 것일까? 피아제의 접근법이 프로이트의 것보다 더 옳은 방식 같지 않는가?

초기 프로이트 사상의 요약

프로이트는 신경증 환자들을 치료하면서 환자의 무의식적 역동이 의식적 행동의 근저에 있다는 것을 알게 되었다. 샤르코가 했던 것처럼 최면술을 사용해 무의식에 대해 알아내려고 했지만, 최면술로는 부족하다는 사실을 깨달았다. 후에 프로이트가 **자유연상**이라고 부르게 된 브로이어의 **대화 치료**가 그에게 의식적 정신을 넘을 수 있는 도구를 안겨주었다. 꿈은 무의식적 재료의 풍부한 자원이었다. 프로이트는 꿈이 소원 성취라고 결론 내렸다. 그리고 꿈의 복잡성은 금지된

29) Piaget's *The Origin of Intelligence in the Child,* in Molly Brearley and Elizabeth Hitchfield, *A Guide to Reading Piaget*(New York: Schocken Books, 1969), pp. 143~144.

사고가 의식으로 나오는 것을 방지하기 위한 최종 방편인 내부의 검열관censor 때문이라고 말했다.

프로이트에게 있어서 이러한 무의식의 자료들은 압도적으로 성적인 것으로 보였다. 그는 자신의 환자들이 똑같이 성적 장애를 겪고 있다는 사실을 알았다. 환자들이 모두 성적 도착증상을 보이고 있었던 것이다. 그래서 프로이트는 성적 표현이 원래 다양한 형태의 도착이기 때문에 이런 현상이 나타나는 것이라고 이론화했다. 즉, 5세 이전에 적절한 성적 발달의 과정을 거쳐야만 성인이 되어서도 정상적인 성적 표현을 할 수 있다는 것이다. 프로이트는 모든 인간의 문제, 심지어 모든 인간의 성취가 아동기의 성적 발달의 문제로까지 추적될 수 있다고 생각했다.

이렇듯 프로이트는 우리가 르네상스 시대를 출발점으로 해서 추적해 온 사상의 맨 끝 줄에 위치한다. 르네상스를 출발점으로 한 사상은 인간을 물질 세계의 공평한 관찰자로 여기는 데에서 시작되었다. 데카르트와 함께 인간은 지성과 동의어가 되었고, 지금은 정신과 신체 사이에 큰 분열이 이루어진 상태이다. 세상을 점점 더 작은 부분으로 쪼갬으로써 인간은 주위 세계로부터 분리되어 있을 수 있는 더 큰 능력을 발달시켰다. 이러한 능력으로 인해 과학이 성장했으며, 과학은 인류에게 세계를 지배할 새로운 능력을 안겨주었다. 인간은 이성적인 정신을 비합리적인 신체와 감정으로부터 분리함으로써 이 힘을 점차 우리 자신에게로 돌렸다. 인간의 신체적 욕구와 지혜는 육체에서 분리된 지성으로 간주되는 의식으로부터 점점 더 멀어져 숨어버렸다.

이 분리가 수백 년 동안 자라나 의식에서 숨어버리자, 균형을 이루려는 세력이 발달하기 시작했다. 이것은 조화, 관계, 연결성을 향한 견인력이었다. 우세한 합리주의가 이 관점에 별로 공감하지 않았기 때문에 이는 주로 주변 현상으로 드러났다. 그 가운데 하나가 파라셀수스에서부터 프로이트까지 더듬어 본 최면술이다. 그러나 프로이트는 '검은 진흙 같은 신비주의'의 어떠한 침식에도 강하게 저항하면서, 유물론자 진영에 굳건히 서 있었다.[30]

> 프로이트는, 착각(프로이트의 생각에는 종교적인 교의敎義가 유일하다는 믿음) 없이 지내고, 속박하는 권위로부터 독립하고 또한 인간 자신의 권위를 확립함으로써 삶을 이해하게 만드는 유일한 도구 또는 무기를 인간이 가진 이성이라고 생각했다. …… 그에게 이성은 사고에 제한되어 있었다. 감정과 정서는 그 자체가 비합리적이며, 그래서 사고보다 열등하다.[31]

합리주의 전통의 전형적 인물인 프로이트가 무의식을 발견하려 했다는 사실이 얼마나 아이러니한가? 프로이트는 합리주의를 바탕으로 무의식의 세계를 발견했다. 그러나 정신과 신체는 오래전부터 분열되어 있었고, 신체는 열등한 위치로 떨어져 있었기 때문에 프로이트는 딜레마에 빠지고 말았다. 반면, 그는 인간의 의식적인 삶이 무의식적 동기에 의해 많이 조정된다는 사실을 알았다. 그러나 프로이트에게 무의식적 동기는 원시적이고, 본능적이며, 비합리적인 힘이었다.

전체적인 상황은 우울했고, 이는 프로이트가 결코 해결할 수 없는 것이었다. 프로이트는 처음에는 단순한 무의식적 동기에 대한 지식만

---

30) C. G. Jung, *Memories, Dreams, Reflections*(New York: Vintage Books / Random House, 1955), p. 150.

31) Erich Fromm, *Sigmund Freud's Mission*, pp. 2, 7.

으로도 이성적 정신의 원시적 본능을 충분히 통제할 수 있다고 생각했다. 그러나 곧 이것이 허망한 희망이었다는 사실을 알게 되었다. 그리고 인간이 할 수 있는 최선은 이러한 분열을 이해하고, 무의식의 공허함과 직면했을 때 이성적 측면을 유지하는 것이라고 결론 내렸다. 프로이트는 이 딜레마를 해결할 방법을 찾길 희망하면서 자신의 사상 체계를 계속 발달시켜 갔지만, 가능성들에 대한 비관적인 견해는 고수했다.

해결책은 의식과 무의식, 정신과 신체의 통합에 있다. 즉, 관계에 있는 것이지 분리에 있는 것이 아니다. 그리고 이는 합리적 전통의 막바지에 서 있는 19세기 사상에서가 아니라, 수세기 전에 단지 배아기였던 20세기 사상들에서 발견될 수 있었다. 그러나 우선 수학이 이성적 사고에 대한 지나친 믿음으로 인해 어떻게 프로이트 같은 함정에 빠지게 되었는지를 살펴봐야 한다.

Chapter 9

논리학의 바벨탑

논리적으로 말해서, 우리는 현재 수학의 거의 모든 것을 집합론으로부터 유도하는 일이 가능하다는 사실을 잘 알고 있다. 따라서 이러한 기호로 집합론을 어떻게 쓸 수 있는지를 보여주고, 또한 이 집합론으로부터 수학의 다른 분지가 하나씩 하나씩 어떻게 발달되어 왔는지를 보여주기 위해서 수학공식의 원칙을 설명하는 것만으로 충분할 것이다.[1)]

단일체에 대한 수학의 필요성

심리학이 학문으로서 모습을 갖춰가기 시작하던 시기에 칸토어의 초한수 집합론에 고무되어 새로운 수학이 개발되었다. 이는 심리학과 수학이 똑같이 가지고 있던 가려운 부위를 긁으려는 시도였다. 르네상스 시대에 관찰자로서의 인간이 가진 이상을 바탕으로 정신과 신체가 객관적이고 공평한 학문에 합당하도록 분리되었다. 사실 정신과 신체는 단일 유기체의 인위적인 분리일 뿐이며, 이러한 분리는 본질적으로 불가능하다. 또한 인간이 모든 관찰 대상들을 포함하는

1) Lucienne Félix, *The Modern Aspect of Mathematics*(New York: Basic Books, 1960), pp. 58~59에서 니콜라스 부르바키Nicolas Bourbaki에 의한 인용. 니콜라스 부르바키는 현대 수학에 대한 공동 견해를 발표하기 위해 1930년경 프랑스의 수학자 그룹이 만들어 낸 허구의 수학자다.

복합적 단일체의 일부분으로서가 아닌 그 이외의 것으로 존재하는 것도 불가능하다. 충분히 깊이 있게 이루어진 연구라면, 결국 인간이라는 단일체가 자신의 반영反影을 응시하고 있다는 사실을 이끌어낼 것이다.

19세기 후반, 비록 인정받지는 못했지만 단일체 회복의 필요성이 모든 예술과 학문 분야에서 하나의 추진력으로 작용했다. 특히 철학이나 과학 어느 쪽도 관찰자의 정신을 무시하는 것이 더 이상 불가능했다. 수학에서도 역시 검토되지 않은 내재된 가정들이 부각되는 것을 더 이상 무시할 수 없었다. 수의 성질을 기술하려는 칸토어의 조심스러운 도전은 무한을 다루는 최초의 엄밀한 수학적 시도를 이끌었다. 이 시도는 무한의 핵심에 숨어 있던, 전에는 상상조차 할 수 없었던 역설들을 보여주었다. 이 역설들을 해결하기 위해 두 가지의 주요 시도들이 이루어졌다. 첫째, 힐베르트가 이끈 형식주의자들의 시도와 둘째, 러셀이 이끈 논리학자들의 시도가 바로 그것이다.

양쪽 모두는 수학을 유한의 공리 체계로 환원함으로써 무한의 문제를 피하길 기대했다. 어떤 수학적 체계도 관련 용어 정의들의 유한수, 공리들의 유한수, 정의된 연산들의 유한수로 이루어져야만 한다. 정의들, 공리들, 연산들은 모두 완벽하게 내용이 비어 있기로 했다! 그리고 수학 자체는 단지 비어 있는 상징들의 형식적 조작에만 관여하는 것으로 가정됐다. 하지만 이 책에서 이미 논의한 바를 바탕으로 하면, 이것이 불가능한 목적이라는 사실이 명백해진다. 상징들은 비어 있지 않을 뿐 아니라, 수학으로 인해 강한 감정적 반응들이 만들어지기 때문이다.

> 의미가 없는 상징은 단지 기호에 불과하다. 상징이 의미를 가지고, 상

> 징과 상징적 게임의 의미가 이해될 때 비로소 상징은 하나의 개념으로서 역할을 하게 된다. …… 직관의 역할 문제는 무시될 수 없다.[2)]

형식주의자도 논리학자도 모두 이러한 형식적 공리 체계를 만들길 원했지만, 그들은 모두 빗나가 버렸다. 형식주의자들은 수학을 위한 공리 체계를 개발하는 것에만 관심이 있었다. 러셀은 전통적 논리학과 수학을 한 지붕 아래 두는 상징적 논리학을 위한 공리 체계를 개발하길 원했다.

> 역사적으로 수학과 논리학은 완전히 구별되는 학문이다. 수학은 과학과 연관되어 왔고, 논리학은 그리스와 연관되어 왔다. 그러다가 현대에 이르러 둘 다 발달했는데, 논리학은 더욱더 수학적이 되었고 수학은 더욱더 논리적이 되었다. 그 결과 지금은 이 둘을 구별하는 것이 완전히 불가능해졌다. 사실 이 둘은 하나이며, 단지 소년과 성인 정도의 차이만 있을 뿐이다. 논리가 수학의 소년이라고 하면, 수학은 논리학의 성인이다.[3)]

형식주의자와 논리학자 모두는 상징, 즉 단일체 상징의 지배 아래에 있다. 단일체에 대한 욕구는 분명히 힐베르트 시대의 수학을 위한 '**살아 있는 상징living symbol**'[4)]이었다. 위대한 수학자 대부분이 형식적 공리 체계를 통하거나 상징적 논리학으로의 환원을 통해 수학의 형식

---

2) Lucienne Félix, *The Modern Aspect of Mathematics*, pp. 58~59에서 이외르겐센Jörgensen에 의한 인용.

3) Bertrand Russell, *Introduction to Mathematical Philosophy*, reprint of 2nd edition of 1920 (New York: Dover, 1933), p. 194.

4) 이 용어는 문화를 위해, 아직 깊은 의미를 가지고 있는 상징을 의미하기 위해 융이 처음으로 사용했다. 15장에서 좀 더 자세히 다뤄진다.

적 단일체를 이루기 위해 노력하고 있었다. 하지만 그들은 한 발 물러나 자신들이 그 주문에 사로잡혀 있다는 사실을 깨달아야 했지만, 그러지 못했다. 그리고 비록 그들의 노력의 결과가 이미 운명적으로 결정되어 있었다고 해도, 엄격한 수학적 적용의 발달은 수학에 있어서 반드시 필요한 단계였다.

이 장에서는 『수학 원리*Principia Mathematica*』를 정점으로, 주로 러셀의 노력에 대해 논의할 것이다. 그리고 괴델의 사상적 배경을 논할 때, 우리는 힐베르트로 돌아갈 것이다.[5] 우선 힐베르트와 러셀 모두에게 영향을 미친 페아노의 공준公準Peano's Postulate[6]부터 시작해보자.

페아노의 공준

> 모든 전통적 순수수학을 자연수의 이론으로 환원함으로써, 논리적 해석에 있어서의 다음 단계는 이 이론이 유도될 수 있었던 전제들과 정의되지 않은 용어들의 최소 집합을 가지고 이론 자체를 환원하는 일이었다. 이 작업이 페아노에 의해 이루어졌다.[7]

이 새로운 형식주의에 있어서 중요한 첫 번째 산물은 자연수 또는 정수(0, 1, 2, 3……)의 완전한 산술로 유도될 수 있는 다섯 가지 공리인 페아노의 공준이었다. 페아노는 이탈이아의 수학자이자 논리학자다. 동시대인들에게 강하게 영향을 끼쳤던 페아노의 공준은 수학적 논리에 있어서 단순하고 간결한 수학적 논리였다. 그 다섯 가지 공리

---

5) 12장을 보라.

6) Giuseppe Peano, *Arithmetices Principia Nova Methodo Esposita*(1889).

7) Bertrand Russell, *Introduction to Mathematical Philosophy*, p. 5.

를 요약하면 다음과 같다.

(1) 영Zero은 수이다.

(2) 어떤 수의 다음수successor는 수이다.

(3) 두 개의 수가 똑같은 다음수를 가지지 않는다.

(4) 영은 어떤 수의 다음수가 아니다.

(5) 만일 수의 집합이 영과 모든 수의 다음수도 포함하면, 그것은 모든 수를 포함한다.

아마도, 수학자들이 '수학적 귀납법'이라고 부르는 마지막 공리만을 제외하고 나머지 공리들의 목적은 쉽게 이해될 수 있다. 예를 들어, 처음 두 개를 조합해보자. "영은 수이다"이기 때문에 우리는 최소한 하나의 수(어떤 수든 간에)를 가지고 있다. 그리고 "어떤 수의 다음수는 수이다"이기 때문에 영의 다음수는 수다. 우리는 이를 정상적으로 '일'이라고 부른다. 그 다음에 '일'은 다음수를 가진다. 우리는 이를 '이'라고 부른다. 이렇듯 우리는 다음수를 택함으로써 모든 양수에 도달할 수 있다.

페아노

페아노는 "두 개의 수가 똑같은 다음수를 가지지 않는다"고 확신했고, 그래서 역설적인 수 체계로 끝내지 않았다. 우리는 '삼'이 '일'뿐 아니라 '이'의 다음수이기를 원치 않는다.

"영은 어떤 수의 다음수가 아니다"라고 말함으로써 페아노는 첫 번째 수를 만들어 냈다. 즉, 그의 체계에서는 영보다 작은 수는 없다(하지만 페아노가 영과 양수를 개발해내자, 이 과정을 음수와 분수 등으로 확장하는 일은 무척 쉬웠다는 사실에 주목하자).

수학자들이 **귀납법**이라고 부르는 다섯 번째 공리는 기하학의 평행선 공리를 생각나게 하는, 다른 어떤 것이다.[8] 학문적 방법은 때때로 귀납법으로 알려져 있다. 하지만 수학적 귀납법이나 **완전한 귀납법**과는 대조적으로, 이는 **불완전 귀납법**이라고 불린다. 학문적 이론은 일시적이어서 어떤 실험이 그 이론을 반박할 수 있기 때문이다. 학문의 불완전 귀납법과는 달리, 수학적 귀납법은 어떤 것이 최종적으로 증명될 수 있다는 것을 의미한다.

수학적 귀납법에 의하면, 만일 당신이 어떤 수학적 진술이 모든 수에 대해 참이라는 사실을 증명하길 원한다면 그 진술이 단지 두 경우에서 참이라는 것을 증명하면 된다. 우선, 그 진술에서 영이 첫 번째 수라는 것이 참임을 증명하라. 그러고 나서, 그 진술이 어떤 임의의 수에 참이라면, 그 수 다음수에 대해서도 마찬가지로 참임을 증명하라. 영이 수라는 것이 트릭이다. 그래서 다음수 '일', 다음수 '이'에 대해, 그리고 무한히 계속 이어지는 다음수들에 대해서도 참이어야만 된다는 것이다.

어떤 무한수가 진리라는 것을 증명하는 일(자연과학이 임시적이라고 하는 이유)보다 어떤 주장이 두 경우에 있어서 참이라는 것을 증명하는 일이 확실히 좀 더 쉽기 때문에, 이는 매우 강력한 증명 방법이 된다. 그러나 귀납법은 무한대 과정을 수반한다는 점에 유의해야 한

8) 4장을 보라.

다. 즉, 유한수의 단계들만으로 귀납법의 진리를 증명할 방법은 없다. 이는 수학적 귀납법의 강점이기도 한 동시에 유일한 약점이기도 하다. 다음에 알게 되겠지만, 무한의 과정에 의해 인간은 자기참고 체계self-referential systems와 관련시키며, 이 자기참고 체계가 늘 논리적 해석으로 환원되는 것은 아니다.

미적분학에 무한소와 극한의 무한 개념이 소개된 뒤 시간이 지나서야 그것이 가지고 있는 잠재적 문제들이 드러났다. 마찬가지로 수학적 귀납법에 무한대 과정이 맹목적으로 도입되고 수백 년 동안 사용된 뒤에야 누군가가 그것이 깊은 철학적 문제를 제시한다는 사실을 깨달았다. 17세기 중반 프랑스의 수학자 피에르 드 페르마Pierre de Fermat(1601~1665. 근대 정수론의 창시자)와 블레즈 파스칼Blaise Pascal(1623~1662)은 자신들의 작업에 수학적 귀납법을 사용하기 시작했다. 그러나 수학적 귀납법이라는 명칭은 그로부터 200년 후, 오거스터스 드 모르간Augustus De Morgan(1806~1871)이 붙였다(1838). 다시 50년이 지나서, 페아노가 이를 완벽하게 요약한 뒤 산술을 개발하는 데 필요한 다섯 번째 마지막 공준으로 포함시켰다.

페아노의 공준은 새로운 형식주의의 가능성에 대한 멋진 예였다. 이 다섯 가지 공리를 사용해, 최소한 이론적으로 산술의 모든 성질들을 유도할 수 있었다. 대학에서 수학을 전공하는 1학년생들은 대부분 페아노의 공준 또는 약간 비슷한 공리 체계를 사용해 주요 산술의 특성들을 유도하게 된다. 다섯 가지 공리에는 그러한 특성들의 성질을 가리키는 어떠한 내용도 포함되어 있지 않다는 점에 주목하라. 지금까지 발견되지 않은 정수의 특성들이 존재한다는 점은 의심의 여지없는 사실이다. 그러한 점에서 페아노의 공준은 단지 출발점, 즉 산술을 산출하기 위한 간결한 공리적 방법을 제공한다.[9)]

1892년 페아노는 '(자신의) 논리학을 사용해 진술되고 증명되는 수학의 모든 개론을 위한' 프로젝트를 공표했다.[10] 하지만 이 공표는, 페아노의 방법이 거의 알려지지 않았던 그 시기에는 너무 이른 감이 있었다. 당시 이탈리아 동료들만이 그의 프로젝트에 귀를 기울였다. 이에 비해 수학자들을 고취시킨 것은 1900년 힐베르트의 유사한 프로그램이었다.[11]

러셀이 페아노의 논리학을 발견하다

리만이 새로운 기하학을 출간한 1854년[12]에 조지 불George Boole(1815~1864. 그의 논리대수論理代數인 불대수는 디지털 컴퓨터회로 설계의 기초가 됨)은 『사고의 법칙*Laws of Thought*』을 출간했다. 이 책은 논리학적 **삼단논법**syllogisms을 위한 기호학적 표현 체계를 제시했다.[13] 복잡한 논리적 관계의 참 또는 거짓을 결정하기 위해 일종의 대수학을 사용함으로써 이러한 기호들이 조작될 수 있었다. '이성의 모든 진리들이 일

---

9) 페아노의 공준들이 논리학 자체를 위한 것으로 표현되는 수학적 기호법의 체계에도 똑같이 영향을 끼쳤다는 점이 언급되어야 한다. 기술적 기호법은 러셀이 수학적 논리학의 광대한 체계를 개발하는데 있어서 시발점이었다.

10) Nicholas Griffin, ed., *The Selected Letters of Bertrand Russell, Vol 1: The Private Years*(1884~1914)(Boston: Houghton Mifflin, 1992), p. 204.

11) 12장에서 힐베르트의 프로그램에 대한 괴델의 반응을 논의할 때 다뤄진다.

12) 4장을 보라.

13) 그리스어 "*syn*(with 또는 together)과 *logizesthai*(to reckon, to conclude by reasoning)에서 따왔다. 무엇에 의한 추론의 형태, 두 개의 문장이나 명제가 주어지면 그들로부터 필연적으로 제3의 것이 나온다."〔W. L. Reese, *Dictionary of Philosophy and Religion: Eastern and Western Thought*(Atlantic Highlands, NJ: Humanities Press, 1980), pp. 559~560〕. 예를 들어, 만일 A가 B를 의미하고 B가 C를 의미하면 A는 C를 의미한다.

러셀

종의 계산으로 환원될 수 있는 일반적인 방법'이라는 라이프니츠의 목적을 달성하는 데 있어서, 이것이 그 첫걸음이었다.[14] 그 당시 철학을 전공하던 대부분의 학생들은 조지 불의 방법을 배우게 되는 한 학기 또는 두 학기 과정을 선택한 뒤, 점차적으로 더 복잡해지는 논리적 진술의 참 또는 거짓을 결정하기 위해 이 방법을 사용했다. 그의 체계는 컴퓨터 발달에 매우 중요한 기여를 했다. 컴퓨터 프로그래머와 분석가는 컴퓨터 프로그램이 고려해야 하는 모든 가능한 길들을 요약하는 데 있어서, 지금도 여전히 조지 불의 체계에 기초를 둔 '진리표truth tables'를 사용하고 있다.

조지 불의 체계는 페아노의 기수법記數法과 조합을 이룬 뒤 철학자이자 수학자인 러셀에 의해 거의 상상할 수 없을 정도로 복잡한 수준으로까지 확장되었다. 19세기 후반, 러셀은 어려운 철학적 문제들을 간결하고 단조로운 문장으로 기술하는 재능을 가진 영리한 청년이었다. 그는 이미 몇 년 동안 수학 철학을 공부한 상태였고, 기하학 분야의 성과는 어느 정도 평판이 나 있었다. 그러나 무언가가 여전히 부족했다. 1900년 파리 철학국제학회에 참석한 러셀은 페아노의 이야기를 듣고 자신이 찾고 있는 것을 드디어 발견했다.

---

14) 3장을 보라.

러셀의 눈에는 페아노가 학회에서 단연 인상적이며 탁월한 논리와 정확성을 가진 인물로 보였다. 그리고 그 이유를 페아노가 완성한 수학적 논리의 체계 때문이라고 확신했다. 학회가 끝나자마자 러셀은 한 달 정도 페아노와 그의 이탈리아 제자들이 쓴 모든 책을 탐독했으며, 처음으로 그들의 기술을 확장하기 시작했다. 그리고 그 확장한 기술을 자신이 연구하고 있던 문제를 해결하는 데 사용하기 시작했다.[15] 러셀에게는 흥이 절로 나는 시기였다.

> 그 시기는 지적 중독의 시기였다. 당시 나의 감각은 안개를 뚫고 산을 올라간 뒤, 정상에 다다랐을 때 안개가 갑자기 걷히면서 도시들이 모든 방향으로 40마일까지 보이는 그런 상황과 닮았었다. …… 1900년 9월은 내 생애에서 그야말로 지적 정점이었다.[16]

페아노는 모든 수학적 정리定理들을 자신의 기술을 사용하여 "진술하고 증명하는", 충분히 어려운 프로젝트에 만족했다. 하지만 러셀은 페아노가 사용한 것보다 더 엄청난 새로운 기술들에 대한 야망을 품고 있었다. 그는 수학의 철학을 기점으로 페아노의 논리학을 수학을 넘어 철학에까지, 그리고 무제한 확장하기로 계획했다. 러셀은 궁극적으로 모든 수학, 모든 학문, 모든 철학을 이 새로운 기호 논리학으로 환원할 수 있다고 생각했다. 사람이 결코 성취할 수 없는 그야말로 엄청난 계획이었다!

러셀은 자신보다 나이가 많은 친구이자 철학자 / 수학자인 알프레드

---

15) Bertrand Russell, *The Autobiography of Bertrand Russell, the Early Years: 1872 — World War I*(New York: Bantam Books, 1968), pp. 191~192.

16) Bertrand Russell, *The Autobiography of Bertrand Russell, the Early Years*, p. 192.

노스 화이트헤드Alfred North Whitehead(1861~1947)를 자신의 프로젝트에 가담하도록 급히 설득했다. 그래서 두 사람은 이 프로젝트에 10년 동안 매진했고, 결국 세 권으로 된 4,500페이지의 『수학 원리』를 완성했다.

러셀이 페아노 논리의 가능성들에 중독된 처음 1년 동안 그는 세 번의 정신적 타격을 받았다. 이 정신적 타격들을 그에게 인생에는 논리학보다 더 중요한 문제가 존재한다는 사실을 말해주려는 것 같았다. 하지만 러셀은 이 정신적 타격들을 단호히 무시했다. 1901년 2월, 그는 생애에서 처음으로 심오하면서도 신비한 경험을 하게 된다. 그는 화이트헤드의 부인인 에벌린Evelyn과의 관계에서 어떤 고통스러운 감정적 고민에 휩싸여 있었으며, 그들의 관계는 동경과 성적 욕구를 동시에 품은 모호한 것이었다.[17] 그러한 기분 상태에서, 러셀은 에우리피데스Euripedes의 비극인 『히폴리투스*Hippolytus*』를 새롭게 번역한 친구인 길버트 머리Gilbert Murray가 읽고 있는 소리를 들었다. 그 내용은, 우리가 세상에 보여주는 조용하면서도 합리적이고 구조화된 **아폴로적인** 측면 밑에, 거칠고 비합리적이며 감정적인 **디오니소스적** 삶의 요소가 들어 있다는 당시의 새로운 니체 사상을 담고 있었다. 바꾸어 말하면, 머리는 **무의식**의 원형原形들 가운데 하나를 표현하고 있었다.

> 갑자기 발 아래 땅이 무너지는 것 같았고, 나는 내가 아주 다른 곳에 있다는 것을 알았다. 5분 안에 나는 다음과 같은 생각들을 하게 되었다. 즉, 인간 영혼의 고독감은 견딜 수 없다. 종교적 스승이 설

---

17) 러셀이 에벌린의 건강 악화 정도를 과장했다 할지라도(그가 곧잘 했던 일), 에벌린의 상태는 상당 부분 건강염려증이었던 것 같다. Nicholas Griffin, ed., *The Selected Letters of Bertrand Russell,* Vol 1, pp. 215~218.

> 교하는 가장 높은 강도의 사랑을 제외하고는 인간 영혼의 고독감을 침투해 들어갈 수 없다. 이러한 동기에서 나오지 않은 것들은 그것이 무엇이든 해롭거나 잘해야 쓸모가 없다. …… 그러한 5분이 지난 뒤, 나는 완전히 다른 사람이 되었다. 잠시 동안 신비로운 빛이 나를 감쌌다.[18]

본능과 감정의 중요성을 인정해야 한다는 이 같은 강렬한 환상에도 불구하고, 자신에게는 논리학 프로젝트가 매우 중요했기 때문에 이와 같은 문제를 의문시할 수 없었다. "그 당시 내가 가졌다고 상상했던 신비적 통찰력(나의 강조)은 희미해져 가고, 분석적 습관이 스스로를 거듭 주장하며 치고 나왔다."[19]

두 번째 정신적 타격은 3개월 뒤에 있었다. 그 당시 러셀은 새로운 논리학이 본래부터 안고 있던, 매우 심한 교란을 야기하는 역설을 발견했다. 사실, 그는 칸토어의 '집합들의 집합'에 대한 역설이 무한 집합에만 제한되어 있는 것이 아니라 모든 논리학에 적용된다는 사실을 발견했다.[20] 하지만 그는 이것을 실패가 결정된 프로젝트의 운명의 징후로 받아들이지 않고, 오히려 암시 자체를 받아들이길 거부했다.

> 처음에 나는 모순을 아주 쉽게 극복하리라고 생각했고, 아마도 추리에 어떤 사소한 실수가 있을 것이라고 여겼다. 그러나 점차 그렇지 않다는 사실이 분명해졌다.[21]

---

18) Bertrand Russell, *The Autobiography of Bertrand Russell, the Early Years*, pp. 193~194.
19) Bertrand Russell, *The Autobiography of Bertrand Russell, the Early Years*, p. 194.
20) 이 장의 뒤에서 좀 더 자세히 논의될 것이다.
21) Bertrand Russell, *The Autobiography of Bertrand Russell, the Early Years*, p. 195.

러셀은 그 역설에 대한 연구를 계속해가면서 "그런 사소한 일로 시간을 보내는 것이 다 큰 어른에게는 시간 낭비로 보일 수 있다. 그렇지만 내가 그 시간에 무엇을 할 수 있겠는가?"[22]라고 고백했다.

마지막으로, 그를 가장 망연자실하게 만든 감정적 타격이 있었다. 자전거를 타고 가던 어느 날, 그는 갑자기 첫 번째 부인인 엘리스Alys를 더 이상 사랑하지 않는다는 사실을 깨달았다. 처음에, 러셀은 스스로 이러한 기분에서 벗어나기 위해 정상적으로 행동을 하려고 노력하였지만, 엘리스는 그의 변화를 감지할 수 있었다. 머지않아 감정적인 파트너 관계로서의 결혼생활이 끝날 것은 분명했다. 하지만 러셀은 이런 상황을 직면하면서, 이혼을 한다거나 더 강한 토대 위에서 결혼생활을 소생시키려는 노력 자체를 거부했다. 대신 그는 자신의 감정을 억누르고, 그 뒤 10년 동안 아무도 만족시키지 못하는 비참한 상태로 엘리스와 함께 살았다. 그리고 똑같은 기간에 걸쳐 똑같은 비참함을 안고 『수학 원리』와 고투했다.

기호논리학이 이발사의 역설을 만나다

> "수가 무엇인가?"라는 질문은 매우 흔한 편이다. 그러나 우리 시대에는 1884년 프레게의 『산술의 기초』에서 그 답이 올바르게 주어졌다.[23]

이러한 무의식으로부터의 각성 요청에도 불구하고, 러셀은 자신의 프로젝트를 계속 진행해 나갔다. 1902년 즈음, 그는 『수학 원리』라는

---

22) Bertrand Russell, *The Autobiography of Bertrand Russell, the Early Years*, p. 195.

23) Bertrand Russell, *Introduction to Mathematical Philosophy*, p. 11.

프레게

제목의 책을 출간할 수 있었다.[24] 러셀은 1898년부터 이 책을 위해 열심히 작업했지만, 그가 이 책을 마무리 할 수 있었던 것은 페아노의 논리학 덕분이었다. 러셀은 논리학을 최고의 학문으로 만들기로 결정한 뒤, 몇 년 동안 가지고는 있었으나, 전에는 결코 이해할 수 없었던 책을 진지하게 연구했다. 그 책은 독일의 수학자이자 논리학자인 프레게Gottlob Frege(1848~1925)가 지은 『산술의 기초*Grundlagen der Arithmetik*』 1권으로, 러셀의 『수학 원리』와 거의 같은 영역을 다루고 있었다. 러셀은 프레게가 러셀 자신의 새로운 생각들을 많이 예감했다는 사실에 깜짝 놀랐다. 사실, 표현의 엄밀함 같은 측면에서는 프레게가 러셀을 능가했다. 그러나 프레게는 러셀이 두 번째의 정신적 타격을 받은 이후 계속해서 고투해오던 역설의 문제를 아직 만나지 못한 상태였다.

1902년 6월 16일, 러셀은 프레게에게 그의 저술을 칭찬하는 편지를 쓰면서 역설에 대해서도 언급했다. 프레게가 러셀의 편지를 받았을 당시, 자신의 견해를 결론짓는 두 번째 원고가 인쇄업자의 손에 넘어가 있었다. 불쌍한 프레게는 자신의 생애를 바친 업적이 하나의 난제에 의해 파괴되는 것을 보고 깜짝 놀랐다. 그러나 그는 무척 정직한 사람이어서 그 문제를 부정할 수 없었다. 프레게는 곧 러셀에게

24) 그 다음 해에 출간되었다.

"(러셀의) 어려운 문제가 그의 산술뿐 아니라, 모든 가능한 산술들을 위기에 처하게 만들었다"[25]고 답장을 썼으며, 인쇄 직전에 다음과 같은 간단한 부록을 책에 추가했다.

> 학자에게 가장 불쾌한 일은 작업을 끝내자마자 그 토대가 무너져 버리는 경험이다. 러셀의 편지로 인해 나는 지금 그런 상황에 처했다.[26]

러셀은 프레게의 타고난 품위를 인정했다. 몇 년 뒤 러셀은 친구에게 다음과 같은 내용의 편지를 보냈다.

> 품위 있고 성실한 행동이 어떤 것인지에 대해 생각해 볼 때, 내 경험에 의하면 프레게의 진리에 대한 헌신에 비길 만한 것이 없다는 것을 깨달았다. 그의 생애에 걸친 업적은 완성 직전에 있었다. …… 그의 두 번째 책이 출간되기 직전이었다. 하지만 그는 자신의 기본 가정이 틀렸다는 사실을 알게 된 뒤, 어떠한 실망의 감정도 보이지 않은 채 지적 기쁨으로 반응했다.[27]

역설이 얼마나 강력하기에 생애에 걸친 업적을 파괴할 수 있었을까? 우리 대부분은 역설을 즐겁게 만들거나 화나게 만드는 일종의 퍼즐로 생각하면서도, 큰 걱정의 원인이 된다고는 생각하지 않는다. 역설이라는 단어는 많은 의미를 지닌다. 예를 들어 '거짓 같아 보이나

25) Nicholas Griffin, *The Selected Letters of Bertrand Russell,* Vol. 1, p. 245.

26) Martin Gardner, *Gotcha: Paradoxes to Puzzle and Delight*(San Francisco: W. H. Freeman, 1982), p. 16.

27) Nicholas Griffin, *The Selected Letters of Bertrand Russell,* Vol. 1, p. 245.

사실은 참인 것', '참인 것 같아 보이나 사실은 거짓인 것', '결함이 없어 보이는 추론이지만 논리적 모순으로 이끄는 것'(여기서 허위가 나옴) 등이다. 그러나 이 책에서는 역설이라는 단어는, 만일 명제가 참으로 가정되면 그것이 거짓이라는 결론을 이끌어 내는 명제를 의미하는 것으로 사용된다. 명제가 거짓으로 가정되면, 결론이 참임을 의미한다. 그래서 '참이나 거짓 결정을 내릴 수 없는 주장'이 나온다.[28)]

러셀은 프레게를 괴롭혔던 역설의 보급판을 만들었는데, 이것이 바로 『이발사 역설*The Barber Paradox*』이다. 스스로 면도를 하지 않는 남자는 이발사가 면도를 해주는 마을을 상상해보자. 이것은 충분히 사실일 수 있는 이야기다. 마을 사람들 중에는 스스로 면도를 하는 사람이 있을 테고, 어떤 사람은 이발사에게 면도를 맡길 것이다. 그런데 모든 사람들이 면도를 했다. 역설은 그 이발사(우연히 이발사 역시 남자이고, 그렇지 않다면 역설은 분명히 사라진다)가 스스로 면도를 하는지의 여부를 물었을 때 생겨난다. 만일 이발사가 스스로 면도를 한다고 가정하면, 이발사는 스스로 면도를 하지 않는 사람들만을 면도하기 때문에 그 이발사는 스스로 면도를 할 수가 없다. 따라서 그가 만일 스스로 면도를 한다면, 그는 스스로 면도를 할 수가 없다. 그런데 이발사는 스스로 면도를 하지 않는 모든 사람들을 면도하기 때문에 만일 스스로 면도를 하지 않는다고 가정하면, 우리는 순환논법에 빠지게 된다. 그래서 만일 이발사가 스스로 면도를 하지 않는다면, 그는 필연적으로 스스로 면도를 한다.

러셀은 칸토어의 집합 이론이 이끈 역설을 분석함으로써 역설들을

28) Martin Gardner, *Gotcha: Paradoxes to Puzzle and Delight*, p. vii의 모든 인용들.

> 모든 수학적 기술로부터 자유롭게 했으며, 인간의 논리적 직관들(진리, 개념, 존재, 등급처럼 관념에 관심을 갖는 직관력들)이 자기 모순적이라는 놀라운 사실을 세상에 드러냈다.[29]

러셀이 프레게에게 써 보냈던 역설에 대한 설명은 칸토어의 집합 이론과 관계가 있었다. 칸토어의 집합론은 러셀과 프레게가 사용하는 방법의 중심을 형성했다. 아마 여러분은 칸토어가 모든 집합들의 집합에 관계되는 역설을 발견했다는 사실을 기억할 것이다.[30] 그것은 우리가 상상할 수 있는 가장 큰 집합인데, 우리가 어떻게 그 집합이 더 커져야만 하고 정의상 모든 집합들의 집합에 포함되어야 한다는 사실을 받아들일 수 있을까? 러셀은 논리학 자체로 확장된 이 역설에 대한 설명이 여러 분야에 퍼져 있다는 사실을 발견했다. '한 집합은 종류가 같은 물건들의 집합물이고', '그 집합은 그 원소들과 같지 않다', 즉 집합은 수집물, 집합물이지 모아진 물건 자체가 아니라는 점을 기억하라. 이러한 이유로 대부분의 집합들은 안에 포함된 원소가 아니다.[31] 예를 들어, 모든 짝수들의 집합은 짝수가 아니다. 그리고 왼손잡이 테니스 선수들의 집합은 왼손잡이 테니스 선수들이 아니다. 이러한 집합들을 '정상'이라고 부르자. 그런데 원소 자체가 집합인 경우가 있다. 예를 들어, 상상할 수 있는 모든 개념들의 집합은 그 자체가 상상할 수 있는 모든 개념이다. 따라서 그것은 그 집합의 원소가 된다. 우리는 이러한 집합들을 '비정상'이라고 부를 것이다.

---

29) Kurt Gödel, "Russell's Mathematical Logic," 1944, in *Paul Benacerraf & Hilary Putaman*, *Philosophy of Mathematics: Selected Readings*(Cambridge: Cambridge University Press, 1983), p. 452.

30) 7장을 보라.

31) 7장을 보라.

러셀은 정신적으로 더 높은 수준의 집합, 모든 정상인 집합들의 집합을 구성했다. 즉, 원소들이 그들 자신을 포함하지 않는 집합들이다. '이발사 역설'에서처럼, 러셀이 이 집합이 정상인지 아닌지를 물을 때 역설이 발생했다. 만일 러셀이 그 집합이 정상이라고 가정했다면, 그 집합은 모든 정상인 집합들을 포함하는 것으로 정의되었기 때문에 자신을 포함해야 한다. 그러나 정상인 집합의 정의에 의해서 그 자체를 포함하는 집합은 정상이 아니다. 그래서 만일 그 집합이 정상이라면, 그것은 비정상이다. 그럼 반대로 그 집합이 비정상이라고 가정해보자. 비슷한 논리를 따라가 보면, 그것은 틀림없이 정상이라는 결론에 이르게 된다. 그래서 만일 그것이 정상이면 비정상이고, 비정상이면 정상이다.

1985년 3월, TV 과학 프로그램인 '노바Nova'에서 수학역사에 대한 에피소드가 방영되었다. 이 에피소드에서는 러셀의 역설이라는 훌륭한 실례가 소개되었다. 프로그램 진행자는 시청자들에게 국립중앙도서관의 직원을 상상해보라고 말했다. 그 여직원은 모든 지역도서관 직원들에게 각 도서관의 책들을 전부 도서목록으로 만들어서 보내달라고 요청했다. 이 도서목록들이 모두 도착해 하나하나 검토해본 여직원은 도서관 직원들 가운데 몇 명은 이 도서목록 자체를 도서관의 책에 포함시킨 반면, 어떤 직원들은 제외한 사실을 알았다.

여직원은 이 기준에 따라 도서목록을 두 개의 다른 그룹으로 분리한 뒤 두 번째 그룹, 즉 도서목록 자체를 포함시키지 않은 그룹의 모든 도서목록을 정리한 종합도서목록을 편집하기 시작했다. 그런데 종합도서목록을 거의 다 마무리한 여직원은 장애에 부딪히고 말았다. 종합도서목록 그 자체를 목록에 넣어야 할지 말아야 할지를 결정하지 못했던 것이다. 프레게가 걸려들었던 역설에 그 여직원도 걸려든 셈이다.

자기참고 체계

왜 이러한 역설이 생기는 것일까? 이는 '이발사 역설'에서도, 또한 '그들 자신을 포함하지 않는 모든 집합들의 집합에 대한 역설'에서도 우리가 자기참고 체계를 다루고 있기 때문이다. 자기참고 체계는 그들 자신을 참고하는 체계다. 예를 들어, "This Sentence has five Words" 같은 문장을 생각해보자. 이 문장은 다섯 단어를 가지고 있으므로, 비록 자기참고적이지만 참이다. "This Sentence has four Words" 같은 거짓된 자기참고적인 문장은 거짓이고, 실제로 다섯 단어를 가지고 있기 때문에 아무런 문제가 없다. 그러나 어떤 자기참고적인 명제는 더 역설적인 상황을 나타낸다. 예를 들어 "이 문장은 거짓이다" 같은 명제다. 이것은 분명히 자기참고적이지만, 과연 참인가 아니면 거짓인가? 우리가 결정하려고 하는 순간, 우리는 악순환에 걸려든 사실을 깨닫게 된다. 이 명제의 참 또는 거짓을 결정할 수가 없다.

이 간단한 예가 증명해주듯이, 자기참고 체계는 논리학 분야에서 너무 복잡해진다. 뛰어난 자기참고 체계는 정신이다. 정신은 어떤 것을 생각하기 위한 유일한 도구인 만큼, 정신의 본질에 대해 생각할 수 있는 유일한 도구이기도 하다. 융은 '다른 학문에서는 그렇지 않지만, 심리학에서는 지식의 대상은 동시에 지식의 기관器官이라는 기본적인 사실'을 강조하길 좋아했다.[32)]

그러나 이 문제가 심리학에 국한되어 있다는 융의 가정은 틀렸다.

32) C. G. Jung, *Collected Works, Vol. 10: Civilization in Transition*(Princeton: Princeton University Press, 1960), ¶ 1025.

우리가 어떤 것에 대해 깊게 생각하면, 불가피하게 사고의 과정에 대해서도 생각하게 된다. 우리가 앞에서 좀 길게 논의했듯이, 칸트는 철학에서 역시 똑같은 문제에 부딪혔다. 르네상스의 이상이 자연을 객관적으로 관찰하기 위해 인간들을 자연에서 분리시키려 하자, 결국 인간은 스스로를 관찰할 수밖에 없었다. 버클리와 흄이 서양에서는 처음으로, 정신이 그것 자체에 대해 생각할 때 나타나는 역설들을 증명해보였다.

인류학자인 그레고리 베이트슨Gregory Bateson(1904~1980)은 모든 살아 있는 생물은 복잡한 피드백 시스템을 가지고 있다고 강조했다. 피드백 시스템은 그 자체에게 수행에 대한 정보를 제공하는데, 이는 다시 다음 수행을 변화시키기 위해 사용된다. 이 변화는 다음의 피드백을 유도하고, 그렇게 해서 지속적인 고리가 형성된다. 시스템이 현실에서 더욱 잘 작동할 수 있도록 그 자체에게 피드백을 제공하는 정보는 그것이 평가하는 특정 행동보다 더 높은 실재 체제다. 그러므로 생물은 복잡한 자기참고 체계다.[33)]

베르너 하이젠베르크Werner Heisenberg(1901~1976)는 물리학자로, 인간의 관찰을 비非생물 체계에 국한시킨다고 해도 자기참고 체계와 관련된 문제로부터 완전히 벗어날 수 없다는 사실을 발견했다. 원자보다 작은 입자의 수준에서, 인간의 관찰은 관찰 대상을 변화시킨다. 이는 주체, 객체, 그리고 관찰 행위가 실제로는 하나의 체계라는 점을 다른 방식으로 말하는 것이다. 주체와 객체 사이의 분열은 인위적이다. 따라서 물리학적 실험에서조차도 주체는 다시 한번 자기참고 체계와 관련된다.[34)]

---

33) Gregory Bateson, *Steps to an Ecology of Mind*(New York: Ballantine Books, 1972) and *Mind and Nature: A Necessary Unity*(New York: E. P. Dutton, 1979).

이 체계들이 유한한 동안, 자기참고 체계에서는 역설이 존재하지 않는다. 수학자들은 많은 유한한 수학적 체계의 무모순성과 완전성을 성공적으로 증명할 수 있었다. 만일 체계가 충분히 작고 단순하다면, 수학자들은 그 체계가 가지는 모든 원소들을 위해 그 체계의 결과들을 간단히 개발할 수 있다. 그래서 만일 인간이 주위 세계로부터 독립적으로 보인다면, 그리고 만일 인간이 신체적 조직들을 구성하는 '물질들'(단백질과 핵산 같은)의 유한한 양에 불과하다면, 자기참고 체계의 문제에는 해결책이 존재한다. 그럼 정신은 뇌로 환원될 수 있으며, 그 자체에 대해 생각하는 뇌의 문제는 기껏해야 하나의 유한한 과정이기 때문에 결국 단계적으로 축소된다.

이는 아직까지 가장 대중적인 과학적 입장이다. 하지만 이 책의 요지는, 인간이 우주를 탐구하는 어떤 체계를 사용하여 철학에서 수학으로, 물리학으로, 심리학으로(사실 어떤 분야로든) 더 깊이 파고 들어갈수록 이러한 위치가 점점 더 유지될 수 없는 것처럼 보인다는 점이다. 사고의 모든 분야는 그 자체가 결국 무한한 자기참고 체계와 관련된다.[35] 이러한 딜레마의 유일한 해결책은 분리된 분야에서 융과 괴델에 의해 개발된 원형 가설에 있다. 그러나 우리는 지금 우리 자신을 앞서고 있으므로 러셀의 프로젝트로 다시 돌아올 필요가 있다.

---

34) Werner Heisenberg, *The Physical Principles of the Quantum Theory*, reprint of 1930 edition(New York: Dover Publication, 1949).

35) 만일 글자 그대로 무한이 아니라면, 계산할 수 있는 능력을 영원히 넘어설 만큼의 큰 크기이다. 과학으로 얻을 수 있는 실재적 한계가 존재한다고 깨달은 첫 번째 사람은 앨런 튜링Allan Turing이다.

수학 원리: 논리학의 바벨탑

러셀은 프레게의 책을 읽고 처음에는 고무되었고, 탐색에 있어서 자신이 결코 혼자가 아니라는 사실을 깨달았다. 하지만 프레게가 더 이상 러셀 자신의 역설을 해결할 수 없다는 점도 깨달았다. 러셀은 자신이 이상한 위치에 있다는 것을 알았다. 역설을 제외하고, 모든 자연을 논리학 안에 포함시키려는 그의 웅대한 목적은 성취될 수 있을 것 같았다. 예를 들어, 1902년 케임브리지 어딘가에서 행한 강좌에서 러셀은 다음과 같이 말했다.

> …… 나는 일반 논리학의 22Pp's(원시적인 명제primitive proposition 또는 공리들)로 시작했고 ……, 다른 어떤 새로운 Pp's나 원시적인 개념 없이, 칸토어[36]와 기하학을 포함해 순수수학의 모든 것을 그들로부터 연역했다. 이 모든 것이 내가 화이트헤드와 함께 집필한 책 속에 있는 내용이다. 우리는 뉴턴 물리학 같은 이론적인 역학조차 연역할 수 있다. …… (어떤 대체 정의로) 비非뉴턴 역학에 대해서도 똑같이 할 수 있을 것이다.[37]

반면 만일 러셀이 그 역설을 해결하려고 시도했다면, 즉 역설을 해결해야만 했던가 아니면 자신의 목표를 포기하던가 했다면, 그 일은 크기나 범위 면에서 거대해졌을 것이다. 러셀은 세 번에 걸친 무의식으로부터의 요청에도 전혀 흔들리지 않은 채 그럭저럭 해나갔다. 그는 자신의 신비로운 경험들을 억압했으며, 『감옥*prison*』이라는 적절한

---

36) 칸토어의 초한수 집합론.

37) Nicholas Griffin, ed., *The Selected Letters of Bertrand Russell*, Vol 1, p. 227. ( )은 내가 표시한 것이다.

이름이 붙여진, 결코 완성되지 않을 책을 집필하는 것으로 보상하려고 했다. 『감옥』은 논리학자의 종교라고 생각될 수 있는 내용들을 담고 있었다. 러셀은, 인간은 종교적 감정이 필요하다는 사실을 받아들이면서도 종교에 대한 실제적인 토대는 갖추지 못했다는 점을 강조했다. 바꾸어 말하면, 필요한 거짓말이기 때문에 바르지 못한 생활을 한다는 것이다. 이는 러셀 자신을 포함해, 어느 누구도 만족시키지 못했던 매우 의미 없는 자료였다.

러셀은 마치 자신의 정신과 감정 사이에서 찢겨진 사람처럼 보였다.[38] 이런 그의 상태가 1903년 여자친구에게 보낸 편지에 잘 드러나 있다.

> 요즘 얼마 동안, 나는 나 자신에 대해서 몇몇 경우를 제외하고 어떤 감정도 느낄 수 없었다. 이러한 상태는 비록 지루하긴 하지만 일을 위해서는 가장 편안한 상태다.[39]

러셀의 작업은 역설을 어떻게든 해결하기 위한 끝없는, 그리고 정신을 죽이는 고투로 이루어져 있었다. 러셀이 고백하길, 1903~1904년에는 오전 내내 빈 백지를 응시하다가 점심 때 휴식을 취하고, 오후에도 내내 빈 백지를 응시하면서 앉아 있곤 했다고 한다. 그날이 끝날 때, 러셀은 시작할 때와 똑같이 앉아 있었다.[40] 그가 기술론 Theory of Descriptions을 발견한 1905년에는 작업들이 조금 진전되기 시

38) 이러한 관계는 1911년 『수학원리』가 완성되고, 그가 오토라인 모렐Ottoline Morrell과 열정적인 정사를 시작했을 때까지 깨지지 않았다.

39) Bertrand Russell, *The Autobiography of Bertrand Russell, the Early Years*, p. 225.

40) Bertrand Russell, *The Autobiography of Bertrand Russell, the Early Years*, p. 200.

작했고, 유형론Theory of Types을 발견한 1906년에는 좀 더 진전되어 있었다. 그러나 이러한 발견들은 미봉책에 불과했으며, 그가 1900년에 페아노를 만난 것처럼 획기적인 사건은 아니었다. 물론 이 발견들은 다시 한번 프로젝트를 진행하도록 러셀을 독려했지만, 러셀조차도 방법의 한계를 깨닫고 있었다.

사실 러셀은 집합의 재정의를 통해 역설을 해결했다. 그의 집합은 다른 집합과 달리 자기 자신을 원소로 가질 수 없으며, 실재를 가질 수 없는 것으로 정의한다. 또한 어떤 집합을 다른 집합들보다 높은 층위에 있다고 정의한다. 집합들의 집합은 다른 집합들보다 높은 층위에 존재하고 집합들의 집합들의 집합은 집합들의 집합보다 높은 층위에 존재하며 이것이 계속 반복된다. 그렇다면 자신을 포함하지 않는 집합들의 집합은 존재하지 않게 되며, 이것이 그가 집합은 자신을 포함하지 않는다고 정의한 것의 귀결이다. 결국 러셀은 이 문제를 깨끗하게 해결한 것이 아니라, 단지 무한의 영역으로 미룬 것에 불과하다.[41] 그는 문제를 시야에서 안 보이게 밀어 놓는 것은 타조가 머리만 모래에 감추는 것과 같은, 그리고 **비엔나 학파**Vienna Circle[42]라고 불리는 러셀의 철학적 동맹자들 중 몇 사람이 1920년대에 **논리실증주의**logical positivism로 알려진 그들의 철학을 만드는 데 사용했던 것과 같은 어리석은 방법이라고 생각했다. 논리실증주의는 실재에 대한 궁극적인 질문들(형이상학적 질문들)이 논리적·실험적 검증에 전혀 개방되어 있지 않기 때문에 질문이 될 수 없다고 주장했다. 또한 실재의 궁극적인 성질에 대한 모든 질문들을 엉뚱한 소리로 치부해 버렸다.

41) 12장과 16장에서 괴델의 통찰력과 그 유명한 불완전성 증명에 대해 생각할 때 좀 더 자세히 논의할 것이다.

42) 16장을 보라.

그 질문들은 직접적으로 혹은 간접적으로 감각적 인식에 적용시킬 수 없기 때문에 말 그대로 느낄 수 없다는 것이다. 논리실증주의자들의 태도는, 만일 질문들이 너무 성가신 것이어서 이론에 들어맞지 않는다면 그냥 그들을 비非질문들non-questions로 정의해버리는 식이다.

그러나 러셀은 비록 자신이 기대했던 승리는 아니라고 해도 최소한 해결책은 찾았다고 생각했다.

> 단지 책 원고를 탈고하는 일만 남아 있었다. 남을 가르치는 일을 하는 화이트헤드에게는 이러한 기계적인 일을 처리할 시간적 여유가 없었다. 1907년부터 1910년까지, 나는 1년에 약 8개월 정도를 하루에 10시간에서 12시간 동안 이 일에 매달렸다.[43]

그럼 러셀과 화이트헤드는 무엇을 이뤘는가? 그 원고는 너무 방대해서 출판사까지 나르기 위해 '낡은 사륜차'[44]를 빌려야 했다. 출판업자는 이러한 책은 독자층이 너무 적어서 손실을 입게 될 것이라는 사실을 잘 알고 있었으므로 책 제작비를 전액 투자할 수 없다고 했다. 영국 학술원the Royal Society도 일부를 부담했지만, 결국 러셀은 10년 동안의 작업 산물을 출간하기 위해 100파운드를 지불해야 했다. 그 뒤 러셀은 그 책 전체를 읽은 사람이 전 세계적으로 단지 6명뿐이라는 사실을 알았다고 고백했다.[45] 사실, 수학자들과 논리학자들 사이에서는, 러셀과 화이트헤드 이외에 지금까지 『수학원리』 전체를 읽은 사람은 단 한 명도 없을 것이라는 말이 흔하게 나오고 있다. 심지어

---

43) Bertrand Russell, *The Autobiography of Bertrand Russell, the Early Years*, p. 201.
44) Bertrand Russell, *The Autobiography of Bertrand Russell, the Early Years*, p. 201.
45) Nicholas Griffin, ed., *The Selected Letters of Bertrand Russell,* Vol 1, p. 297.

러셀과 화이트헤드 역시 각각 상대방이 쓴 부분을 전부 다 읽지는 못했을 것이라는 말도 나오고 있다. 비록 러셀은 다음 60년의 생애 동안 많은 매혹적인 전환점을 가지려고 노력했지만, "나의 지성이 정신적 긴장으로부터 결코 완벽하게 회복되지 않았다"고 말했다.[46)]

『수학원리』가 공동 집필로 되어 있긴 하지만, 처음부터 끝까지 러셀의 프로젝트였다는 것은 분명하다. 화이트헤드의 후반 작업은 러셀의 것과 반대 방향으로 이루어졌다. 러셀은 죽을 때까지 논리학이 모든 인간의 문제를 해결하는 데 충분하다고 확신하고 있었던 반면, 화이트헤드의 철학적 위치는 이 책에서 제시된 관점들과 잘 일치한다. 그러나 지금의 관점에서 보면 『수학원리』가 러셀의 완전한 목적을 이루지 못했을 뿐 아니라, 어떤 실질적인 것을 이루었는지도 의심스럽다. 괴델은 다음과 같이 말했다.

> 러셀과 화이트헤드가 『수학 원리』에서 이룬 토대 위에 수학이 얼마나 더 높이 쌓아 올려졌는지에 대한 의문에 관해 …… 현재 형태에서 실수의 이론을 얻을 수 없다는 것은 분명하다. …… 정수 이론을 (또는 어느 정도까지) 얻을 수 있을지에 대한 질문은 …… 현재까지 해결되지 않은 문제로 생각해야 한다. 그러나 이 질문에 대한 긍정적인 해답이 존재하는 경우에도, 이 문제는 논리학으로부터 산술이 나왔는지의 여부와는 크게 상관없다는 점에 주목해야 한다.[47)]

만일 러셀이 기호논리학의 공리들로부터 무모순의 완전한 산술을 개발할 수 있었다면, 논리학이 정말 우주를 지배했을 것이다. 즉 논리

---

46) Bertrand Russell, *The Autobiography of Bertrand Russell, the Early Years*, p. 202.

47) Kurt Gödel, "Russell's Mathematical Logic," 1944, in *Paul Benacerraf & Hilary Putaman, Philosophy of Mathematics: Selected Readings*, p. 463.

학은 산술을 설명하고, 산술은 기하학과 미적분학을 설명하고, 기호학과 미적분학은 물리학과 천체학과 다른 학문들을 설명하고, 그 다음에 여러 학문들이 세계를 설명하게 될 것이다. 그럼 우주는 논리학적 기호들의 조작들로 환원되었을 것이다.

성경에서 바벨탑을 짓는 자와 같이, 러셀과 화이트헤드는 인류 능력의 한계를 뛰어넘는 체계를 구성하려고 시도했다. 하지만 바벨탑과 마찬가지로, 그것 역시 언어의 한계성 때문에 무너지고 말았다. 러셀이 프레게의 꿈을 파괴했듯이, 괴델은 러셀의 꿈으로 남겨진 것을 파괴하려 했다. 잠시 뒤면 알게 되겠지만, 이는 융의 세계관이 프로이트의 세계관보다 더 넓었듯이, 괴델의 세계관이 러셀의 세계관보다 더 넓었기 때문이다.

Chapter 10

융 심리학의 배경

> 나의 생애는 무의식이 그 자신을 실현한 역사이다. 무의식에 있는 모든 것은 사건이 되고, 밖의 현상으로 나타나며, 인격 또한 그 무의식적인 여러 조건에서 근거하여 발전하고, 스스로를 전체로서 체험하게 된다.[1)]

자연에 대한 사랑

융C. G. Jung(1875~1961)은 평생 스위스에서 살았다. 그의 아버지는 바젤 근처 농촌의 목사였다. 융은 미국 남서부와 동아프리카 같은 멀리 떨어진 곳을 여행하고 다녀도 뿌리는 스위스 시골에 두었으며, 마음만은 늘 스위스에 남아 있었다.

> 융은 어렸을 때뿐 아니라 평생에 걸쳐 동물과 식물을 사랑했다. 융은 호수, 숲, 산의 아름다움을 보고 또 봐도 충분하지 않다고 생각했다. 자연은 그에게 가장 중요한 대상이었으며, 자연에 대한 인상적인 기술들이 그의 모든 저서에 여기저기 실려 있다.[2)]

---

1) C. G. Jung, *Memories, Dreams, Reflections*(New York: Vintage Books / Random House, 1955), p. 3.

융

이러한 현실적인 속성이 융의 빠뜨릴 수 없는 부분으로 남아 있다. 그는 세상에 뿌리가 없는 이론적인 토론보다는 자신이 관찰한 현실에 더 큰 관심을 가졌다.

> 융은 평생 동안 자연의 사실들이 모든 지식의 기초라는 확신을 지니고 있었다. …… 그에게 있어서 자연은 외부뿐 아니라 내부에도 존재한다.[3]

융은, 거의 전적으로 과학교육만 받은 초기의 임상심리학자나 실험심리학자와는 달리 문학과 철학교육을 제대로 받았다. 그는 이 점을 자랑으로 여겼다.

> 융이 고등학교에 다닐 때, 그의 어머니가 융의 주의를 끌게 한 것은 괴테의 『파우스트』였다. "그것은 기적의 향유처럼 내 영혼으로 쏟아져 들어왔다" …… 파우스트의 성격에 대한 도덕적 비판에도 불구하고, 나머지 생애 동안 융은 괴테를 매우 존경하였고, 사람이 동질의 영혼을 사랑하듯이, 괴테를 사랑했다.[4]

융은 실재에 대한 정확한 묘사는 과학적 정확성과 시詩적인 이해를 모두 요구한다고 확신했다.

---

2) 융의 스위스 배경에 대한 좀 더 많은 내용은 Marie-Luise von Franz, *C. G. Jung: His Myth in Our Time*(New York: C. G. Jung Foundation for Analytical Psychology, 1975), p. 27. Barbara Hanna, *Jung, His Life and Work: A Biographical Memoir*(New York: Capricorn Books / G. P. Putnam's Sons, 1976), pp. 11~18을 보라.

3) Marie-Luise von Franz, C. G. *Jung: His Myth in Our Time*, pp. 32~33.

4) Marie-Luise von Franz, C. G. *Jung: His Myth in Our Time*, pp. 34~35.

> (이런 이유로 융은) 가장 깊은 내면의 확신을 타인에게 전달하는 형식을 발견하는 데 어려움을 겪었다. …… 융은 심리학적 연구에서 과학적 양식을 취하려고 노력했다. 그러나 그는 시적인 언어를 포기할 수 없었다.5)

과학적인 의도가 담긴 융의 초기 실험적인 저서들은 오늘날 과학 논문을 상기시키는 과장된 양식으로 되어 있다. 그러나 그 후의 저서들에는 주제의 권위를 더욱 잘 세워주는 시적인 구절들이 풍부하다. 과학적 정확성과 시적 표현을 함께 사용한 것으로 인해, 헤겔이 철학자로서 의심받고, 스노우C. P. Snow가 소설가로서 의심받았듯이, 융 또한 과학적 표현과 시적 표현을 결합함으로써 많은 독자들로부터 외면받고 말았다. 오늘날에는 과학과 예술을 연결하는 사람과 사상이 필요하다고 말한다. 융의 바로 그것을 해낸 것이다.

유령과 영혼

융이 어린 시절을 보냈던 마을의 농부들은 자신들을 먹여살리는 땅의 현실을 그대로 받아들였다. 그러면서도 현실에 초자연적인 다른 면들이 존재한다는 점도 똑같이 받아들였다. 소년 시절에 융은 유령과 영혼, 시끄러운 소리를 내는 장난꾸러기 요정과 빙의憑依에 대한 이야기들을 들으며 자랐다. 대부분의 지성인과는 달리, 그는 이러한 이야기들을 필요 없는 미신이라며 버리지 않았다. 융은 그것들이 정신적 사실로 경험된다면 그 이유를 자세히 알고 깊이 탐구하기를 원했다. 그의 과학적인 첫 번째 논문은 한때 지방에서 영매靈媒로 유명

5) Marie-Luise von Franz, *C. G. Jung: His Myth in Our Time*, p. 36.

했던 젊은 사촌에 대한 연구였다. 특별히 융의 관심을 끌었던 부분은 평상시와 망아경忘我境일 때 보이는 사고 및 언어 면에서의 확연한 대조였다. 이와 같은 대조를 오늘날에는 교신하는 사람과 그가 교신하는 인격 사이에서 찾아볼 수 있다. 사실 이러한 자료들은 대부분 융의 사촌처럼, 교신하고 있는 사람에게 쉽게 알려지거나, 그렇지 않으면 너무 막연하고 과장되는 경향이 있어서 별 의미를 갖지 못한다. 그러나 가끔 쉽게 설명되지 않는 자료도 있다.[6)]

융을 위대한 발견으로 인도한 것은, 동료들에 의해 쉽게 버려지는 이러한 현상에 대한 호기심이었다. 반면 이러한 호기심은 많은 사람들로 하여금 융의 사상을 받아들이지 못하게 만들었다. 융은 그것이 단지 자신의 현실관에 맞지 않는다고 해서 무시할 수는 없었다. 그는 자서전 『회상, 꿈, 그리고 사상*Memories, Dreams, Reflections*』에서 대학생 때 가졌던 정신적 현상에 대한 관심과 동기들의 반응에 대해 이야기했다.

> 나는 그 당시 내가 구할 수 있는 모든 문헌들을 다 읽었다. 당연히 나는 친구들에게 이것에 대해 말했고, 친구들은 내가 놀랄 정도로 나를 조롱하거나 불신했으며, 불안한 눈으로 쳐다봤다. 유령이나 탁자 선회table-turning 같은 것은 존재하지 않으므로 사기라고 주장하는 그들의 확신에 나는 놀랐으며, 다른 한편으로는 자신들의 방어에 불안해하는 그들의 모습에 놀랐다.[7)]

---

6) C. G. Jung, "On the Psychology and Pathology of So-Called Occult Phenomena," 1902, in *Collected Works, Vol. 1: Psychiatric Studies,* 2nd ed., Bollingen Series XX (Princeton: Princeton University Press, 1970), ¶ 37~155.

7) C. G. Jung, *Memories, Dreams, Reflections*, p. 99.

융의 사상을 다룰 때, 그의 이러한 둔감하고 소박한 성격을 이해하는 것이 중요하다. 융은 늘 자신을 사실에 근거한 바를 기술하는 기술적記述的인 과학자라고 강조했다. 동료들이 신비적이라고 여기는 집단적 무의식 같은 개념을 기술할 때 융은 자신이 개인적으로 너무 많이 경험했기 때문에 결코 무시할 수 없는 내용들을 집어넣었다. 만일 융이 자신의 사상을 전파하는 데 잘못이 있다고 한다면, 그것은 아마 다윈처럼 필요 이상의 증거들을 모았다는 점일 것이다.

비록 융이 자신이 발견한 대로 현실을 기술하는 데 만족했다고 해도, 모든 훌륭한 과학자들처럼 그 역시 최고의 모델 메이커였다. 다행히 융은 자신의 모델을 결코 현실과 혼동하지 않았다. 그의 생애는 표현 불가능한 것을 표현하는 더 나은 모델을 개발하려는 시도였다고 할 수 있다. 융은 자신이 생각해낸 사상이 최초라는 사실에 늘 의심을 품을 정도로 신중했기 때문에 자신의 생각들을 예시하는 이전의 모델들을 찾곤 했다. 이 책에서는 (1) 정신의 세 분류인 의식, 개인적 무의식,[8] 집단적 무의식, (2) 발달의 원형들,[9] (3) 연금술적 모델[10] 등 세 가지 모델들에 대해 토론할 것이다. 융이 어떻게 무의식의 개념에 도달했는지에 대해서부터 시작해보자.

무의식으로부터 나온 의식

융은 심리학이 어떤 이론적인 상부구조를 발달시키는 학문으로는

8) 11장을 보라.
9) 융이 아니라 저자에 의해 만들어진 용어. 13장, 14장, 15장을 보라.
10) 연금술사들의 심리학적 순진함 때문에 연금술적 작업이 사실은 내부 발달 문제들의 투사였던 것으로 추정한다. 17장, 18장을 보라.

아직 초기단계에 있다고 느꼈기 때문에, 자신이 당면한 문제를 기술하는 데 만족하려고 했다. 그러나 임상심리학자인 그는 환자들이 어떤 대극적인 문제들을 보였을 때, 그것들을 어떻게 해결해야 하는가라는 실제적인 문제에도 관심을 가졌다. 융이 이전의 서양 학문에는 알려지지 않은 세계를 만난 것은 바로 환자들의 문제를 해결하려는 시도에서 비롯되었다. 그가 인간 정신의 가장 심층적인 부분을 자세하면서도 정확하게 묘사할 수 있었던 것은 사실을 기술하는 데만 국한시킨 자신만의 해결법 덕분이었다. 그리고 융이 환자들의 꿈과 환상에서 만난 것들을 예술, 문학, 철학, 신화학, 세계의 종교학과 관련시킬 수 있었던 이유는 바로 그가 박학다식했기 때문이었다.

융은 환자들의 의식적 자원들이 그들의 문제를 해결하기에 부적절하기 때문에 치료를 받으러 온다는 사실을 발견했다. 또한 환자들이 나타내는 감정적인 문제들은 새로운 관점에서 문제를 해결하려고 노력하는 데서 비롯된다고 생각했다. 프로이트처럼 융은 환자들의 문제를 해결하려는 시도로 그들의 무의식에 관심을 기울였다. 하지만 융은 이론가이기보다는 사실에 근거한 바를 기술하는 과학자였기 때문에 프로이트와는 매우 다른 세계를 발견했다. 1935년 런던의 타비스톡 병원Tavistock clinic에서의 융의 강의들은 자신의 경력에서 중반기를 정리한 것이었다. 이 강연에서 융은 다음과 같이 말했다.

> 프로이트는 의식에서 무의식을 유도한다. …… 나는 그것을 반대로 해놓겠다. 처음 나오는 것은 분명히 무의식이다. …… 어린 시절 우리는 분명히 무의식적이다. 본능의 가장 중요한 기능들은 무의식적이며, 의식은 오히려 무의식의 산물이다.[11]

---

11) C. G. Jung, *Analytical Psychology; Its Theory & Practice*(New York: Vintage Books,

이것이 융과 프로이트 견해 사이의 가장 중요한 차이점이다. 프로이트는 초기에 무의식이 단순히 의식적으로 억압된 사고나 감정들의 저장소라고 생각했다. 초기 연구를 통해 프로이트는 무의식에는 어떤 종류의 종족 기억race memory처럼 보이는 요소들이 존재한다고 했다. 하지만 이미 자신의 무의식 이론을 만든 후였기 때문에 프로이트는 이러한 종족 기억들이 단순한 호기심에 지나지 않는다고 봤다.

생의 과업을 막 시작하는 젊은 의사였던 융은 프로이트의 생각에 깊은 인상을 받았다. 그래서 융은 단지 의식의 억압된 산물들만을 보게 될 것이라는 가정하에 환자들의 무의식을 스스로 탐구하기 시작했다. 그런데 탐구를 계속해나가면서 융은 사실에 근거한 것을 기술하는 과학자로 성공했다. 프로이트의 이론만 가지고는 환자들의 전체적인 꿈 내용을 적절히 다루는 것이 불가능했다. 그래서 그는 서서히 프로이트의 이론을 버리게 되었고, 단지 자신이 발견한 사실만을 기술했다.

융은 무의식을 다루는 데 있어서, 그 무의식이 의식에 이용될 수 없다는 것 외에는 아무것도 알지 못하는 어떤 세계와 만나고 있다는 사실을 인식하였다. "우리는 흔히 전문 용어로 어떤 것을 전달하려고 하지만, 사실 우리는 무의식이 무엇인지를 모른다는 것을 전달할 뿐이다."[12] 무의식은 단지 그것의 부산물을 통해 간접적으로만 보여질 수 있다. 이는 마치 부산물을 통해 간접적으로만 보여질 수 있는 원자구성입자subatomic particles를 다루는 입자물리학자들이 만나게 되는 세계와 같다. 입자물리학자들은 거품상자bubble-chamber[13]에서의 아원

1968), p. 8.

12) C. G. Jung, *Analytical Psychology; Its Theory & Practice,* pp. 6~7.

13) 원자구성입자가 지나가는 궤적을 따라 이온 주위에 기포가 형성된다는 사실을 이

자亞原子subatomic 상호작용을 기록한다. 물리학자를 제외한 어느 누구에게도 거품상자 안의 입자 반응 모습은 혼란스러운, 비논리적인, 겉으로 보기에는 우리의 꿈에서 보여지는 지리멸렬한 장면처럼 당황스럽게 만드는 선線들의 혼잡일 뿐이다. 그러나 거품상자와 꿈은 양쪽 모두를 충분히 이해하고 관찰하는 사람들에게는 많은 것을 암시해준다. 19세기 과학은 여전히 과학이 자연을 직접적으로 관찰할 수 있다는 것을 가정했다. 그러나 20세기 과학은 달랐다. 그 차이는 심오하다.

프로이트 도그마의 속박에서 해방된 융은 입자물리학의 세계와 같이 똑같이 낯설고, 그 입자물리학의 세계와 완전히 평행하는 매우 이상한 세계를 발견했다. 그 곳은 겉으로 보기에는 의식을 정의하는 시간과 공간의 제약에서 벗어난 듯한 미분화된 세계였다. "의식의 영역은 순간적 시각에 의해 제한되는 반면, 무의식의 영역은 무한하고 항상 지속적이다."[14)]

무의식과의 대면

1912년 『변환의 상징*Symbols of Transformation*』[15)]을 출간한 융은 꿈의 상징적 해석을 정신분석의 성스러운 도그마로 선언한 프로이트의 성적 해석을 뛰어넘어 확장시켰다. 융은 테어도어 플러노이Theodore Flournoy가 1906년에 출간한 『프랭크 밀러 양*Miss Frank Miller*』을 바탕으로 한 여인의 환상들을 연구했다. "프로이트 학파의 환자는 프로이

용해 과열 상태의 액체를 관측 매질로 사용한 방사선 검출기.

14) C. G. Jung, *Analytical Psychology; Its Theory & Practice*, p. 8.

15) 원 제목은 *Transformation and symbols of Libido*. 1952년 제2판으로 광범위하게 다시 쓰여졌고, *Collected Works, Vol. 5; Symbols of Transformation*(Princeton: Princeton University Press, 1967)으로 출간되었다.

트 학파식 꿈을 꾸고, 융 학파의 환자는 융 학파식 꿈을 꾼다"는 말이 있다. 융은 밀러와의 개인적인 접촉 없이 단지 수기를 바탕으로 연구했기 때문에 이 말은 타당하지 않다.

『프랭크 밀러 양』을 바탕으로 한 연구에서 작은 씨앗인 초반기 환상에서부터 완전히 개화된 후반기 환상까지 '리비도 변환과 상징들'을 추적했다. 밀러의 초기 꿈과 환상이 그 후의 발달 씨앗을 품고 있듯이, 융의 초기 저서는 후기 연구 발달의 씨앗을 내포하고 있었다. 그 후 20년 이상 연구한 결과를 묶은 『심리학과 연금술*Psychology and Alchemy*』[16]에서 자신과 개인적 접촉이 없었던 환자들의 일련의 꿈과 환상 400개로 이 작업을 반복했다.

융은 가능하면 프로이트식의 해석을 사용하려고 노력했지만, 그는 성적 환원주의를 훨씬 넘어서 있었다. 그는 밀러의 환상 속에 나타나는 모습들을 확충하고 그녀의 정신이 전체성을 재수립하기 위해 어떤 시도들을 하는지 보여주기 위해 신화에 많이 의존했다.

밀러는 무의식의 힘을 통합할 수 없었기 때문에, 또한 밀러의 치료자 역시 그녀가 무의식의 힘을 통합할 수 있도록 도와줄 만큼 그 과정을 충분히 이해하지 못했기 때문에 결국 밀러는 정신병적 발병을 겪게 되었다. 융은 그녀가 가지는 환상들의 각 요소가 어떻게 진행 중인 문제들과 관련이 있고, 의식적인 통합의 결여가 어떻게 정신의 완만한 악화를 가져오는지를 조심스럽게 기술했다.[17]

16) 1935~1936년의 어느 한 강의에 기초한 것으로 1952년에 첫 출간. 지금은 C. G. Jung, *Collected Works, Vol. 12; Psychology and Alchemy, 2nd edition*(Princeton: Princeton University Press, 1968)로 출간되었다.

17) 나도 정신적 전체성을 회복하기 위해 무의식으로부터의 자료들이 넘쳐나는 비슷한 상황의 환자를 본 적이 있다. 그녀는 한 번 자살 시도를 했었고, 또 다시 고려 중인 상태였다. 나는 그녀의 의식을 폭파시키는 이 이상한 자료들을 스스로 이해하도록

프로이트는 융을 가장 총애하는 아들로 생각했으며 후계자로 선임했다. 그러나 이 명예에 대한 대가는 프로이트 사상의 무비판적인 수용이라는 매우 비싼 것이다. 프로이트는 융의 새로운 사상을 아버지를 파괴시키려는 아들의 오이디푸스 욕망이라고 생각했다.[18] 프로이트는 '아들'의 상속권을 박탈하고 '황야로 쫓아버렸다.'[19] 『변환의 상징』이 출간되면서 융은 정신분석 분야에서의 모든 지위에서 물러나야 했고, 어떤 곳에서도 받아들여지지 않았다. 한마디로 융은 '파면' 당한 것이었다.

융은 프로이트를 매우 존경했기 때문에 자신의 고립에 고통스러워했다. 그래서 처음에는 프로이트의 사상에 흔들리면서 스스로 자신의 생애를 돌아보았다. 그것도 두 번씩이나! 특히 이런 상황에 대한 어떤 설명이나 프로이트 사상에 동의할 수 있는 어떤 근거를 발견하리라는 희망을 안고 자신의 어린 시절을 돌아보았다. 그러나 융은 아무것도 발견하지 못했고, 혼자 독립해야 한다는 현실을 받아들였다. 융은 만일 자신이 옳고 프로이트가 틀렸다면, 무의식의 힘이 자신을 어디로 데리고 가든 자신은 그것을 탐구해야 한다는 사실을 깨달았다.

1913년부터 1917년까지 융은 거의 책을 출간하지 않았지만, 그 후에 나오게 될 저서들의 기초 작업을 하던 이 시기에 이를 깨달은 것이다. 처음에는 자신과 자신의 꿈에 나타나는 상像들 사이에 가끔 프

도와줌으로써 그녀의 공포를 줄여주었다. 6개월도 채 안 되어 완벽하게 변한 그녀는 더 이상 치료를 받을 필요가 없었다. 이는 치료나 의식적 노력에 의해서라기보다는, 오히려 무의식의 힘에 의해 밀려 올라오는 자료들을 스스로 통합하는 그녀 자신의 능력에 의한 결과였다.

18) 물론 이러한 평가도 조금은 옳을 수 있다. 융은 어떤 아버지라도 저지하기 어려운 아들이었을 것이다.

19) 프로이트의 말이 아니라 성서를 인용한 것이다.

로이트의 이론을 개입시켰던 융은, 이제는 마치 스스로에게 정신병 상태를 유도하는 것처럼 자기 자신을 꿈과 환상 속으로 깊이 침잠시켰다.[20] 융을 그다지 좋아하지 않는 전기 작가들은 이 기간을 정신병적 시기로 간주했다.

최근에 정신과 의사 존 넬슨John Nelson은 정신병과 융의 경험들, 즉 철학자 마이클 워시번Michael Washburn이 '초월을 위한 퇴행Regression in the service of transcendence'이라고 언급한 경험들 사이의 차이점에 대한 글을 썼다. 이 두 가지의 차이점은 유사성만큼이나 큰 차이를 지니고 있다. 예를 들어, 융의 경험은 대부분 흔히 중년기(융의 나이 38세)에 일어나고, 외부적 사건(프로이트와의 절교)에 의해 악화되며, 결국 개인의 삶으로 통합된다. 반면, 정신분열증은 대개 십대나 이십대 초반에 처음으로 발병하고 점차 퇴행한다. 정신분열증과 RIST(Regression in the service of transcendence)를 경험한 사람들 모두 '절망의 심연sloughs of despond'(존 번연John Bunyan이 잘 알고 있었듯이)에서 고통 받고 있다. 하지만 현재 자아의 상태를 초월하는 과정 중에 이 어두운 곳을 통과하는 사람들은 각자의 정신이 새로운 자료를 통합하려는 정신에 의해 광범위하고 다양한 감정적 체험을 겪게 된다. 일반적으로 그 차이는 자아가 강하게 발달하지 못해 경험하는 것들에 의해 삼켜져버린 사람과, 강한 자아를 가지고 있어 자만심이 꺾여도 이를 초월할 수 있는 사람과의 차이로 특징지을 수 있을 것이다.[21]

1913년부터 1917년까지 융은 이러한 상징적 세계에서 살았다. 그

20) C. G. Jung, *Memories, Dreams, Reflections*, "Confrontation with the Unconscious," pp. 170~199.

21) Michael Washburn, *Transpersonal Psychology in Psychoanlytic Perspective*(New York: SUNY Press, 1994), pp. 254~256, and Michael Washburn, *The Ego and the Dynamic Ground* (New York: SUNY Press, 1995), pp. 171~202.

는 모든 꿈과 환상을 탐구했다. 어떤 상도 두려움이나 나태함을 이유로 소홀히 다루지 않았다. 이 기간에 삶의 안정을 유지하기 위해 융은 환자들과의 진료 시간을 규칙적으로 이어갔고, 적정의 시간을 가족과 함께 보냈다. 또한 무의식으로부터의 힘이 너무 강렬할 때는 에너지를 억누르는 데 도움이 되는 요가를 하곤 했다. 그러나 나머지 시간에는 낯설고 놀라운 무의식의 세계로 여행을 떠났다. 융은 몇 번이나 자신의 사고를 침해하는 이상한 환상들에게 거의 압도당했다. 이는 마치 꿈속의 밤 세계가 낮 세계를 침범한 것과 같았으며, 융은 언제 또다시 이런 현상이 나타날지에 대한 고민으로 늘 불안했다. 그러나 이 전쟁에서 매번 살아남은 융의 내부에서 힘과 목적성에 대한 인식이 자라나기 시작했다. 융은 이것이 정신병이 아니라, 어떤 더 높은 힘에 의해 주어진 자신의 과업이라는 사실을 깨달았다.

시간이 지날수록, 그리고 내부에서 몰아치는 폭풍우를 헤쳐나갈수록 융은 정신적 중심을 고요하게 발전시켜 나갈 수 있었다. 마침내 "환상의 흐름이 빠져나갔고"[22] 그는 자신이 탐험한 세계를 정확히 평가할 수 있었다. 그리고 매우 풍요로운 창조성의 시기가 뒤따랐다

이 견디기 어려웠던 시기에 융이 한 가지 배운 것이 있다면, 이는 바로 무의식의 상像들이 가지는 힘이었다. 융 자신의 내부 전쟁으로 인해 가장 힘들었을 때, 융은 자신을 괴롭히는 감정을 잡아 상으로 전환할 때마다 평온해진다는 것을 발견했다. 이런 과정이 있었기에 상들의 중요성을 받아들이는 것이 융 심리학의 핵심이 되었다. 융이 프로이트와 갈라선 것은 많은 차이점을 지니고 있기 때문이었다. 그 중에서도 가장 큰 이유는 꿈의 상들이 성적인 환원이라는, 예를 들어

---

22) C. G. Jung, *Memories, Dreams, Reflections*, p. 206.

열쇠는 남근이고 동굴은 질이라는 프로이트의 해석에 대한 의견 차이였다. 융은 환자들을 치료하면서 그렇게 쉽게 해석하기에는 꿈들이 매우 복합적이라는 사실을 깨달았다. 또한 융은 자신이 직접 꿈의 세계를 경험했으며, 지적으로뿐 아니라 감정적으로도 상징은 기호 이상의 것이라는 사실을 알았다.

상징, 기호, 그리고 원형

융의 생각에는 **상징**은 **기호**와 분명히 구별될 필요가 있었다. 상징이란 어떤 대상과 구체적으로 일대일 관계를 이루는 것이 아니었다. 또한 '수학이나 음악에서처럼 어떤 연산, 원소, 양, 질, 관계를 나타내기 위해 인쇄되거나 쓰여 있는 기호'[23]처럼 추상적인 것도 아니었다. 상징이 진실로 상징이고 단순한 기호가 아닌 한, 그것은 무진장하고 끝이 없는 은유다. 상징은 살아 있는 것이며, 한 페이지에 명확히 설명될 수 있는 어떤 죽은 추상적인 개념이 아니다.

> 상징은 의미를 잉태하고 있을 때에만 살아 있다.[24]

> 만약 정신적 산물이 그 당시 아직 알려지지 않았거나 어느 정도 알려진 사실에 대한 가능한 최선의 표현이라면, 그것은 상징으로 간주될 수 있다.[25]

기호는 어떤 알려진 것을 나타내며, 의식적인 이해가 이루어진 상

23) *American Heritage Dictionary, 2nd College Edition*(Boston: Houghton Mifflin), p. 1230.

24) C. G. Jung, *Collected Works, Vol. 6: Psychological Types*, ¶ 816.

25) C. G. Jung, *Collected Works, Vol. 6: Psychological Types*, ¶ 817.

징에서 파생한다. 즉, 상징은 자신이 표현하는 신비스러운 것이 완전히 이해된 뒤에야 기호로 환원된다. 십자가를 상징으로 생각해보자. 융은 이것에 대해 다음과 같이 논평했다.

> 성 바울과 그 전의 사색적인 신비주의자들이 십자가에 대해 이야기하는 방식을 살펴보면, 그들에게 있어서 십자가는 표현할 수 없는 것을 탁월한 형태로 표현하는 여전히 살아 있는 상징이었다는 점을 잘 보여준다.[26)]

융은 이 에세이에서 결코 '원형'이라는 말을 사용하지 않았지만, 원형들이 생기는 두 가지의 가능한 방식 가운데 한 가지에 대해 토론하고 있다는 분명한 표시가 있었다. 앞서 이 책의 몇몇 문맥에서 우리는 오랜 기간에 걸쳐 많은 사람들에게 의미 있었던 대상이나 사건은 인간의 정신에 그 기록을 남긴다는 가능성에 대해 고려해 보았다.

물론 유물론자들은 이러한 기록이 이루어지는 곳에 대해 논쟁하겠지만,[27)] 우리가 잘 알듯이 이 개념은 과학에 쉽게 동화될 수 있다. 그러나 과학계 단체로부터의 거센 저항 없이는 이런 일은 일어나지 않을 것이다. 최근에 생물학자 루퍼트 셀드레이크Rupert Sheldrake(1941~)가 비슷한 과정인 형태공명morphic resonance을 발표하자 과학 단체에서 크게 반발했다.[28)] 셀드레이크가 쥐를 대상으로 한 행동 연구(실험심리

---

26) C. G. Jung, *Collected Works, Vol. 6: Psychological Types*, ¶ 816.

27) 신비주의적 문헌은 Akasic Traces 같은 자료들을 참고한다. 즉, 에테르(빛, 열, 전자기의 복사 현상의 가상적 매체)에서의 흔적 같은 기록은 물질 속에 포함되어 있지 않은 것이 분명하다.

28) 저명한 잡지의 어느 논평은 "만일 대체 연소에 적합한 책이 있다면, 바로 『형태공명』이다"라고 했다.

학의 기본)를 통해 형태공명에 대한 증명을 광범위하게 이끌어냈는데도 말이다.[29]

자주 반복되는 사건들이 정신에 흔적을 남긴다는 사실을 받아들이기 어렵다면, 때때로 원형이 먼저 나오고 그것을 반영하는 대상이나 사건이 뒤따른다는 사실을 받아들이는 일은 더욱 어렵다. 그러나 정신의 창조성을 다른 어떤 방법으로 설명할 수 있단 말인가?[30] 의식적인 방법으로 문제를 해결할 수 없다면, 감정적인 에너지는 무의식으로 흐르게 된다. 문제가 해결되지 않은 채로 오랫동안 있으면 있을수록 그 압력은 더해진다. 결국 융의 표현에 따르면 '아직 알려지지 않은 것에 대한 당시의 가장 적절한 표현'[31]이 갑자기 의식으로 나타나게 된다.

만일 해결을 필요로 하는 문제가 한 개인에게 국한된 것이 아니라 오랜 기간에 걸쳐 대부분의 인류와 관계된 것이라면, 압력이 그러하듯, 그리고 결과로서 나타날 상징이 그러하듯 감정적 에너지는 엄청나게 커지게 된다. 융은 새로운 살아 있는 상징은 '그 시대의 가장 복합적이고 분화된 산물'이어야 할 뿐 아니라, '많은 사람들에게 공통부분을 포함해야 한다'고 지적한다. 즉, 융은 살아 있는 상징이 소수의 선택된 사람들에 의해서만 평가되어서는 안 된다는 확고한 신념을 지니고 있었다. 오히려 상징은 "공통적 요소가 여전히 원시적이어서, 그것의 보편성이 의심될 수 없는 어떤 것이어야만 한다."[32]

---

29) Rupert Sheldrake, *A New Science of Life: The Hypothesis of Formative Causation*(Los Angels: J. P. Tarcher, 1981).

30) 이것은 다음 장에서 더 직접적으로 자세히 설명된다.

31) C. G. Jung, *Collected Works, Vol. 6: Psychological Types*, ¶ 817.

32) C. G. Jung, *Collected Works, Vol. 6: Psychological Types*, ¶ 820로부터 모두 인용됨.

살아 있는 상징들이 결핍된 이 시대의 사람들은 아직도 에너지를 가진 척하는 십자가나 깃발 같은 죽어 있는 상징들에게 관심을 기울인다. 매우 정직한 나머지, 어떤 식으로도 자신을 속일 수 없는 사람들은 늘 나타나는 새로운 의미들을 단념하곤 한다. 그들은, 의미 있는 것은 아무것도 없다고 말하는 자체가 어떤 고유 의미를 가지고 있다고 믿는 실존주의나 허무주의자처럼 절망의 지루한 이야기로 스스로를 속인다. 하지만 이들 역시 자신들의 삶에서 의미와 목적성을 대단히 열망하고 있다. 60여 년 전에 융은 새로운 원형적 상징을 만드는 데 있어서 개인의 역할을 토론했다.

> 전통적 상징이 더 이상 합리적인 것과 비합리적인 것, 가장 높은 것과 가장 낮은 것의 통합된 표현이 될 수 없는 고도로 발달된 정신의 열망만이 새로운 상징을 만들어 낼 수 있다. …… 이러한 통합이 가능하기 위해서는 우선 그것들이 완전히 대립된 상태들이 의식에서 서로를 대면해야 한다. 이 경우, 자아가 테제와 안티테제 양쪽의 절대적인 참여를 인정하도록 강요받는 반면, 테제와 안티테제가 서로를 부인할 정도로 격렬한 자기 분열이 수반된다. 만일 한쪽이 복종하면 상징은 우세하게 다른 쪽의 산물이 되며, 이는 상징이라기보다는 증상, 즉 억압된 안티테제의 증상일 것이다. …… 삶은 결코 정지된 상태를 견딜 수 없기 때문에, 생명력의 가로막힘이 생기게 되며, 만일 대립의 긴장이 그것들을 초월하는 새로운 통합 기능을 만들지 못하면, 이는 지탱할 수 없는 상태로 이끌게 될 것이다. …… 나는 이 과정을 그것의 전체성에 있어서의 초월적 기능이라고 불렀다.[33]

---

33) C. G. Jung, *Collected Works, Vol. 6: Psychological Types*, ¶ 823~828.

이와 같이 융은, 개인이 새로운 상징을 만드는 데 어떻게 도움을 줄 수 있는지에 대해 설명했다. 그것은 '격렬한 자기 자신과의 분열'을 받아들이는 자세뿐 아니라, '고도로 발달된 정신의 열망'을 필요로 한다. 개인이 문제의 정신적인 면이나 본능적인 면에 수위를 매긴 뒤 대립의 긴장을 피하는 정도에 따라 나타나게 되는 산물은 '상징이라기보다는 오히려 증상'이다. 만일 긴장을 참고 어느 한쪽으로의 끌림에 굴복하지 않는다면, "그 긴장은 대립을 초월하는 새로운 통합 기능을 만들어 낸다.

20세기 후반은 긴장이 파열점에 도달한 시기였다. 우리는 정신과 본능이라는 두 개의 극들이 처음에는 한쪽으로, 다음에는 다른 쪽으로 사람들을 끌어당기는 것을 봤다. 예를 들어, 지난 35년 이상을 성性 혁명이 본능의 수위에 찬성 의견을 보냈으며, '거듭나기born again' 운동은 정신의 수위에 찬성 의견을 보냈다. 즉, 자유주의자들은 타인에 대한 사회적 책임에 찬성 의견을 나타냈으며, 보수주의자들은 각자 스스로 책임을 져야 할 필요성에 찬성 의견을 나타냈다. 추錘는 사람들로 하여금 자신의 뒤를 좇게 하면서도 좌우로 왔다갔다 흔들렸다. 그러나 좌우 그 어느 쪽도 최종 해답을 가지고 있을 수는 없다.

무의식의 힘과 신비로움은 쉽게 압도하는 능력을 지니고 있다. 즉, 무의식의 힘을 느낀 사람들은 너무 쉽게 자신을 무시하고 비굴하게 그 힘에 굴복한다. 아니면 교만하게도 이 모든 낯설고 새로운 것들이 자신에게 속한다고 가정한다. 융은 5년 동안 자신과의 투쟁을 통해, 필요한 순간에 자아가 강하고 활력이 넘쳐야 하는 것이 필요하다는 것을 깨달았다. 의식과 무의식의 동등하게 대립된 상태에서만이 진실된 통합이 이루어질 수 있다.

Chapter 11

융의 정신 모델

인간 생활의 5분의 1, 또는 3분의 1, 또는 2분의 1 정도가 무의식 상태로 지나간다. 인간의 아동기는 무의식적이며, 매일 밤 인간은 무의식에 빠져든다. 그리고 깨어 있을 때와 잠들 때 사이에만 다소 깨끗한 의식 상태를 유지한다.[1)]

의식과 무의식

융은 인간 정신의 전체성(실제적 또는 잠재적)을 (1) 개인적 의식, (2) 개인적 무의식, (3) 집단적 무의식[2)] 등의 세 가지 범주로 나눴다. 오늘날의 사람들이 그렇게 정당하하고 자랑스럽게 여기는 개인적 의식은 어떤 주어진 순간에 우리의 의식적 자각을 차지하는 그 어떤 것으로든 구성될 수 있는 매우 일시적인 부분이다. 왔다갔다하는 인간의 정체성이나 자아를 포함해, 의식 안에 영원히 넣어 둘 수 있는 것은 아무것도 없다. 때로는 자각에 의해 조명되기도 하고 때로는 그렇지

1) C. G. Jung, *Analytic Psychology: Its Theory & Practice*(New York: Vintage Books / Random House, 1968), p. 6.

2) 전 생애에 걸쳐 분명한 4번째 요소인 집단적 무의식에 많은 관심을 가졌다. 각 개인은 개성화 과정 동안 집단적 무의식에 대항해 투쟁해야만 한다. C. G. Jung, *Collected Works, Vol. 8: The Structure and Dynamics of the Psyche*(Princeton: Princeton University Press, 1960), ¶ 423~424.

않은, 개인적 의식은 단지 따라서 움직이는 슬라이딩 프레임sliding frame일 뿐이다.

모든 것은 우선 무의식을 거친 뒤 의식으로 넘어간다. 심지어 감각 인식도 우리가 모르는 사이에 우리 안의 어딘가에서 처리된 다음에 의식으로 넘어간다. 대상과 사건은 잠시 의식적이 되는데, 우리의 자각이 다른 어떤 대상 또는 사건으로 옮겨지거나 잠시 동안 꺼져 있을 때 그것들은 다시 의식에서 빠져나간다. 의식적이었던 대상과 사건은 어떤 방식으로 기록되거나 또는 없어져버린다.

> **무의식의 모든 내용**들은 세 그룹으로 나뉜다. 첫 번째, 임시적·자발적으로 재생될 수 있는 일시적인 식역하識閾下subliminal(인간이 의식할 수 있는 수준 이하의 자극들)의 내용들(기억), 두 번째, 자발적으로 재생될 수 없는 내용들, 세 번째, 전혀 의식적이 될 수 없는 내용들이 바로 그것이다. 두 번째 그룹은 식역하 내용들이 자발적으로 의식에 침입한 것으로 추론할 수 있다. 세 번째 그룹은 두 번째 그룹의 기초가 되는 사실들로부터의 논리적 추론으로 가정된다.[3]

융은 의식이 정신의 전체가 아님을 강조하기 위해 일부러 의식과 무의식의 매우 복잡한 관계를 단순화시키고 있다. 첫 번째의 예로, 누구나 암송할 수 있는 알파벳과 구구단을 들 수 있다. 여기에서 무의식 상태에 있는 많은 것이 의식적 자각으로 넘어가지 않고도 접근이 가능하다는 사실을 고려해보라. 예를 들어, 필요한 경우 신발 끈을 어떻게 매는지 의식할 수 있지만, 우리는 신발 끈을 올바르게 매기 위

---

3) C. G. Jung, *Collected Works, Vol. 9ii: Aion, Researches into the Phenomenology of the Self* (Princeton: Princeton University Press, 1959), ¶ 4. Jung's emphasis.

해 굳이 그 과정을 의식할 필요는 없다. 심지어 신이나 신발 끈을 실제로 만지지 않고도 우리는 마음속으로 그 과정을 끝낼 수 있다.[4] 의식과 무의식의 관계는 분명히 복잡하다.

아니면, 위에 제시한 처음의 두 그룹 사이에 놓인 거대한 회색 지대를 생각해보라. 그 모든 자료들은 의식으로 회복될 수 있지만, 사실 이는 매우 힘든 일이다. 인간은 삶에서 감정적으로 의미 있는 사건들을 의식적으로 회상할 수 있다. 사건들을 의식적으로 회상하는 횟수는 주로 사건의 의미에 따라 달라진다. 융은 자신의 초기 업적에서 이것을 에너지라는 용어로 표현했다. 즉, 감정은 정신적 에너지이며, 기억은 그 에너지 수준이 충분히 높을 때 의식으로 넘어온다.[5]

의식적 회상의 경계선상에는 많은 기억들이 존재한다. 이러한 기억들은 세심한 주의를 기울이기에는 별 의미가 없는 것들이 대부분이다. 우리는 이러한 희미한 기억들을 떠올리기 위해 연상의 정신적 트릭을 사용할 수 있다. 깊은 최면에 걸리는 것과 마찬가지로 이 트릭이 충분히 교묘하다면, 우리는 경계선상의 모든 세세한 기억들을 떠올릴 수 있다. 에너지 모델이 이러한 과정을 설명하는 데 매우 큰 도움이 된다.

다른 기억들은 역시 쉽게 회복되지 않는데, 이는 그 기억들이 감정적 의미를 적게 갖고 있기 때문이 아니라 오히려 너무 많이 갖고 있기 때문이다. 예를 들어, 받아들이기에는 너무 고통스러운 어떤 사건이 발생했다면, 인간은 그 기억을 정확히 기록하되 고통을 다시 경험

---

4) 예를 들어, 이 복잡한 관계는 왜 심상心象이 현대의 스포츠 트레이닝에 그렇게 효과적인지를 설명한다.

5) C. G. Jung, *Collected Works, Vol. 8: The Structure and Dynamics of the Psyche,* ¶ 1~130.

하지 못하도록 정신적 장벽을 세울 것이다. 이러한 사건은 뼈가 부러지는 등의 육체적 고통일 수도 있고, 심하게 창피를 당하는 등의 감정적 고통일 수도 있다. 이러한 것들이 프로이트가 말하는 '억압된' 기억들이다.

또 다른 예로, 다루기에는 너무 위협적인 사건도 있다. 만일 길을 건너는 동안 자신에게 갑자기 돌진하는 자동차를 봤다면, 인간은 자동차가 고통을 야기하기 직전에 스스로 인식을 차단할 수 있다. 즉, 의식적 기억은 돌진하는 차의 모습에서 끝날 수 있는 것이다. 또한 인간은 현실의 견해를 위협하는 사건과 관련된 의식적 기억들을 갖지 않을 수도 있다. 예를 들어, 어떤 사람이 삶에 대한 경직된 합리주의적 견해를 가지고 있다면, 세상에 귀신이 있거나 심지어 귀신이 그 사람 눈앞에 나타나더라도 그는 절대 귀신을 보지 않을 것이다. 만일 귀신이 눈앞에 나타난다면 이는 그 사람에게 그야말로 위협적인 사건이며, 이로 인해 현실에 대한 모든 견해가 위태롭게 될 것이다. 그래서 그 사람은 의식적으로 귀신을 보지 않을 뿐 아니라 그 기억을 의식으로 가져올 수도 없다. 단, 이러한 사건은 최면이라는 특별한 기술에 의해 접근이 가능할 수도 있다.[6)]

이렇듯 기억에 대한 모든 것은 융이 말한 개인적 무의식의 한 부분이다. 그것들은 프로이트 입장에서는 무의식 전체를 구성한다.[7)] 반면에, 융 자신이 명명한 집단적 무의식이 개인적 무의식보다 훨씬 더

6) 융은 기억의 복잡성에 대해 어느 정도 절제해서 말했다. 기억에 대한 현대의 연구는, 기억이 단순히 파일 서랍에서 끄집어내어지는 것이 아니라 매번 재창조되는 것에 더 가깝다는 사실을 말하는 듯하다. 최종적인 결론은 아직 멀리 있지만, 이 주제에 대한 인지심리학 관련 문헌은 지금도 방대하다.

7) 융이 불가피하게 나타나는 꿈속의 집단적 상들을 지적한 뒤 인류 기억의 흔적으로 배당한 작은 장소는 제외한다.

큰 실체로 남아 있다고 주장했다.

집단적 무의식

> 모든 개인에게 동일한 집단적·보편적·비개인적 성질의 두 번째 정신적 시스템이 존재한다. 이 집단적 무의식은 개인적으로 발달하는 것이 아니라 유전되는 것이다. 그것은 존재 이전의 형태들, 즉 원형들로 구성되어 있다.[8)]

타고난 본능에 대한 개념은 과학적으로 승인받는 데 있어서 과거에 여러 번 부침浮沈이 있었다. 우리 시대에 학습된 행동과 본능적 행동 사이의 관계에 대한 연구는, 노벨상 수상자인 로렌츠의 업적들을 통해 대중에게 잘 알려진 행동생물학,[9)] 그리고 생물학자 에드워드 윌슨Edward O. Wilson에 의해 설립된 사회생물학 등이 새로운 분야들의 초석이 되었다.[10)] 실험실 환경에서 동물들을 관찰해 얻은 결과들로 만족하지 못해, 오랜 기간 자연 환경에서 동물들의 행동을 관찰한 제인 구달Jane Goodall 같은 선구자적인 동물연구가도 있다. 제인 구달의 연구는, 오직 인간에게만 나타난다고 가정된 많은 행동들이 동물들에게도 똑같이 나타나고 있다는 사실을 보여주었다. 이런 연구들이 분명히 암시하는 점은 인간 행동 가운데 많은 부분이 유전적인 영향을

---

8) C. G. Jung, *Collected Works, Vol. 9i: The Archetype and the Collective Unconscious*(Princeton: Princeton University Press, 1959), ¶ 90.

9) Konrad Lorenz, *King Solomon's Ring*(New York: Crowell, 1952); Richard I. Evans, *Konrad Lorenz: the Man and his Ideas*(Orlando: Harcourt Brace, 1975).

10) Edward O. Wilson, *The Diversity of Life*(Cambridge, MA: Belknap Press of Harvard University Press, 1992). 가장 최근에 출간된 윌슨의 대중서적에서 이를 참조하라. 그러나 윌슨의 견해는 이 책에서 다루고 있는 원형 가설과는 현저히 다르다.

받는 것처럼 보인다는 점이다.

융은 이 연구의 모든 것을 강력히 지지했을 것이다. 융이 실현하려 했을 첫 번째 연구는, 본능적 행동은 똑같이 원형적인 인지양식을 의미한다는 점이다. 융 이전까지 본능은 특성 없는 막연한 개념에 불과했다. 융은 본능이 그것들의 목적을 달성하려면 본능 자체가 매우 구체적이어야 한다는 점을 깨달았다. 그러나 본능 역시 그것들이 표현되고자 하는 특정 환경에 적응할 수 있어야만 했다. 그래서 원형·본능은 어떤 사람의 삶에서 실현될 때까지는 필연적으로 형태가 없었다.[11)]

융은 1900년부터 1909년까지 스위스의 부르크횔츨리Burghölzli 정신병원에서 일했다. 융은 환자들의 이야기에 귀 기울이는 단순한 방법으로 정신분열증 환자와의 관계를 돈독히 해나갔다. 지금처럼 그때도 환자들의 해리된 언어를 무의미한 헛소리로 무시하는 것이 관례였다. 하지만 융은 환자들이 사용하는 단어에 주의를 기울였고, 엉뚱한 소리처럼 들리는 단어 뒤에 놓인 사고의 연상 단서들을 분류하려고 애썼다.

융이 만난 정신분열증 환자들 가운데 어느 한 남자는 자신이 하나님 아버지와 그리스도가 한 사람 안에서 일체가 되어 나타난 신이라는 과대망상을 지니고 있었다. 그 환자는 융을 좋아했고, 자신의 종교를 융에게 전도하려고 했다. 그러던 1906년 어느 날, 그 환자는 융에게 태양을 자세히 보라고 하면서 뭔가 재미있는 광경을 보게 될 것이라고 말했다. 그리고 태양을 자세히 들여다보면 그것에 매달려 있는 남근이 눈에 들어온다고 하면서, 그 남근이 좌우로 흔들릴 때 바람이 만들어진다고 했다. 융은 그 환자의 이야기를 어떻게 받아들여야 하

11) C. G. Jung, *Collected Works, Vol. 9i: The Archetype and the Collective Unconscious*, ¶ 91~92.

는지에 대한 어떤 판단도 내리지 못했다.

4년 뒤, 신화에 대해 깊이 연구하던 융은 언어학자 알브레히트 디트리히Albrecht Dieterich가 그리스의 파피루스에 담긴 미트라 신교의 제식에 관한 내용을 번역한 책을 우연히 발견했다. 책의 내용을 보면 그 제식은 태양을 신격화하고 있었으며, 태양에서 드리워진 긴 관管이 좌우로 흔들릴 때마다 바람이 만들어졌다고 했다. 이 내용을 본 융은 자신의 환자가 가졌던 이상한 환상을 기억해냈다. 평범한 노동자였던 그 환자는 미트라 신교의 제식 같은 이국적인 화제와는 거리가 멀었다. 그리고 이 특별한 원고가 발견되고 번역되기 오래 전부터 그 환자는 입원하고 있던 상태였다. 환자인 그가 이런 희귀한 학문서적을 구할 방법도 없었다. 융 자신도 4년 전 그 환자가 자신의 환상을 들려주었을 때는 신화에 대한 자세한 지식을 가지고 있지 않았다.

융이 내놓을 수 있는 가장 그럴 듯한 가설은 환자가 집단적 무의식을 두드렸다는 것이다. 결국 환자는 자신을 신으로 보았으며, 새로운 복사服事로 융을 입회시키려고 했다. 바람을 만드는 태양의 남근 이야기는 그 자체가 미트라 종교에 더 깊이 입문하게 만드는 신비 의식의 한 부분이다. 이 환자의 환상이 집단적 무의식의 원형이 아닌, 믿기 어려운 단순한 망상이었을 가능성을 배제하기 위해, 융은 이 이상한 상징체계의 다른 역사적인 출현을 탐구해 나갔다.

융은 신의 왕좌에서부터 죽 뻗어 내려오는 긴 도관導管이 묘사된 중세의 그림이 있다는 사실을 발견했다. 성모 마리아를 수태시키기 위해 비둘기 또는 어린 그리스도가 도관을 타고 내려온다. 비둘기는 일반적으로 성스러운 바람이나 영혼으로 표현되는 중세의 상징이었다. 그래서 이와 같은 집단적 자료들은 정신병자가 아니라 예술가에 의해 표현되었다. 융은 그 환자가 자란 도시의 미술 전시관에 소장된

예술작품들을 꼼꼼히 점검했다. 하지만 비슷한 그림을 전혀 발견하지 못했다.[12)]

환자의 환상에 대한 다른 어떠한 설명도 불가능해 보였던 융은, 몇 년 동안 수집한 집단적 무의식에 관한 수천 개의 예들 가운데 이 예를 조심스럽게 채택했다. 만일 우리가 융의 진실성을 받아들인다면, 그 환자는 어떤 방식으로든 고대의 미트라 제식을 알아내어 그것을 망상으로 통합시켰든가, 아니면 환자의 생애에서 얻을 수 없던 어떤 지식을 이용해 망상을 얻고 있었다. 미트라 의식은 태양신에 대한 예배로의 입문이었다. 융의 환자는 자신을 신이라고 생각했고, 융을 자신의 은인인 양 호의를 가지고 대했으며, 융을 더 깊은 신비의식으로 입문시키길 원했다. 다음으로, 중세 예술가들은 성모 마리아가 신에 의해 어떻게 수태되었는지를 보여주길 원하면서 똑같은 내적 자원들을 이용했다. 정신분열증 환자의 환상과 미트라 의식에서처럼, 중세 예술가들에게 바람으로서의 신은 도관에 의해 운반되어졌다.[13)]

---

12) 나는 환자들을 만나면서, 그들이 정신병적인 에피소드를 말하는 동안 자주 개인적 의식의 여과작용 없이 집단적 자료들을 표현한다는 사실을 알았다. 그들은 통합된 개인적 무의식의 영향을 받아 쉽게 자신을 포기하고, 집단적 자료들에 압도당했다. 이런 사실이, 융의 환자가 집단적 환상을 고대 제식에 나타난 대로 정확히 표현할 수 있었던 이유를 설명해줄 것이다. 그러나 똑같은 집단적 자료가 성인聖人이나 예술가들에게는 훨씬 더 개인적인 방식으로 표현될 수 있다. 왜냐하면 안정적인 인격은 집단적 자료들에 압도당하기보다는 오히려 그것들을 개인적 정신으로 통합시키려 하기 때문이다.

13) 위의 사례에 대한 더 자세한 내용은 C. G. Jung, *Collected Works, Vol. 8: The Structure and Dynamics of the Psyche*, ¶ 317~319을 보라. 나는 환자들의 꿈에서 많은 집단적 자료들을 발견했다. 무의식적 자료들, 그리고 일하는 다른 치료사들과의 토론을 통해, 나는 많은 사람들이 집단적 자료들의 의심할 수 없는 우위를 발견했다는 사실을 알았다. 그러나 융의 예처럼 순수한 예를 발견하기는 어려운데, 이는 무의식적 자료의 대부분이 개인적 기억과 혼합되어 있기 때문이다. 게다가 정보가 광범위하게 펴져 있는 요즘 같은 시대에는 꿈을 꾼 사람이 독서나 경험을 통해 그것들을 만나지 않았다는 사실을 증명하는 일이 특히 어렵다. 집단적 자료들을 가지고

정신의 컴퓨터 모델

융의 환자가 가지는 바람을 만들어 내는 태양의 남근 환상이 집단적일 뿐만 아니라, 어떤 목적성을 가지고 있다는 것을 아는 것이 중요하다. 환자는 융을 자신의 종교로 입문시키길 원했기 때문에 이 환상 자료를 가져온 것이다. 어쨌든 그 환자는 종교적 입문에 관한 집단적 자료를 건드린 셈이다. 자동차 운전, 시험 문제 풀이 등등 필요에 부합하는 개인적 기억들에 우리 스스로가 접근할 수 있듯이, 똑같은 방식으로 인간은 필요할 때마다 집단적 자료들에 접근할 수 있는 듯하다.

융은 모든 것들이 무의식을 거쳐 의식으로 나타난다는 사실을 알았다. 우리가 자동차를 어떻게 운전하는지를 상기할 때 그 기억들을 조직화하고 이용할 수 있게 만드는 것은 의식이 아니다. 분명히 무의식에서의 어떤 것이 필요한 기억들을 조직화하고 그들을 우리의 의식적 정신에서 사용 가능하도록 만드는 듯하다. 자동차 운전의 경우에는 기억된 행동들이 결코 의식으로 재출현하지 않을 수도 있다. 우리는 스스로가 운전하고 있다는 의식적 자각 없이도 차를 운전할 수 있다. 운전의 모든 과정은 우리에게 너무나 익숙해져서 운전을 평범한 현상으로 보게 되었다.

예를 들어, 행동심리학에서는 행동을 자극에 대한 단순한 반응으로 본다. 따라서 자극이 즉각적인 반응을 유도한다고 가정하는 반사궁의 모델을 사용한다. 이 모델은 모든 행동을 똑같은 수준에 놓기 때문에

연구하는 사람들은 이것들을 몇 번이고 되풀이해서 만나기 때문에 확신을 갖고 있지만, 이들의 확신이 그것을 모두 무의미하다고 가정하는 학자의 마음을 움직이지는 못할 듯하다.

일상에서 일어나는 근원적인 창조성을 무시한다. 즉, 행동심리학은 행동 체계를 필요로 하지 않는다. 그렇다면 실제 생활에서 일어나는 상황의 복잡성에 관한 예를 살펴보자.

모든 기억들을 조직화하고 우리에게 제시하는 정신의 부분은 기억 자체보다 높은 수준에 있어야 한다. 즉, 모든 기억들을 조직화하는 어떤 것이 존재해야만 한다. 단, 그것은 정신적 조직 측면에서 기억들과 다른 수준에 있다. 그래서 무의식은 개인적·집단적 자료들의 정적인 저장소라기보다 의식의 요구를 채워주고 심지어 예측해야 하는 적극적인 조직의 실체다.

우리가 비교 대상에 지나치게 예민하지 않다면, 인간의 정신이 작동하는 방법과 컴퓨터가 작동하는 방법을 비교해보면 쉽게 이해할 수 있다. 인간이 수많은 행동을 수행할 수 있듯이, 컴퓨터는 많은 프로그램을 작동시킬 수 있다. 컴퓨터와 인간의 정신은 모든 프로그램을 어떤 장기 기억 저장소에 보관해둔다. 또한 컴퓨터는 어떤 다른 프로그램보다 높은 수준에서 작동하는 특별 프로그램, 즉 운영시스템operating system(O/S)이 필요하다. O/S는 공장에서의 공장장과도 같아서, 모든 것이 유연하게 돌아가게끔 한다. 또한 컴퓨터에서 어떤 프로그램이 사용되고 있고, 어떤 것이 대기 중이며, 어떤 것이 이미 작동되었는지를 안다.

그러나 O/S는 공장장이 어떤 제품을 만들어야 하는지를 결정하지 못하듯이, 어떤 프로그램이 돌아가야 하는지를 결정하지 못한다. 이는 실행적인 결정이다. 즉, 컴퓨터 기술자는 컴퓨터에게 어떤 프로그램이 어떤 중요한 순서로 작동해야 하는지를 결정해준다. 그럼 O/S는 프로그램들의 표를 만들고, 그 프로그램들의 장기 기억 위치를 지정하고, 프로그램을 필요로 하는 자료가 있고 시간이 되었을 때 그 프로그램을 작동시키고, 결과들을 인쇄하며, 다음 사용을 위해 그 프로그램들을 다시 저장한다.

여기에 최소 세 가지 수준의 작용이 있다는 사실에 주목하자. 즉, (1) 어떤 프로그램을 돌려야 하는지를 결정하는 실행 수준, (2) 일들이 유연하게 작동되게 하는 공장장 수준, (3) 컴퓨터와 관련된 실제적 일을 수행하는 노동자 수준 등이 바로 그것이다. 자동차 운전을 비유로 든다면, 이는 첫 번째 수준에서 정신적인 실행 결정, 두 번째 수준에서 필요한 행동들의 조직화와 감독, 세 번째 수준에서 실제적인 행동들을 요구한다. 하지만 여기에서의 그 어떤 것도 행동 과학의 자극 반응 모델에 포함되어 있지 않다. 컴퓨터 모델조차도 부적절하다. 이는 무의식이 가지는 극도의 창조성을 설명하지 못한다.

정신의 창조성

인류학자인 그레고리 베이트슨Gregory Bateson(1904~1980)은 후에 녹음테이프 형태로 발표된 인터뷰에서 학습과정의 창조성에 대해 논했다.[14] 그는 돌고래들의 학습 방식을 연구하고 있는 동료들에 대해 이야기했다. 그 친구들은 돌고래가 얼마나 많은 새로운 행동들을 수행할 수 있고, 연속적으로 기억할 수 있는지를 알아내길 원했다. 그들은 돌고래의 행동에 먹이로 보상하는 행동 과학 방식으로 돌고래에게서 새로운 행동들을 이끌어냈다. 단, 여기에서 말하는 새로운 행동이란 물에서 점핑하는 등의 어떤 새로운 형태의 곡예기술이어야 했다.

실험자들은 돌고래가 자발적으로 어떤 새로운 행동을 수행할 때까

14) Gregory Bateson, *Cybernetics and Mind*(North Hollywood, CA: Audio-Text Cassette #CBC972, n.d.).

지 기다렸다가 그것에 대해 보상해주었다. 새로운 행동을 수행할 때마다 보상이 주어졌다. 단, 돌고래가 하나의 새로운 행동을 보여준 뒤 두 번째의 새로운 행동을 수행할 때까지는 더 이상의 보상이 이루어지지 않았다. 이는 돌고래를 약간 좌절시키는 일이었지만, 우연히 어떤 새로운 행동을 수행하면 다시 보상을 받을 수 있었다.

실험이 계속되자, 돌고래는 더욱더 좌절했고 초조해 하면서 수영장 가장자리를 따라 빙글빙글 돌았다. 그리고 갑자기 이미 보여줬던 행동들을 각각 빠른 순서로 해보였다. 그 후 연속으로 12가지의 새로운 점프와 회전을 선보였다. 돌고래는 매번 먹이를 얻기 위해 새로운 행동을 보여줘야 할 때마다 이러한 행위들을 추론해낸 것이 분명했다. 그래서 지루한 실험을 단축하고 한꺼번에 모든 보상들을 받기 위해 돌고래는 실험자들을 만족시키기에 충분하다고 판단되는 새로운 행동들을 수행한 것이다. 이러한 창조적인 반응은 자극 반응 모델이나 컴퓨터 모델에는 없다.

이러한 돌고래의 반응은 의식적 추리의 산물이라고 할 수도 있지만, 돌고래의 이러한 행동은 콜린 윌슨Colins Wilson이 말한 '유레카 효과Eureka Effect'에 더 들어맞는다.[15] 이 말은 고대 그리스의 가장 위대한 수학자인 아르키메데스의 일화에서 유래했다. 아르키메데스는 울퉁불퉁한 고체의 부피를 어떻게 측정할 것인지에 대해 수주일 동안 고민했다. 그러던 어느 날, 목욕을 하기 위해 욕조에 들어가는 자신의 몸이 수위를 높인다는 사실을 깨달았다. 그는 욕조에서 뛰어나와 알몸으로 "유레카Eureka!"(문자 그대로, "발견했다!")라고 외치며 거리를 내달렸다.

---

15) Colin Wilson, *Inside the Outsider (1)*(North Hollywood, CA: Audio-Text Cassette #36049, n.d.).

통찰의 순간, 아르키메데스는 울퉁불퉁한 고체를 물이 담긴 용기에 넣은 뒤 넘치는 물의 양을 측정하면 고체의 부피 값을 얻을 수 있다고 판단했다. 윌슨은 이 일화가 어떤 문제의 창조적 해결의 중요한 요소들을 담고 있다고 생각했다. 그 요소들은 바로 문제의 모든 면에 온 신경을 집중하는 몰입, 의식이 그 문제를 해결할 수 없을 때의 좌절, 이완의 순간, 그 뒤 해답을 찾는 의식으로의 갑작스런 난입 등이다.

유레카 효과의 가장 유명한 실례는 화학자 프리드리히 아우구스트 폰 케쿨레Friedrich August von Kekule(1829~1896. 화합물의 구조식을 구상, 벤젠의 구조를 밝힘으로써 화합물의 연구에 박차를 가함)의 유명한 뱀 고리ring-of-snake 꿈이다. 케쿨레는 마지막으로 남아 있는 주요 유기화합물인 벤젠의 구조를 밝히기 위해 수개월 동안 연구했다. 그러던 어느 날 오후, 연구실에 앉아 있던 그가 다음과 같이 말했다.

> 나는 의자를 난로 쪽으로 돌려 앉은 채 졸고 있었다. …… 원자들이 다시 내 눈앞에서 뛰놀고 있었다. 이번에는 더 작은 구조들이 뒤쪽에 조용히 서 있었다. 이러한 반복되는 환상으로 인해 더욱 민감해진 나의 정신적 눈은 다양한 형태의 더 큰 구조들을 구별할 수 있었다. 그 구조들은 긴 줄들로 되어 있어 때로는 서로 꼭 들어맞는 듯 뱀 같은 동작으로 쌍을 이루며 꼬여 있었다. 그러나 보라! 저것이 무엇인가? 뱀 가운데 하나는 자신의 꼬리를 문 채 조롱하듯 내 눈앞에서 빙글빙글 돌았다. 번개를 맞은 것처럼 잠에서 깼다. …… 신사 여러분, 꿈을 꾸는 법을 배웁시다.[16]

---

16) Authur Koestler, *The Act of Creation*(New York: Dell, 1964), p. 118.

이러한 '고리' 형태가 이전의 유기화학에서는 결코 발견되지 않았다. 겉으로는 케쿨레의 무의식이 그를 위해 문제를 푼 뒤 이해할 수 있는 상징의 형태, 즉 꼬리를 물고 있는 뱀의 형태로 의식에 드러난 듯하다.

무의식의 창조성은 최면술에서도 분명히 볼 수 있다. 우리는 이미 최면술이 암시에 의해 야기된다는 제임스 브레이드의 이론이 제출된 19세기 서구에서 최면술이 어떻게 과학적 승인을 얻게 되었는지를 논했다.[17] 브레이드의 이론은 최근까지도 대부분의 최면술사들 사이에서 지혜로 통한다. 하지만 이 시대의 가장 위대한 임상 최면술사였던 밀턴 에릭슨Milton Erikson의 생각은 달랐다. 에릭슨은 주요 논문들 가운데 하나인 1948년 〈최면술적 정신치료〉에서 다음과 같이 말했다.

> 직접적 암시는 근본적으로 최면 중에 발생하는 모든 것이 주어진 암시로부터 나온다는 가정에 기초한다. 이는, 치료자는 환자의 치료적인 변화에 영향을 끼치는 기적적인 힘을 가진다는 것을 의미한다. 그리고 치료가 환자 자신에 의해 성취된 행동의 내적인 재합성에 의한 결과라는 사실을 무시한다. …… 치료자는 흔히 그 활동이 무엇이 될지 알지 못하면서, 단지 환자를 활동하도록 자극하고 인도하며, 바라는 결과를 얻기 위해 필요한 작업의 양을 결정하는 데 있어서 임상적 판단을 내린다. 어떻게 인도하고 판단하느냐는 치료자의 몫이며, 환자가 해야 하는 일은 스스로의 노력과 새로운 방법으로 자신의 경험적 삶을 이해하는 법을 배우는 일이다.[18]

---

17) 6장을 보라.

18) *The Collected Papers of Milton H. Erickson on Hypnosis, Vol. 4*, Ernest Lawrence Rossi, ed.(New York: Irvington Publisher, 1980), pp. 38~39. 나는 다양한 환자들과의 임상에서 이러한 방법을 사용했다. 다음과 같은 사례가 에릭슨식의 최면술이 심리학적 문제들을 해결하기 위해 어떻게 무의식의 창조성을 건드리는지를 잘 보여준다.

위의 예들은 무의식의 창조성을 보여준다. 즉, 무의식은 나중에 의식적이 되는 사고와 행동들을 위한 생산지다. 만일 그렇다면, 의식과 무의식의 역동적 관계를 기술하는 것이 중요해진다.

환자는 최근에 자살 시도를 했는데 거의 성공할 뻔 했다. 그 이후 생활 속의 많은 평범한 것들이 그녀에게는 좌절감을 주는 문제가 되어 버렸다. 예를 들어, 갑자기 전화벨 소리가 들리면 그녀는 그게 무엇인지 또는 무엇을 해야 하는지를 몰랐다. 또한 머리를 빗다가도 갑자기 머리빗이 도대체 뭐지라는 생각에 손에 쥔 빗을 응시하기도 했다. 그래서 그녀는 세상의 낯익은 환경들과 낯선 상황에서 어떻게 대처하고 행동해야 하는지에 대해 다시 배우고 있었다. 반면 그녀는 하루에 몇십 번씩 구토를 했다. 그녀는 구토를 멈추기 위해서 어떻게 해야 하는지를 나에게 물었다.

전통적인 최면술사라면, 그녀를 최면 상태에 놓은 뒤 많은 방식으로 구토를 멈춰야 한다는 암시를 계속해서 주게 된다. 최면술사는 그녀의 상황을 보고 그녀가 불안감에 휩싸여 있다는 사실을 추측할 수 있으며, 그녀의 긴장감을 풀어주기 위해 그러한 암시에 집중할 것이다.

나는 에릭슨식의 최면술을 시도했다. 최면 상태를 유도한 뒤 환자의 무의식에게 구토 문제를 해결할 의사가 있는지를 물었다. 무의식이 그 과업을 떠맡는 것에 동의하는지를 알기 위해 손가락 신호들을 사용하기로 했다.

일주일 뒤 그녀는 감격한 모습으로 찾아왔다. 그녀의 구토는 필자를 찾아왔던 그 다음날에도 똑같이 있었다. 하지만 이틀째 되는 날, 그녀는 청량음료를 마시기 위해 냉장고 쪽으로 갔다. 그런데 무의식중에 냉장고 옆의 식품저장실로 가서 국수 한 박스를 끄집어냈다. [illegible] 그녀는 그 박스를 쳐다보다가 요리를 하기로 결심했다. 요리를 마친 그녀는 그것을 먹었고, 그날은 구토를 하지 않았다. 그 뒤 그녀는 며칠 동안 기분이 그럴 때마다 가벼운 음식을 움켜잡는 대신, 완전한 식사를 위해 즐겁게 요리하고 있는 자신을 발견했다. 그녀는 두 번 다시 구토를 하지 않았다.

그런데 얼마 뒤에 그녀는 불안 발작 증상을 보이기 시작했다. 나는 그 문제를 곧바로 따라가려는 시도 대신, 또 다시 무의식에게 그것을 해결하라고 요청했다. 무의식은 불안 발작과 똑같은 목적을 지닌 새로운 행동으로 대처하는 데 동의했다. 그리고 며칠 뒤 그녀는 매우 불안해지기 시작하자 자발적으로 어항을 깨끗이 청소하기로 결심했다. 이는 그녀가 오랫동안 하길 원했던 일이었다. 그녀는 어항을 깨끗이 청소하고, 밖에 나가서 새 물고기들을 사왔다. 이로 인해, 목적성을 지닌 행동은 불안 발작의 발생을 예방하며, 어항은 긴장 완화와 평온함의 근원이라는 사실이 판명되었다. 그녀는 자신이 불안해지고 있다는 느낌을 받을 때마다 물고기를 쳐다보면서 차분함을 유지했다. 그녀의 불안 발작 증상은 몇 주일 뒤 완전히 사라졌다.

원형이 의식에 나타나는 법

앞에서 살펴봤듯이, 행동 모델이나 컴퓨터 모델 어느 것도 인간 정신의 복잡성을 바르게 나타내지 못한다. 최근의 재미있는 책에서 찰스 햄프덴 터너Charles Hampden-Turner는 60개의 다른 '마음의 지도들 *Maps of the Mind*'을 발표했다.[19] 이 지도들이 실재로 존재한다고 해도, 그가 기술한 모델 가운데 인간 정신의 역동적인 창조성을 보여주는 것은 거의 없다. 의식과 무의식의 역동적 관계는 특히 모델을 만들기가 어렵다. 융은, 무의식으로부터 의식이 나타나는 것이지, 그 반대는 아니라고 지적했다. 융의 전 생애에 걸친 과업의 목적은 이러한 역동성이 작동할 수 있는 정신의 본질과 조직화를 시도하고 기술하는 것이었다. 이러한 융의 과업을 어렵게 만든 것은 바로 정신의 본질과 역동적 모델을 개발하려는 시도였다.

무의식 자체는 검토할 수 있는 영역을 벗어난 것이어서, 융은 의식으로 나타난 무의식의 자료들로부터 그 구조를 단지 추론할 뿐이었다. 이것이 바로 융이 자신의 관찰과 환자들의 꿈 자료를 기록하고 기술하는 데 그렇게 조심스러워했던 이유다. 또한 융이 그토록 신화, 민담, 원시적 예술, 그리고 의식적인 예술 조작에 의해 거의 변하지 않은 무의식적 자료 등에 매료된 이유이기도 하다. 즉 원시적이고 손대지 않은 형태 등이 무의식의 조직화와 구조에 대한 상을 제공하는 데 도움이 될 수 있었다.

융은 처음에는 집단적 무의식의 원초적 상[20]에 대해, 나중에는 원

---

19) Charles Hampden-Turner, *Maps of the Mind*(New York: MacMillan, 1981).

20) C. G. Jung, *Collected Works, Vol. 7: Two Essays on Analytical Psychology*(Princeton: Princeton University Press, 1966), ¶ 101.

형[21]에 대해 언급했다. 융이 환자들의 꿈에서 만난 것이 상징적인 상들이었기 때문에 맨 처음에 원형을 원초적인 상들로 생각한 이유를 어느 정도 이해할 수 있다. 그러나 시간이 지나면서 융은 그 상들이 개인적이거나 문화적이며, 우리는 원형 자체의 구조에 대해 어떤 결론을 내릴 수 없다는 사실을 깨달았다.

> 조용히 투사되지 않은 상태에서의 원형은 정확한 형태를 가지고 있지 않다. 즉, 원형 자체는 단지 투사를 통해서만 명확한 형태를 띨 수 있는, 정해져 있지 않은 구조이다.[22]

예를 들어, 복잡성의 어떤 수준을 넘어서 모든 동물들은 어미에 대한 원형을 가지고 있는 듯하다. 그들은 본능적으로 어미로부터 무엇을 기대해야 하는지를 알고 있다. 그러나 로렌츠의 실험에서처럼, 새끼 거위가 지닌 어미에 대한 개념은 거위가 아닌 로렌츠에게까지 적응하도록 확대될 수 있다.[23] 이 상황을 표현하는 가장 좋은 방법은 물론 원형이지만, 원형은 실제 경험이 표현을 위한 내용을 제공할 때까지 비어 있게 된다. 물론, 이것은 무의식에 존재하는 원형의 구조가 인간이 관찰할 수 있는 범위를 넘어선다는 점을 말하고 있다. 또한 우리가 알고 있는 물질세계의 **드러난 질서**가 어떤 **숨겨진 질서**로부터 나온다고 말한 물리학자 데이비드 봄David Bohm의 가설과 거의 같다.[24]

---

21) C. G. Jung, *Collected Works, Vol. 8: The Structure and Dynamics of the Psyche*, ¶ 270.

22) C. G. Jung, *Collected Works, Vol. 9i: The Archetype and the Collective Unconscious*, ¶ 70.

23) 8장을 보라.

24) David Bohm, *Wholeness and the Implicate Order*(London: Ark Paperbacks, 1980).

> 내 견해로는, 신생아의 정신이 아무것도 없다는 의미의 **백지 상태**로 가정되는 것은 큰 실수다. 유전에 의해 미리 결정되고, 그래서 분화되어 개별화된 뇌를 가지고 태어난 아이라면 당연히 어떤 경향으로써가 아닌 **특정한** 것으로써 외부에서 오는 감각적 자극을 만나게 된다. 그리고 이로 인해 필연적으로 어떤 특별한 개인적 선택과 통각 양식이 생겨난다. 이러한 경향들은 유전된 본능과 미리 형성된 양식으로 나올 수 있다. 후자는 본능에 기초한 통각의 선험적·형식적 조건들이다. …… 그것은 …… 유전된 **생각들**에 대한 질문이 아니라 생각들의 유전된 **가능성**들이다.[25]

정신이 개인적인 구성 요소와 비개인적·집단적인 구성 요소들을 가지고 있다는 점, 그리고 의식이 무의식으로부터 발달한다는 점을 인식하는 것과 이 복잡성을 적절하고 명확하게 기술하는 것은 아주 별개의 일이다. 페히너를 논할 때 살펴봤듯이,[26] 감각적 인식은 상관관계를 지닌다. 그리고 로렌츠의 거위에 관한 토론에서 봤듯이, 엄마와 아이의 관계 같은 복잡한 관계들조차도 적절한 시기에 활성화될 준비가 된 상태에서 아이에게 전해지는 듯하다.

> 인생에 전형적인 상황들이 있는 만큼 많은 원형들이 존재한다. 원형은 끊임없이 반복된 내용으로 채워진 형태가 아니라, 인식과 행동이 가지는 어떤 유형의 가능성만을 나타내는, 즉 처음에는 단지 **내용이 없는 형태**로 존재하다가 우리 정신의 구성에 이러한 경험들을 새겨놓는 것이다. 어떤 주어진 원형과 일치하는 상황이 발생

25) C. G. Jung, *Collected Works, Vol. 9i: The Archetype and the Collective Unconscious*, ¶ 66. Jung's emphasis in all cases.

26) 5장을 보라.

> 했을 때 그 원형은 활성화되고, 본능적 충동처럼 모든 이성과 의지에 반해 그 방법을 획득하며, 이외에 병리적 차원의 갈등, 즉 신경증을 유발하는 강박성을 나타낸다.[27]

가장 단순한 동물로 단세포의 짚신벌레를 예로 들어보자. 짚신벌레는 생존하기 위해 많은 것을 알 필요가 없다. 먹이로 인식되는 것은 무엇이든 먹는다. 또한 자신이 먹힐 수 있다고 인식되는 모든 것으로부터 달아난다. 짚신벌레의 몸은 먹이를 어떻게 삼키고, 위험으로부터 어떻게 도망치는지를 배울 필요가 없다. 다르게 표현하자면, 짚신벌레의 정신(이 단어의 의미가 느슨하게 사용된다면)은 먹이가 어떤 것이고 적이 어떤 것인지를 배울 필요가 없다. 짚신벌레의 조상들이 먹이와 적들 양쪽을 다 경험했기 때문에 몸과 정신이 필요로 하는 지식이 이미 그 안에 저장되어 있는 것이다. 이러한 기억된 양식이 원형들이다.

콤플렉스의 원형

우선 갓난아기가 원형적 경험을 렌즈를 통해 어떻게 세상과 만나는지를 살펴보자. 원형적 경험의 어떤 것은 시각적 형태를 띠고, 또 어떤 것은 근육적 형태를 띤다. 전자는 원형상, 후자는 본능이라고 부를 수 있다. 그러나 어차피 둘 다 원형의 한 부분들이기 때문에 원형상과 본능적 행동으로밖에는 달리 설명될 수 없다. 융을 매료시켰던 것은 원형과 의식 간의 복잡한 관계였다.

---

27) C. G. Jung, *Collected Works, Vol. 9i: The Archetype and the Collective Unconscious*, ¶ 48(Jung's emphasis).

예를 들어, 배고픔을 해결하기 위해 엄마의 젖가슴을 찾는 갓난아기가 있다고 생각해보자. 배고플 때마다 젖가슴이 늘 아기가 원하는 그 자리에 있는 것은 아니다. 따라서 아기는 젖가슴이, 자신이 무엇을 요구할 때마다 그것을 채워주기 위해 늘 제자리에 붙어 있는 손과 발 같지는 않다는 사실을 깨닫기 시작한다. 엄마의 젖가슴이 자신과 분리되어 있다는 아기의 인식이 바로 의식의 시작이다. 이 의식은 나머지 세상과 분리되고 구별되는 것으로서의 아기의 의식이다. 이 의식은 자아다. 자아는 아기가 자신의 개념을 주위의 환경들과 분리시킴으로써 나타난다. 그리고 이 분리를 도와주는 것은 아기와 엄마와의 관계에 존재하는 원형적 잔여물이다. 아기가 생을 경험함에 따라 모성 원형이 자산으로 주어지며, 아기는 엄마의 특정 지식을 추가로 받아들인다. 그러나 그 특정적·개인적 경험의 밑에 모성 원형archetype of Mother이 존재한다는 사실을 아는 것이 가장 중요한 문제다.[28)]

인간의 정신이 막대한, 그리고 무한한 경험의 깊이를 가지고 있고, 따라서 엄청난 수의 원형이 존재한다는 인식은, 인간이 어떻게 복잡한 행동들을 다 배울 수 있는지를 이해하는 데 결정적인 역할을 한다. 예를 들어, 현대 언어학자들은 대부분 언어 학습 능력을 타고난 것으로 본다. 이는 모든 아이들이 어떻게 빨리 언어를 배우는지를 설명하는 데 적절하다.

우리는 앞에서 인간의 정신이 원형을 포함하고 있고, 그 원형에는 두 가지 면, 즉 원형상과 본능적 행동이 있다는 사실을 알았다. 인간은 세상을 관계적으로 경험하기 때문에 원형은 많은, 아마도 모든 상황에서 활성화된다. 원형들을 통해 세상을 개인적으로 경험해 나감에

---

28) And an archetype of ego, but more of this later.

따라 원형들은 어떤 특정한, 매우 개인적인 형태로 주어진다. 결국 인간은 개인적 기억들에 의해 세상을 만나게 되며, 원형은 그 안의 깊은 곳에 놓여 있다.

융은 외부에서 이 역동성을 발견해야 했다. 우선 그는 환자들의 개인적 기억들과 만났다. 단어 연상의 초기 실험에서 융은 환자들이 어떤 단어들에는 더욱 천천히 반응한다는 사실을 발견했다. 그리고 그 단어들이 모두 어떤 특정 주제와 관련이 있다는 사실을 발견했다. 그 주제는 환자의 어머니와 관련된 개인적인 경험이었다. 융은 이처럼 어머니와 관련된 개인적 경험의 기억들을 지닌 그룹을 콤플렉스, 이 경우에는 모성 콤플렉스라고 불렀다.

문제가 어머니와 관련될 때 환자의 반응이 더욱 느렸기 때문에, 융은 환자가 어머니에 대한 어떤 경험을 감정적으로 차단한다고 추측했다. 즉, 어머니라는 개념 주위의 무의식 속에 에너지가 존재한다는 것이다. 분석적 작업은 대부분 이 콤플렉스의 핵심에 무엇이 놓여 있는지를 알아내기 위해 개인적 기억들을 벗겨내는 과정을 담고 있다. 프로이트는 융의 콤플렉스 개념이 매우 유용하다고 보았고, 이를 자신에게 맞는 용도로 사용했다. 즉, 프로이트는 콤플렉스의 핵심에는 유아기의 억압된 성적 기억들이 있다고 이론화했다. 하지만 융은 실제로 환자들에게 그러한 단일한 기억들이 없을 뿐 아니라, 있다 하더라도 기억들이 반드시 성적일 필요가 없다는 사실을 알았다. 더 중요한 것은, 개인적 기억들을 모두 의식으로 가져온 뒤에도 콤플렉스는 여전히 에너지를 지니고 있었다는 점이다. 융은 모성 콤플렉스의 핵심에서 어머니에 대한 개인적 기억이 아니라 아이와 어머니 사이의 복잡한 관계에 존재하는 집단적·원형적 기억을 발견해냈다.

그래서 원형들은 필요할 때 활성화되고, 그들 주위에 콤플렉스를 형성하기 위해 개인적 기억들을 축적한다. 우리는 이러한 콤플렉스를 통해 사건과 사람들을 관계시킨다. 그러나 부가적인 요소가 그 상황을 대단히 광대한 가능성들로 몰아넣는다. 그 요소는 의식, 즉 자아-의식ego-consciousness이다.

실제와 잠재력

의식 그 자체도 무의식만큼 커다란 미스터리다. 인간은 의식을 직접적으로 경험하기 때문에 아무래도 그것을 덜 생각하게 된다. 즉, 우리는 이것이나 저것에 대해 의식적이며, 이러한 신비스런 관계를 당연하게 받아들인다. 의식의 핵심에 '나'라는 느낌, 즉 자아가 있다. 모든 의식은 자아와의 관계 속에 존재하며, 이는 의식의 중심을 형성한다. 우리의 의식은 자신의 정체성과 분리될 수 없다.

> 자아는 무엇보다 당신의 몸과 존재에 대한 일반적인 자각이며, 당신의 기억 자료들에 의해 구성된 복합적인 자료다. 당신은 경험했던 것에 대한 어떤 생각과 긴 일련의 기억들을 가지고 있다.[29)]

앞에서 우리는 모성 원형의 예를 들면서 원형과 경험의 복잡한 관계에 대해 살펴봤다. 즉, 아기가 엄마의 젖가슴이 자기 자신과 분리·구별되어 있다는 사실을 발견함으로써 자신의 자각(즉, 자아)이 형태를 띠기 시작한다고 했다.

자아의 출현은 의식과 무의식 사이의 첫 번째의 역동적 상호 작용처럼 보인다. 자아는 의식의 중심을 이루며, 자기 자신이 주위 환경과

---

29) C. G. Jung, *Analytic Psychology: Its Theory & Practice*, p. 10.

분리되었다는 사실을 경험하는 경계에서 그 형태를 이룬다. 또한 다른 어떤 콤플렉스와 마찬가지로 자아 콤플렉스의 주위를 둘러싸는 개인적 경험들을 축적한다. 자아는 의식의 중심으로서 외부의 감각적 세계와 내부의 무의식적 세계 모두를 관계시킨다.

> 자아는 정신적 사실들의 콤플렉스다. 이 콤플렉스는 자석 같은 대단히 매력적인 힘을 가지고 있어서 무의식으로부터 내용들을 끌어당긴다. …… 또한 외부로부터 어떤 인상을 끌어당기며, 이 인상은 자아와 연관될 때 의식적이 된다. 만일 그렇지 않다면, 그 내용들은 의식적이 아니다.[30)]

인간은 자기 자신이 무엇인지, 그리고 무엇이 아닌지를 규정함으로써 정체성과 자아를 형성한다. 비록 내 시야에서 멀리 떨어져 있지만, 발가락들은 여전히 내 몸의 일부분이다. 하지만 자신에게 젖을 먹이는 가슴은 자기 몸의 일부분이 아니라는 사실을 깨달은 아기는 정체성을 형성하게 된다. 인간이 할 수 있는 것의 많은 부분이 단지 잠재력으로 남아 있을 뿐이다. 그 잠재력은 실현될 수도 있고 실현되지 않을 수도 있기 때문에 자아 속에 포함되기도 한다. 예를 들어, 음악적 재능에 대한 잠재력을 가지고 태어났지만, 살아가면서 주위 환경으로 인해 그 잠재력이 발현되지 못할 수도 있다.

"음악적 재능에 대한 잠재력을 타고났다"는 말이 담고 있는 의도는 무엇인가? 이는 그러한 잠재력이 '유전자 속에' 있다는 것을 평범하게 표현한 말이다. 즉, 파란색 눈과 갈색 머리카락이 유전적 소인인 것처럼 어떤 사람은 음악적 재능에 대한 유전적 소인을 가지고 있다는 뜻이다.

---

30) C. G. Jung, *Analytic Psychology: Its Theory & Practice*, p. 10.

오늘날 우리는 유전적 계승이 DNA와 RNA의 나선형 사슬들 위에 존재하는 네 개의 염기들의 조합에 의해 암호화된 언어라는 사실을 잘 알고 있다. 미생물학자들은 재再조합형의 DNA기술을 사용해서, 다음 세대가 새로운 성질을 가지도록 바이러스의 DNA 사슬을 변화시킬 수 있었다. 이러한 기술을 사용해 새로운 식물들이 이미 개발되고 있다. 곧 새로운 동물들도 등장하게 될 것이다.

이러한 연구 자체가 우리를 깜짝 놀라게 만들긴 하지만, 중요한 사실은 DNA가 잠재력의 언어라는 점과 과학자들이 그 언어를 읽기 위해 애쓴다는 점이다. 솔직히 처음에는 이 잠재력의 언어가 매우 간단하다고 생각했다. 그러나 연구를 하면 할수록 상상했던 것보다 훨씬 복잡하다는 사실을 깨달았다. 예를 들어, 어떤 조합들은 본래 고유한 의미를 지닌 것처럼 보였다. 하지만 현대의 과학자들은 똑같은 DNA 사슬이 다른 문맥에서는 다른 의미를 가질 수도 있다는 사실을 잘 알고 있다. 또한 어떤 주어진 유기체의 DNA 사슬은 불변하다고 여겨졌다. 하지만 최근에는 자가 변화하는 성질을 가진 DNA 사슬들이 발견되었다. 의심의 여지없이, 더 많은 연구가 이 흥미로운 새로운 학문 분야에서 좀 더 깊은 미스터리들을 밝혀낼 것이다. 그러나 이러한 연구들이 "음악적 재능에 대한 타고난 잠재력은 무엇을 의미하는가?" 같은 우리의 질문에 답을 내놓기 위해서는 오랜 시간이 걸릴 듯하다.

각각의 학문들은 일반적으로 연구하는 분야가 다르긴 하지만 학계에 따라 다른 분야들을 다루기도 한다. 예를 들어, 물리학이 화학적 상호작용을 설명할 수 없기 때문에 화학은 분리된 학문으로 존재한다. 많은 학자들은 이것을 두고 인간의 지적 수준의 한계 때문이라고 주장할 것이다. 또 다른 학자들은 화학 영역인 분자의 조직이 물리학 영역인 원자의 조직으로 결코 환원될 수 없다고 주장할 것이다. 즉, 원자들이 어떤 복잡한 수준에 도달했을 때 어떤 새로운 분자들이 생겨났다고 주장할 것이다. 유사하게, 유기 분자가 어떤 복잡한 수준에 도달했을 때 세포라는 조직의 새로운 분야가 생겨났다고 주장한다. 그럼 새로운 학문이 이 새로운 분야를 다뤄야 하는데, 이때 등장하는 것이 생물학이다. 인간은 의식적이기 때문에 분화된 뇌에 있는 세포들의 어떤 조직화 수준에서 새로운 어떤 것, 즉 의식이 생겨난다고 가정해볼 수 있다. 그리고 이로 인해 심리학이라는 새로운 학문이 필요해졌다.

하나의 학문이 모든 현상을 다 설명할 수는 없다. 그래서 물리학자, 화학자, 생물학자, 심리학자들이 모두 필요한 것이다. 유전적 특성과 소인에 대해 알기 위해서 생물학적 연구가 필요하듯이, 의식과 무의식이 각각 개인적 정신 발달에 어떻게 관계되는지를 알기 위해서는 융의 연구와 똑같은 연구가 필요하다.

융의 연구는 의식으로 나오는 정보의 어떤 것, 예를 들어 정신분열증 환자가 지닌, 바람을 만드는 태양의 남근 환상 같은 것이 집단적이라는 사실을 보여준다. 이러한 집단적 기억들의 세세함은 '음악적 재능에 대한 타고난 잠재력' 같은 막연함과는 매우 다르다. 그러나 양쪽 모두는 인간의 정신을 적절하게 다루려는 어떤 모델 안에 반드시 포함되어야 한다. 심지어 가장 단순한 생물이라고 해도 본능적 행동은 믿을 수 없을 정도로 복잡하다. 새의 수많은 종과 특유의 노랫소리, 거미의 난해한 종과 특유의 거미집 같은 경우들이다. 유전적으로 전해지는 것에는 겉으로 보기에 거의 제한이 없는 듯하다. 물론 인간은 본능적 행동 목록에도 거의 제한이 없다. 능력의 더 높은 수준인 의식이 여전히 우리에게 개방되어 있기 때문이다.[31)]

융이 인간의 눈을 뜨게 해준 분야가 의식적·무의식적, 개인적·집단적이라는 개념들의 세계이다. 일단 우리가 집단적 무의식의 개념을 받아들이면, 그렇지 않을 경우에 당혹스러워질 수 있는 현상들의 광범위한 다양함에 대한 자연스런 설명을 얻을 수 있다. 그리고 집단적 무의식의 구조와 역동성을 조심스럽게 관찰하고 기록하는 일이 필요하다는 사실을 깨닫게 된다. 그것은 우리에게 제일 먼저 일반적인 원형들을 가져다주고, 그 다음에는 우리 모두의 개성화 과정에 중요한 발달 원형들을 가져다준다.

---

31) 이때까지는 참돌고래, 고래, 원숭이, 침팬지 같은 동물들이 의식적이라는 사실에 논란의 여지가 없어 보이는 듯했다. 그리고 의심의 여지없이, 연구가 증가하고 인류 중심주의가 열어짐에 따라, 우리는 다양한 생물체들과 공유하는 우리 의식이 더욱 광범위해지리라는 점을 기꺼이 받아들이게 될 것이다.

Chapter 12

괴델 증명의 배경

그것의 형태를 다소 정확하게 보여주는 휘장이 벗겨질 때, 그곳에는 인간의 사고 속에 존재하는, 오로지 공식의 기호로 이루어진 수학 그 자체만 남는다.[1)]

헤어 바룸

괴델과 그의 부모는 그 당시 모라비아의 브륀Brünn, 지금의 체코슬로바키아 브르노Brno라는 곳에서 태어났다. 융이 스위스 배경만을 지닌 것과는 달리, 괴델의 배경은 혼합되어 있다. 그의 부모는 대다수의 체코 사람들과 분리된, 독일어를 사용하는 큰 지역사회의 일원이었고, 자식들도 그렇게 성장했다. 괴델은 16세까지 브륀에서 자랐고, 그 후 16년은 비엔나에서 오스트리아 시민으로, 그리고 나머지 거의 42년은 미국으로 건너가 미국 시민으로 살았다.

괴델의 아버지는 섬유공장의 저명한 관리자로 근무했기 때문에 그의 가족은 비교적 유복했다. 괴델이 살던 지역을 거의 완벽하게 변화시켰던 제1차 세계대전조차도 괴델의 가족에게는 별 충격을 주지 않았

1) Lucienne Félix, *The Modern Aspect of Mathematics*(New York: Basic Books, 1960), p. 61.

괴델

다. 괴델은 끝없는 호기심 때문에 가족 내에서 애정이 넘치는 헤어 바룸Herr Warum[2)]이란 애칭으로 불리던 조숙한 소년이었다. 그의 호기심은 평생 동안 누그러지지 않았다.

비엔나에서의 대학 시절, 괴델은 1920년대와 1930년대에 논리실증주의로 알려진 학파를 만들었던 철학자들과 논리학자들, 그리고 언어학자들의 그룹인 비엔나 학파에서 많은 시간을 보냈다. 논리실증주의의 목적은 '철학을 정화해 형이상학적 요소들을 가려내고, 철학의 지침 원칙과 논리로 규율을 재구성하는 것'이었다.[3)] 그러나 논리실증주의는 러셀의 제자인 비트겐슈타인Ludwig Wittgenstein(1889~1951)이 1919년에 출간한 『논리철학논고*Tractatus Logico-philosophicus*』의 초기 사상들에서 직접적인 영향을 받았다.[4)]

비록 괴델이 비엔나 학파의 사상에서 많은 자극을 받긴 했지만, 그는 비엔나에 오기 전에 이미 자신의 철학적 견해를 완성한 상태였다. 그리고 괴델의 이러한 견해들은 논리실증주의의 견해와 직접적으로 대립했다. 괴델은 철학과 수학을 논리로 환원시키는 어떤 시도도 믿지 않았다. 그는 수학자들이 관심을 가지는 수학적 대상들은, 우리가 매일 현실에서 만나는 물질적 대상만큼이나 실재적이라고 봤다. 이러

---

2) Mr. Why, 영리한 아이를 가진 다른 부모도 분명히 공감할 수 있는 이름이다. *Kurt Gödel, Collected Works, Volume I: Publications 1929~1936*, Solomon Feferman, editor-in-chief(New York: Oxford University Press, 1986), p. 3.

3) W. L. Reese, *Dictionary of Philosophy and Religion*(Atlantic Highlands, NJ: Humanities Press, 1980), p. 314.

4) 비엔나 학파가 논리실증주의를 개발하고 있을 때 비트겐슈타인Wittgenstein은 『논리철학논고』에 발표한 자신의 생각들을 이미 거부한 상태였다. 비트겐슈타인은 거의 필적할 사람이 없는 대단한 지식인이다. 그는 융, 괴델과 마찬가지로 초기의 명성을 모두 거절했으며, 대신 자신의 방향으로 나아갔다. 그의 사상이 융과 괴델과는 다른 방향으로 진행되었기 때문에 그는 우리 역사에서 변두리가 되었다.

한 견해는 그가 비엔나에 오기 전부터 이미 괴델 자신의 철학의 중심을 이루고 있었고, 이는 처음으로 칸트의 저서들을 읽었던 10대 시절에 이미 형성된 듯하다.[5] 또 하나 흥미로운 점은 괴델은 그 시대까지의 어떤 특정 철학의 세부적인 내용보다 칸트의 철학에 깔려 있는 원형 가설에 더 반응했다는 사실이다.

괴델이 힐베르트의 프로그램을 만나다

> 힐베르트는 문제의 핵심을 알았다. …… 그는 어떤 공준 집합의 무모순성을 확립하기 위해 유한한 모델들을 사용했다. 그리고 그는 똑같은 방식으로 이론적 체계를 갖춘 미적분학에서 표식들의 구조적 특징을 지닌 유한수를 분석함으로써, 순수한 논리적 의심을 뛰어넘을 무모순성의 증명을 산출해낼 방법을 창안하려 했다.[6]

비엔나 학파의 사상보다 괴델에게 더욱더 즉각적인 관심의 대상이 된 것은 힐베르트와 빌헬름 애커먼Wilhelm Ackermann이 저술한 『논리 이론의 기초Foundation of the Theory of Logic』였다.[7] 힐베르트가 1900년에 자신의 프로그램을 정의했을 때, 칸토어의 초한수 집합이론은 수학에서 굳건히 자리를 잡고 있었지만, 모든 방면에서 공격도 받았다. 힐베르트는 칸토어의 이론만이 아니라, 모든 수학이 위험에 처

---

5) Solomon Feferman, "Kurt Gödel: Conviction and Caution," in S. G. Shanker, ed. *Gödel's Theorem in Focus*(London & New York: Routledge, 1988), pp. 100~101.

6) Ernest Nagel and James R. Newman, *Gödel's Proof*(New York: New York University Press, 1958), pp. 32~33. Nagel's and Newman's volume은 괴델의 증명에 대한 가장 일반적인 방법으로 소개한 책으로, 다음 장에서 광범위하게 활용될 것이다.

7) David Hilbert and Whilhelm Ackermann, *Gründzüge der theoretischen Logik*(Berlin: Springer, 1928).

해 있다는 사실에 두려워했다. 그러나 힐베르트는 초한수를 포함해 모든 수의 체계를 개발하는 형식적인 공리 방법을 사용함으로써, 또한 유한수의 정의·규칙·연산을 통해 무한을 다룸으로써 초한수 집합론이 보존되길 희망했던 낙관주의자였다. 러셀과 확연히 달랐던 힐베르트는, 유한수의 정의·규칙·연산이 무한수에서도 수학적 진리를 만드는 데 사용될 수 있기 때문에 무한이 여전히 옛날 방식에 따라 그 방법을 찾으려 한다는 사실을 깨달았다. 그래서 시스템이 완전하기도 하고 무모순적이기도 하다는 점을 증명하기 위해 시스템의 외부에서 어떤 방법을 발견하는 과정이 필요했다.[8)]

힐베르트

예를 들어, 1899년 즈음 힐베르트는 기하학을 산술로 환원하는, 즉 기하학을 위한 형식적인 공리 체계를 개발하려고 했다. 그래서 데카르트가 250년 전에 해석기하학의 발견과 함께 시작했던 과업을 완성시키려 했다. 물론 데카르트도 이러한 모든 변혁을 특징짓는 사상적으로 중대한 사실을 깨닫긴 했지만, 형식적으로 증명되기 위해 동등한 공리 체계가 필요하다는 사실을 깨닫기에는 시기적으로 너무 일렀

8) 수학자들에게 있어 완전하다는 것은, 참인 명제는 그 체계의 공리들로부터 유도될 수 없는 체계 안에서 만들어질 수 없다는 것을 의미한다. 무모순적이라는 것은, 수학자들에게 어떤 명제가 어떤 체계의 공리들로부터 나올 수 있다면, 그것의 반대 것은 역시 유도될 수 없다는 것을 의미한다. 즉, 명제는 참인 동시에 거짓일 수는 없다.

다. 그 후 힐베르트가 만일 산술이 완전하고 무모순적이라면 기하학도 그러할 것이라는 사실을 증명함으로써 바로 그 일을 해냈다. 즉, 산술 역시 완전하고 무모순적임을 증명하는 힐베르트의 프로그램이 1900년에 탄생한 것이다. 전체 시스템은 카드를 맞춰 지은 집과도 같다. 그래서 만일 중요한 카드(산술) 하나를 밑에서 잡아 뺀다면 그 집은 무너질 것이다.

힐베르트가 처음으로 프로그램을 생각해내고 수학이 해결해야 하는 23가지의 주요 문제들을 확인한 이후로 거의 30년이 지났다. 그동안 전 세계의 수많은 수학자들이 자극을 받긴 했지만, 그들 가운데 아무도 괴델이 아니었으며, 주요 문제들은 해결되지 않은 채 남아 있었다.

> 칸토어의 이론 역시 모든 방면에서 공격을 받았다. 이 공격은 무척 격렬해서 수학의 가장 평범하고 유용한 개념과 가장 단순하고 중요한 연역적인 방법조차 위협을 받았으며, 심지어 그것을 사용하는 것이 불법이라고 선언되기 직전이었다.[9)]

모든 수학과 철학을 논리학 안에 포함시키려는 목적을 가진 러셀과 화이트헤드는 서로 다른 방향을 택했다. 그들이 저술한 『수학 원리』는 모든 수학이 논리학에 포함되는 체계를 가진다는 취지를 담고 있었다. 힐베르트도 괴델처럼 러셀과 화이트헤드의 생각이 가능하다거나 바람직하다고 믿지 않았다.

---

9) David Hilbert, "On the Infinite," in Paul Benacerraf & Hilary Putaman, *Philosophy of Mathematics: Selected Readings*(Cambridge: Cambridge University Press, 1983), p. 190.

> 우리는 자신이 철학자, 그중에서도 특히 칸트와 일치한다는 사실을 발견한다. 칸트는, 수학은 논리와 무관하게 주어진 문제를 그 자체로 다룬다고 말했다. 이것은 칸트의 견해에서 핵심적인 부분이다. 즉, 수학은 단지 논리학에만 근거를 둘 수가 없다.[10)]

힐베르트는 『수학 원리』를 수학적 논리를 위한 하나의 형식적 공리 체계로 간주했다. 그리고 그 어떤 시스템도 수학을 사용하기에 안전하다는 것이 증명되어야만 한다고 강조했다. 힐베르트와 애커먼은 『논리학 이론의 기초』에서 수학적 논리를 위한 또 다른 형식적 공리 체계를 제시했다. 특히 힐베르트는 논리학을 수학의 부분집합으로 봤기 때문에 러셀과 화이트헤드가 결코 의문시할 생각조차 하지 못했던 인식론적 문제들에 역점을 둘 수 있었다. 이에 비해 러셀과 화이트헤드는 논리학의 보편타당성을 주장한다거나, 논리학적으로 유도된 체계가 완전하고 무모순적인지를 의문시하는 일이 전혀 불가능했다. 한참 후에 러셀은 다음과 같은 내용의 편지를 썼다.

> 당신은, 우리가 우리의 공리가 모순되지 않는다는 점을 증명하려는 시도에 무관심하다고 말했다. 그리고 괴델은 우리의 공리가 잘못되었다는 사실을 입증했다. 그러나 나는, 주어진 공리들의 어떤 집합도 모순이 되지 않는다는 점을 증명하는 일은 불가능하다고 생각했다. 그래서 나는 힐베르트의 업적에 거의 주의를 기울이지 않았다.[11)]

---

10) David Hilbert, "On the Infinite," in Paul Benacerraf & Hilary Putaman, *Philosophy of Mathematics,* p. 192.

11) John W. Dawson, Jr., "The Reception of Gödel's Incompleteness Theorem," in Shanker, ed. *Gödel's Theorem in Focus*에서 1963년 4월 1일에 러셀이 레옹 헨킨Leon Henkin에게 보낸 편지.

힐베르트는 아직 이런 문제들을 스스로 깨닫지는 못했지만, 그는 스스로 그 자신의 입장에 대한 어려운 문제점을 지니고 있었다. 동시에 괴델만큼이나 수학이 원형적인 형태와 관계가 있다고 믿었다. 그러나 힐베르트는 여전히 무한한 형태를 의미가 결여된 텅 빈 상징들로 환원하길 원했다. 하지만 괴델이 증명하려 했듯이, 이 또한 불가능했다.

> 논리적 연역법을 사용하기 위한, 그리고 논리적 연산을 시행하기 위한 전제조건으로 어떤 것이 개념 안에 주어져야 한다. 즉, **모든 사고에 앞서 논리 외적으로 직관되는 구체화된 대상들 같은 것**이 필요하다.[12)]

> 그러나 우리가 수학적 상징의 의미를 부인하는 것과 같이, 논리적 상징의 어떤 의미도 부인하고, 논리적 계산 공식들이 자체적으로는 아무런 의미도 없는 이상적인 진술이라는 사실을 밝히려는 것은 우리의 유한적 관점과 일치한다.[13)]

1900년부터 주요 문제들이 해결되지 않은 채 그대로 남아 있자, 힐베르트와 애커먼은 『논리학 이론의 기초』라는 새로운 책에 자신들의 방법을 제시했고, 어떤 경우는 그 책에 제시된 공리 체계 안에서 개정을 했다. 괴델이 처음으로 힐베르트가 제시한 프로그램과 주요 문제들을 해결하면 수학을 안전한 토대 위에 놓을 수 있을 것이라는 희

---

12) 힐베르트는 스스로 그 문제를 깨닫지 못한 듯하지만, 분명히 원형을 받아들이고 있었다는 나의 주장에 주목하라. David Hilbert, "On the Infinite," *Philosophy of Mathematics*, p. 192.

13) 여기서 힐베르트는 자신이 상징들에게 부여한 원형적 의미를 다시 찾으려고 노력 중이었다. David Hilbert, "On the Infinite," in *Philosophy of Mathematics*, p. 197.

망을 얻게 된 것도 바로 이 책 때문이었다. 확실하지는 않지만, 괴델이 러셀과 화이트헤드의 『수학 원리』를 처음 접한 것도 아마 이 책에서였을 것이다. 힐베르트의 문제들에 대해 괴델은 하나를 증명하려 했고,[14] 다른 하나는 반증하려 했으며,[15] 세 번째의 비非결정성을 증명하는 데 있어서는 몹시 고심했다.[16] 여기에서 중요한 것은, 힐베르트의 프로그램이 효과적으로 끝나는 데 괴델이 기여했으리라는 점이다.[17]

이 장의 남은 부분에서 우리는 힐베르트와 러셀의 분리된 접근법에서 무엇이 잘못되었는지에 대한 괴델의 근본적인 통찰력을 논의할 것이다. 그리고 괴델의 유명한 불완전성 증명은 16장에서 다룰 것이며, 칸토어의 연속체 가설에 대한 더 깊은 논의는 책의 마지막 장에서 다룰 것이다.

괴델의 통찰력

다시 한번 말하지만, 러셀은 자신이 발견한 역설을 충분히 해결할 수 없었다. 그 역설은 자신을 포함하지 않는 모든 집합들의 집합 역설이었다. 러셀은 『수학 원리』에서 요소들의 집합들, 집합들의 집합들, 집합들의 집합들의 집합들의 …… 같은 체계를 규정하는 것으로

14) 일반적으로 '완전성 문제'라고 불린다. 괴델을 불완전성 증명으로 이끈 사실을 제외하고, 그것의 관심은 주로 수학적인 것이므로 이 책에서는 다루지 않는다.

15) '무모순성'의 문제. 이것이 거짓임을 증명하는 동안 괴델은 그 유명한 불완전성 증명을 산출해냈다.

16) 칸토어의 연속체 가설. 힐베르트는 이를 자신의 목록에서 첫 번째 문제로 확인할 만큼 무척 중요하게 생각했다.

17) 지금까지도 괴델의 결과들이 해결되길 기대하고, 힐베르트의 목적들이 성취되길 기대하는 완고한 사람들이 있다.

문제를 부분적으로 해결할 수 있었다. 러셀 스스로도 이러한 해결에 무척 유감스러워했다.

힐베르트는 『수학 원리』에 언급된 어떤 형식적인 논리 체계도 완전성과 무모순성에 대한 인식론적 고려의 대상이 된다는 점을 알았다. 이것은 근본적으로 메타수학적, 즉 수학을 초월했으며, 단지 외부에서만 해결될 수 있었다. 그리고 무한으로 회귀하지 않는다면 해결 자체는 유한해야 했다. 예를 들어, "산술은 무모순적이고 완전하다"[18]가 메타수학적인 진술이다. 힐베르트는 이 진술은 산술을 초월하기 때문에 산술 내에서는 해결될 수 없다는 점을 인식했다. 그러나 힐베르트가 메타수학적인 문제들에서 이 부분을 분명히 파악했다고 말하는 것은 좀 과장되게 표현된 듯하다. 만일 힐베르트가 이 문제를 정확히 파악했다면 자신의 목적이 실현 불가능하다는 것을 깨달았을 것이다. 괴델은 이러한 모든 문제들에 대해 매우 분명했으며, 후에 다음과 같이 말했다.

> 언어 A에 대한 완전한 인식론적 기술은 똑같은 언어 A로 주어질 수 없다. 왜냐하면 A 문장의 진리 개념은 A 안에서 규정될 수 없기 때문이다.[19]

괴델의 이 간결한 요약은 칸토어, 프레게, 러셀에게 쏟아지던 비탄의 원인이기도 했던 역설들이 결코 규정될 수 없다는 사실을 암암리

---

18) 메타Meta는 형이상학에서처럼 '위의, 넘어선, 초월'을 의미한다. 형이상학은 물질적인 설명을 초월하는 궁극적인 질문들을 다루는 철학의 한 분야다. 유사하게, 메타수학적 명제들은 수학을 초월하는 수학에 관한 명제들이다.

19) Solomon Feferman, "Kurt Gödel: Conviction and Caution," in *Kurt Gödel, Collected Works,* Volume 1, p. 105에서의 괴델에 의한 인용.

에 인정하는 것이었다. 칸토어의 초한수 집합론은 '모든 집합들의 집합'의 역설 때문에 공격을 받았다.[20] 프레게 같은 논리학자는 수학을 수학적 논리로 환원함으로써 이 문제를 피하길 원했다. 하지만 러셀이 수학적 논리 안에서 '그들 자신을 포함하지 않는 모든 집합들의 집합'을 발견한 순간 프레게의 희망은 깨져버렸다.[21] 또한 러셀은 무한대로 점차 사라지는 집합들의 체계적인 연속물로 역설을 해결하는 새로운 논리 체계를 만들려고 시도했다. 괴델은 어떤 체계도 이와 똑같은 문제에 부딪히게 된다는 사실을 깨달았다. 하지만 러셀은 자신의 공리 체계 안에서 해결될 수 없는 체계 자체에 대한 의문을 늘 가지고 있었으므로 결코 그 문제를 밀어제쳐 둘 수 없었다. 우리는 힐베르트와 형식주의자들이 그랬던 것처럼 그 공리 체계가 완전하고 무모순적이었는지를 물을 수 있다.

그러나 괴델은 힐베르트보다 더 깊게 봤다. 문제는 무한이 아니었으며, 또한 수학을 유한의 과정들로 환원시킬 필요도 없었다. 이 문제에 대해 이야기하면서 괴델은 1967년에 '논리학자들이 맹목 또는 편견에 의해 비非유한적 논리가 메타수학의 의미 있는 부분으로 받아들여지지 않았던 상황'을 비난했다.[22] 괴델은 또한 산술(아니면 어떤 다른 체계)이 무모순적이라는 증명이 곧 모든 진술이 그 체계 안에서 참으로 결정될 수 있다는 것을 증명한다는 점도 결코 받아들이지 않았다. 러셀이나 힐베르트는 공리 체계 안에서 참 또는 거짓으로도 증명될 수 없는 참인 진술이 존재한다는 생각을 결코 하지 못했다.

---

20) 7장을 보라.

21) 9장을 보라.

22) Solomon Feferman, "Kurt Gödel: Conviction and Caution," in *Kurt Gödel, Collected Works*, Volume 1, p. 102.

> 만일 수학적 체계들이 단지 메타수학을 **통해서만** 의미의 어떤 대체물을 획득할 수 있는 무의미한 상징들로 구성되어 있다면, 누가 어떻게 수학적 체계 안에서 메타수학에 대한 것을 **표현할 수 있다고** 생각하겠는가?[23)]

괴델은 이러한 믿음을 가지고 있었기 때문에 깨달음에 이를 수 있었다. 피타고라스와 플라톤, 그리고 칸트와 거의 비슷하게 괴델은 수학이 수나 모양 같은 영원한 원형적인 실체를 다룬다고 믿었다. 단, 그들과 괴델의 차이는 이러한 믿음에 접근하는 괴델의 높은 지적 교양에 있었다. 즉, 괴델과 플라톤 사이에는 23세기라는 시간 차이가 놓여 있었으며, 칸트의 깨달음도 한 세기 반 전의 일이었다. 집단적 무의식에 대한 원형 개념이 이 오랜 기간에 걸쳐 인간의 정신 안에 서서히 나타나기 시작했다. 비록 융과 융보다 조금 덜 했던 괴델을 제외하고, 각기 다른 분야에서 개벽 분야들의 고유 언어로 같은 내용을 얘기하고 있다는 것을, 개별 분야의 좁은 시야를 벗어나 깨달은 사람이 아무도 없었다고 해도, 이는 마침내 모든 분야에서 나타나기 시작하고 있었다. 이 책에서 우리는 괴델과 융을 강조하고 있다. 왜냐하면 괴델은 수학에서의 원형 가설에 대해 가장 순수하게 표현했고, 융은 정신에서의 원형 가설에 대해 가장 완전하고 명확하게 표현했기 때문이다.

하지만 이 책이 수학과 심리학에 제한되어 있다고 해서 인간 정신 안에서 상징적 표현으로 드러나는 원형 가설이 반드시 모든 분야에서 동시에 나타나야 한다는 기본 사실을 결코 잊어서는 안 된다. 예를 들어, 중세의 예술에서는 외부적 사실보다 내부의 영적 진리에 더 많

---

23) Solomon Feferman, "Kurt Gödel: Conviction and Caution," p. 107에서의 괴델에 의한 인용.

은 관심을 가졌다. 반면, 르네상스 시대의 예술가들은 시선을 세상 밖으로 옮겨서 현실을 정확하게 포착하려고 했다. 그리고 이러한 경향은 이차원의 캔버스 위에 삼차원적 느낌을 부여하는 원근법 사용 같은 추상적 표현의 증가를 가져왔다. 심리학과 수학에서의 점진적 변화와 병행해 그림도 점진적으로 변화해갔다.

19세기 후반, 심리학에서 무의식의 이론, 수학에서 칸토어의 초한수 집합론이 나오기 시작할 무렵, 추상예술이 나타나기 시작했다. 예술가들은 물질세계와 정신세계는 분리되고 구별된다고 믿었지만, 캔버스 위에 표현되는 예술작품에서는 어떻게든 화해해보려는 역설적 사실의 깨달음과 싸우고 있었다. 이러한 경향은 잠시 동안이나마 예술작품이 그 자체의 본질로만 평가되는 완전히 추상적인 예술을 이끌어냈다. 그러나 이후 예술가들은 이 입장을 넘어서, 세상과 정신, 그림을 분리하려는 경향을 초월하는 예술적 가치가 분명히 존재한다는 원형적 인식으로 진보해 나갔다. 지금도 예술 분야에서는 이 문제가 해결되지 않은 채 남아 있다. 여전히 위치 다툼을 하는 현재의 예술 스타일의 다양성이 이를 증명해준다.

이와 비슷한 역사가 음악, 건축학, 문학 등등의 다양한 분야에서도 전개될 수 있다. 물론 어떤 역사가 우리의 토론에 의미를 부여하기 위해서는 심리학의 발달과 수학의 발달 사이에 그어진 명백한 평행선과 똑같은 수준의 선이 존재해야 한다. 하지만 이러한 평행선이 그곳에 있을 것이라고 믿고 안심하고 있다.

이쯤에서 괴델의 증명 배경을 잠시 접어 두고, 다시 융에게 돌아가 개성화 과정의 주요 모델에 대해 논의해보자.

Chapter 13

발달의 원형: 그림자

인간은 자신의 그림자를 보는 것을 좋아하지 않는다. 그래서 문명화된 사회에서는 자신의 그림자를 완전히 잃어버린 사람들이 많다. 그들은 그림자를 제거해야만 했다. 그들은 단지 이차원적이었다. 그들은 자신의 삼차원을 잃어버렸고, 그것과 함께 대부분 육체도 잃어버렸다.[1)]

유년기의 발달

자아의식은 대체로 경계 영역에서 존재하기 시작하는 듯하다. 그리고 아기와 엄마 젖가슴의 예처럼, 처음에는 분화가 되어 있지 않다. 즉, "나는 누구다"라는 말은 "나는 누가 아니다"라는 말과 같으며, 반대의 경우도 마찬가지다.

성장은 우리의 신체적·가족적·사회적 환경에 의해 부과되는 많은 종류의 금지와 제한을 포함한다. 어떤 행동으로 칭찬받고, 또 다른 행동으로 꾸지람을 들은 아이는 반드시 칭찬받을 수 있는 행동을 하려고 할 것이다. 처음에는 아이에게 어떤 행동이 좋고 어떤 행동이 나쁜지를 가르치기 위해 부모의 칭찬과 꾸지람이 필요하다. 어느 정

---

1) C. G. Jung, *Analytic Psychology: Its Theory & Practice*(New York: Vintage Books / Random House, 1968), p 23.

도 시간이 지나면 더 이상의 칭찬과 꾸지람이 필요하지 않다. 아이는 아마도 내부로부터 그 이야기를 듣는 듯하다.[2] 많은 부모들이 아이가 나쁜 짓을 한 뒤 스스로에게 큰소리로 "나쁜 계집애(또는 녀석)!"라고 말하는 모습을 뒤에서 몰래 지켜본 적이 있을 것이다.

그러나 이러한 내적 부모는 과도기적인 현상으로 보인다. 어느 정도 성장한 뒤에는 그렇고 그런 행동들을 보이고, 다른 반대되는 행동들은 보이지 않는 것이 바로 인간이다. 문제가 생길 때마다 결정하는 것보다 늘 특정한 방식으로 행동하는 것이 정신 조직 측면에서 더 효과적이기 때문이다.

어쨌든 나쁜 행동과 관련된 기억들은 의식에서 멀어진다. 우리는 다른 식으로 행동할 수 있었다는 사실을 스스로가 더 이상 알지 못한다. 그러나 우리가 발달시켜 나간 인격이 우리의 근본적인 존재로부터 너무 멀리 빗나가게 되면,[3] 무의식에서는 보상적인 상像, 즉 **그림자**가 형성된다. 개인적 생활에서 부적합해 보이고 부정했던 모든 부분들이 어떤 하나의 원형적 핵 주위에 모이게 된다. 그리고 우리가 나쁜 것으로, '우리가 아닌 것not us'으로 간주한 모든 것이 이 중심 주위로 축적된다.

흡혈귀와 늑대인간

프로이트와 마찬가지로, 융 역시 환자들의 꿈을 무의식 세계와 연결된 창으로 이용했다. 분석 초기에 그들의 꿈은 낯선 그림자 상들로 채워져 있었다. 그림자는 정상적으로 꿈꾸는 사람과 같은 성性을 가진

2) 이것이 바로 프로이트가 말한 '초자아'이다.

3) 융은 '자기Self'라고 칭했다. 15장을 보라.

상으로 꿈에 나타나지만, 초기의 그림자 상은 덜 분명하게 규정되며 자주 동물이나 다른 행성의 외계인, 유인원, 흡혈귀, 늑대인간처럼 인간이 아닌 모습을 가지기도 한다. 그러나 분석이 점차 진행될수록 그림자 상은 인간적인 특징을 더욱 발달시켜 나가면서 동물과 외계인에서 흑인, 아랍인, 인디언 등등의 어두운 피부를 가진 사람들로 옮겨간다.[4)]

> 콤플렉스가 의식으로부터 더욱 멀어질수록 좀 더 이상하고 기괴하고 신비로운 힘으로 가득 찬 그로테스크한 상징이 되기 쉽다.[5)]

분석이 계속됨에 따라 그림자 상은 원시인에서 낯선 사람들로, 아는 사람들로, 친구들로 전개된다. 즉 미지의, 두려운, 경멸하는 존재로부터 아는, 존경하는, 편안한 존재로 진전되는 것이다. 그리고 꿈꾼 사람의 특별한 그림자 인격이 막연하고 분명치 않은 **타성**他性otherness에서 정확하면서도 정밀한 인물 묘사로 진전된다.

> 환자가 힘을 얻게 됨에 따라 어떤 콤플렉스에 대한 상징은 그 상징이 형태적으로 변화하고, 그 변화는 대충 그리고 일반적으로 일정한 계획을 따를 것이다.[6)]

---

4) 백인들은 꿈에서 너무 쉽게 백인이 아닌 인물로 그림자 역할을 채운다. 이는 개인적인 외부 편견의 정도나 편견을 전혀 가지지 않는 것과 관계가 없는 듯하다. 정신은 꿈을 꾸는 사람이 거의 또는 전혀 알지 못하는 누군가를 찾고 있는 것이다.

5) Julius C. Travis. "The Hierarchy of Symbols," in *The Shaman from Elko*(San Francisco: C. G. Jung Institute of San Francisco, 1978), p. 224.

6) Julius C. Travis. "The Hierarchy of Symbols," in *The Shaman from Elko*, p. 232.

투사와 전이

프로이트는 환자가 자신의 내부 갈등을 분석가에게 전이transference 또는 투사projection하려는 경향을 가진다는 '전이와 투사의 과정'을 맨 처음으로 발견했다. 프로이트의 기술은 매우 정확했다. 즉, 신경증은 우리 스스로가 내부의 갈등을 인정하고 다룰 수 없을 때 나타나는 증상이다. 갈등이 해결되지 않은 채로 남아 있는 한, 그 갈등은 더욱더 우리의 주의를 환기시킨다. 또한 의식적으로 갈등의 근원을 인정할 수 없기 때문에 인간은 눈길을 돌리는 어느 곳에서나 그 갈등과 마주치게 된다. 치료기간 동안, 분석가와의 관계가 가장 중요할 수 있기 때문에 환자는 내부 갈등을 분석가에게 투사하고 분석가는 환자의 갈등을 경험한다.[7)]

어떤 사람이 금지된 욕구, 예를 들어 사랑이 없는 단순한 성적 욕구를 가졌다는 사실을 인정할 수 없을 때, 그는 의식으로부터 그 욕구에 대한 인식을 모두 차단한다. 무의식에서는 이렇게 부정된 욕구들이 적극적으로 인격화된 전체로 조직화되며, 이 인격화된 조직은 분명히 **다른 어떤 것**으로 보일 수 있으므로, 꿈꾼 사람은 이것을 의식적으로 인정할 수도 있다. 아마 꿈꾼 사람은 광란의 섹스 파티에 탐닉한 남쪽 바다의 원주민과 같은 원시적인 사람들이 존재한다는 사실을 기꺼이 인정할 것이다. 이는 꿈꾼 사람의 자아상과는 거리가 매우 멀기 때문에 꿈꾼 사람의 의식이 충분히 받아들일 수 있는 상

---

7) 비록 융은 투사와 전이를 프로이트보다 훨씬 더 넓고 더 복잡한 것으로 봤지만, 위에 기술된 투사의 제한적 의미는 그림자 문제를 이해하는 데 도움이 된다. 투사와 전이에 대한 융 학파의 견해를 자세히 알고 싶다면 Marie-Luise von Franz, *Projection and Re-Colllection in Jungian Psychology: Reflection of the Soul*(La Salle: Open Court, 1980).

이다.

만일 꿈꾼 사람이 의식적으로 꿈의 상과 교전한다면, 문제 해결을 위한 투쟁이 시작될 수 있다. 예를 들어, 꿈꾼 사람이 "어떻게 원주민이 무분별한 섹스에 탐닉할 정도로 타락했을까?"라는 의문을 가지면 투쟁은 시작된다. 자신이 이러한 욕구를 가지고 있다는 사실을 깨닫기 시작할 때까지 점차적으로 자기 자각이 진행된다. 금지된 욕구를 정직하게 인정하기까지의 길은 멀고도 고통스러울 수 있다. 그러나 의식과 무의식 사이의 대화가 일단 시작되면 문제는 해결될 가능성이 있다.

그런데 꿈에 나타난 상이 꿈꾼 사람과 아무런 관련이 없는 것으로 무시된다면, 갈등에 대한 해결의 필요성은 더욱 강해질 것이다. 즉, 점차 강도가 세지는 감정적 에너지가 그림자 상像에게로 향하게 될 것이다. 만일 에너지가 매우 강해서 꿈꾼 사람이 더 이상 그것을 붙잡고 있을 수 없다면, 그것은 의식으로 난입하게 된다. 그러나 환자는 여전히 자신과 미개하고 타락한 원주민이 같다는 사실을 인정할 수 없기 때문에 그것에 들어맞을 듯한 누군가에게로 투사해버린다. 융은 "투사는 세상을 자신의 미지의 얼굴의 복제로 바꾼다"고 말했다.[8)]

만일 에너지가 충분히 강하다면 적합성에 근접해야 할 필요가 없다. 인간은 자신의 성적 도덕성과 일치하지 않는 누군가를 성적 도착자로 볼 수도 있을 것이다. 이 문제는 자주 분석가에게 투사되거나 전이된다. 프로이트는 치료 과정에서 쌍을 이루는 두 극은 꿈의 내용에 대한 자유연상, 그리고 정신 분석가에게로의 전이를 통한 해결이라고 생각했다. 후자의 과정을 진전시키기 위해 프로이트는 정신 분

---

8) C. G. Jung, *Collected Works, Vol. 9ii: Aion, Research into the Phenomenology of the Self* (Princeton: Princeton University Press, 1959), ¶ 9.

석가들은 가능한 한 환자에게 자신을 드러내지 말아야 한다고 생각했다. 그러면 분석가는 환자가 자신의 갈등을 투사할 수 있는 이상적인 공백의 스크린을 형성할 수 있다. 반면, 융은 전이의 가치를 덜 신뢰하는 편이었다.

> 전이가 반드시 요구되어야 한다고 생각하는 사람은, 전이가 치료적 요소들의 하나에 불과하며, **전이**라는 단어는 도저히 요구될 수 없는 현상인 **투사**와 매우 유사하다는 사실을 잊고 있는 것이다. 나는 개인적으로 가벼운 전이만 이루어지거나, 실제로 그것이 눈에 띄지 않을 때가 좋다.[9]

무의식에 의해 꿈에서 생성된 그림자 상은 정확하게 그 문제를 반영한다. 그래서 가능한 범위 내에서 꿈은 그림자 문제들을 다루는 이상적인 장소다. 만일 그림자가 꿈이 아닌 외부 세계의 누군가에게 투사된다면, 그 적합성은 떨어질 것이다. 우리가 자신의 그림자와 정확히 맞아떨어지는 사람을 만나는 일은 매우 드물기 때문이다. 그러나 세상에서 대면하는 그림자의 투사들을 다룰 때의 감정적 에너지와 똑같은 강도로, 꿈에서의 그림자 상을 대면할 수 있는 사람은 비범한 인물이다. 그래서 그림자의 개인적 내용을 통합하는 과정은 꿈에서의 그림자 상뿐 아니라 외부 세계와의 상호작용을 필요로 한다.

---

9) C. G. Jung, *Collected Works, Vol. 7: Two Essays on Analytical Psychology*(Princeton: Princeton University Press, 1966), ¶ 8-9 Jung's emphasis in all cases.

그림자의 통합

융은 그림자의 개념을 이론적으로 만들지 않았다. 융은 대부분의 환자들에게서 분석 초기의 꿈들이 그림자 상들로 채워져 있으며, 이 시기에 나타나는 문제들은 그림자 문제로 특징지어진다는 사실을 알았다. 그리고 환자가 집단적인 것에서 개인적인 것을 구분해나감에 따라 그림자 상들도 진전되는 과정을 지켜봤다. 여기에서 융은 그림자 유형과 다양성, 그리고 동반하는 갈등들이 아무리 넓고 다양해도,[10] 모든 환자들이 지니는 근본적인 문제는 똑같다는 중요한 사실을 깨달았다. 다시 말해, 환자들에게 그림자의 상들이 정신의 일부라는 것과 환자 자신이 그러한 사고와 욕구를 가졌다는 것을 어떻게 인정하게 만드느냐가 문제였다. 즉, 이 단계에서의 문제는 욕구들을 어떻게 다루느냐보다 이러한 욕구를 가졌다는 점을 스스로 인정하게 만드는 것이었다. 이는 환자에게 아주 큰 용기를 필요로 한다.

융은 꿈에 나타나는 다양한 상들 밑에는 대부분 하나의 집단적 실체가 존재한다는 것을 알았다. 꿈에 나타나는 그림자 상들은 꿈꾼 사람에게는 개인적인 반면, 그림자 자체는 집단적 실체다. 다음 인용문에서 융은 또 다른 원형의 인격화인 아니마Anima / 아니무스Animus에 대해 말하고 있지만, 그의 주장은 그림자의 인격화에도 동등하게 적용된다.

> 신화의 경우처럼, 나 역시 아니마와 아니무스를 인격화하는 것에 대해 비난받고 있다. …… 인격화는 내가 만들어 낸 것이 아니다.

10) 본문의 예처럼 결코 성적 문제에 제한되어 있지 않다.

> 그러나 인격화는 현상의 본질에 내재되어 있다. 아니마가 심적인 것이며, 그래서 개인적, 자율적 시스템이라는 사실을 간과하는 것은 비과학적이다. …… 아니마는 문제의 자율적 시스템의 개인적 성질을 표현하는 것에 불과하다. 이 시스템의 성질이 무엇인가 하는 점은 초월적 의미이므로, 즉 경험의 범위를 넘어서는 것이므로 인간이 알 수가 없다.[11]

원형을 다루는 데 있어서, 우리는 우리가 입고 있는 옷이 아니듯이, 원형은 원형이 입고 있는 상이 아니라는 점을 이해하는 것이 중요하다. 원형은 인간의 정신에 거주하는 영원한 원칙들이며, 그 자체는 인격으로 통합하는 인간의 어떤 개인적 능력을 넘어서는 것이다. 융이 그림자 같은 원형의 통합에 대해 이야기할 때, 사실상 그는 원형 주위에 밀집해 있는 개인적 경험들과 기억들의 통합을 의미하고 있었다. 집단적 실체로서의 원형은 개인의 의식에 큰 해를 끼치지 않고서는 의식에 통합될 수가 없다. 개인적 경험들은 원형을 살찌우기 위해 그 주위에 축적된다. 시간이 지남에 따라, 인간은 이러한 개인적 경험들과 상들의 반영半影을 통해 원형을 만난다. 일단 인간이 원형을 둘러싸고 있는 개인적 경험과 그 원형 자체의 집단적 경험을 구별하고, 개인적인 것을 우리의 의식으로 통합할 수 있게 되면 원형은 집단적인 것으로 줄어들고, 이는 다시 한번 인격으로 통합할 수 있는 개인적 능력을 넘어선다.

> **내용들**,[12] 즉, 아니마와 아니무스[13]의 **내용들**이 통합될 수 있다고

11) C. G. Jung, "Commentary on The Secret of the Golden Flower," in *Collected Works, Vol. 13: Alchemical Studies*(Princeton: Princeton University Press, 1967), ¶ 61.

12) 융의 강조.

해도, 아니마와 아니무스는 원형이기 때문에 그 자체는 통합될 수 가 없다. 그런 점에서 아니마와 아니무스는 전체성에 있어서 의식의 한계를 넘고, 그래서 결코 직접적인 인식의 대상이 될 수 없는, 한 마디로 정신 구조의 초석들이다. …… 아니마와 아니무스는 그 들 내용들의 통합에도 불구하고 자율적으로 남으며, 이로 인해 항상 마음에만 머물러야만 한다.[14]

확장된 자아

우리가 자기인식self-knowledge을 통해 스스로를 더욱 의식화하고, 그에 따라 행동하면 할수록 집단적 무의식에 겹쳐진 개인적 무의식의 층은 감소될 것이다.[15]

그림자는 자아가 자아 자체의 견해가 매우 편협하다는 사실을 받아들일 때 나타난다. 그림자가 나타난다는 것은, 인간의 정신이 개인을 각자의 잠재력으로 밀고가는 어떤 기능을 가지고 있다는 주장의 한 증거다. 이는 마치 온도조절장치처럼 항상성의 원칙에 불과한 것처럼 보일 수도 있다. 방 안의 온도가 적정 온도와 큰 차이가 날 때 온도조절장치는 히터나 에어컨을 끄거나 켜서 온도를 조절한다. 비록 이것이 인간 정신이 가지는 전부라고 해도(인간의 정신은 그렇게 간단하지 않지만), 이는 최소한 자아가 비교될 수 있는 참고점이 존재할 것이라는 점을 의미한다. 이 참고점이 바로 융이 '자기Self'라고 부른 것이

13) 다른 원형들도 마찬가지다.

14) C. G. Jung, "Commentary on The Secret of the Golden Flower," in *Collected Works*, Vol. 13, ¶ 20.

15) C. G. Jung, *Collected Works, Vol. 7: Two Essays on Analytical Psychology*, ¶ 178.

다.[16] 만일 자아가 '자기'로부터 너무 멀리 빗나가게 되면 보상적 작용이 일어나게 되고, 이때 그림자가 나타난다.

그림자가 인격으로 통합될 때까지, 세상은 사실상 무의식의 산물인 적들이나 악마들로 가득 찬 것처럼 보인다. 그 후에는 자신과 일치하지 않는 개인들로 보일 수도 있다. 이미 설명했듯이, 그림자 상은 처음에는 두려운 또는 경멸의 대상으로 나타난다. 인간이 그림자 상과 대면하고 성격의 일부라고 할 수 있는 그림자의 부분들을 회복하면, 그림자 상은 가까운 친구들이나 친척들로 표현될 때까지 계속해서 진화한다. 전에는 부정되던 이러한 특성들이 회복됨으로써 자아는 확장된다. 그리고 행동의 선택 범위도 확장된다. 한 가지 행동을 즉시 유도했던 행동과학자들의 자극－반응 모델에서와 같이, 어떤 상황과 대면했을 때 인간은 선택의 자유를 가진다. 그림자의 개인적 내용에 대한 성공적인 통합은 자신의 성격에 다른 부분이 존재한다는 점을 받아들일 수 있도록 한다. 그림자를 인정할 때까지 인간은 깊이가 없는 명색뿐인 인물에 지나지 않는 듯하다. 그림자를 인정한 후에 인간은 자신이 세상에 제시하는 얼굴보다 더 많은 얼굴을 가지게 된다.

비록 그림자가 우리 모두에게 나타나는 원형처럼 집단적이긴 하지만, 그림자가 제시하는 문제의 해결은 전에는 주목받지 못하거나 거절된 자신의 독특한 성격 가운데 부분들로 그 문제를 받아들일 때 이루어진다. 그래서 대부분의 그림자 문제는 개인적이다.

선택 범위의 증가는, 더욱 확장된 건강한 존재를 의미하는 동시에, 도덕적 딜레마의 증가를 의미하기도 한다. 그러한 점에서 새로운 원형이 등장하는데, 그것이 바로 **아니마 / 아니무스**다.

---

16) 15장을 보라.

Chapter 14

발달의 원형: 아니마 / 아니무스

집단적 무의식의 자율성은 아니마와 아니무스의 상像들로 표현된다. 이러한 상들은, 투사가 철회될 때, 의식으로 통합될 수 있는 내용들을 인격화한다. 여기서, 아니마와 아니무스 상들은 기능[1]을 나타내게 된다. 그 기능이란 집단적 무의식의 내용들을 의식으로 여과시켜 내는 역할을 말한다.[2]

의식과 무의식 사이를 연결하는 기능

환자의 꿈과 행동에 관한 연구들은 융에게, 인간은 남성적 · 여성적 특징을 모두 가지고 있다는 사실을 확신시켜 주었다. 정상적으로는 그 어느 쪽 성性도 이성異性과 연관된 행동들을 받아들이거나 사용하지 않기 때문에 이러한 특징들은 무의식에 남게 된다. 무의식에서는 자신이 받아들이지 않은 동성同姓의 개인적 성격이 그림자를 형성하듯이, 이러한 억압된 행동들이 이성의 인물들로 인격화된다. 융은 남성 속의 여성을 아니마라고 불렀으며, 반대로 여성 속의 남성을 아니무스라고 불렀다.

---

1) 융의 강조.

2) C. G. Jung, *Collected Works, Vol. 9ii: Aion, Research into the Phenomenology of the Self*(Princeton: Princeton University Press, 1959), ¶ 20.

그림자는 우리의 숨겨진 개인적 성격이 인격화된 원형의 표현이지만, 아니마 / 아니무스는 개인적 경험과는 멀리 떨어져 있다. 가장 기본적인 수준에서, 아니마 / 아니무스는 의식과 무의식 사이의 관계를 인격화한 원형의 표현이다. 우리는 이미 무의식에 존재하는 원형들이 콤플렉스들을 형성하기 위해 어떻게 개인적 경험을 모으고, 의식의 중심으로서 자아가 어떻게 그러한 콤플렉스들 중에서 가장 중요한지를 논했다.[3] 아니마 / 아니무스는 자아와 무의식 사이를 연결한다. 그리고 그 자체가 복잡한 심리학적 기능이기도 하다. 그러나 이 복잡한 기능이 이성적 원형의 인물들에 의해 정신에 인격화된다는 점을 발견한 것은 융이었다.

융은 남성에게 있어서 의식과 무의식을 연결하는 것이 영혼이라고 생각했다. 그런데 그는 영혼이라는 단어의 기독교적 함축적 의미와 구별하기 위해 영혼의 그리스어 표현인 아니마라는 단어를 사용했다. 융의 아니마는 그리스인과 대부분의 다른 고대문화들이 인간을 몸·영혼·정신의 세 부분으로 나눈 것에서 몸과 정신을 연결하는 고리였다.

> 아니마는 의식이 만들어 내는 것이 아니라 무의식의 자발적인 산물이다. 그리고 아니마는 모성을 대체하는 상도 아니다. 오히려, 모든 남자아이들에게 새롭게 화신이 되는 아니마의 집단적 원형으로부터, 모성-이마고mother-imago를 위험할 정도로 강력하게 만드는 초자연적인 성질들이 나올 가능성이 있다는 것이다.[4]

---

3) 11장을 보라.

4) C. G. Jung, *Collected Works, Vol. 9ii: Aion, Research into the Phenomenology of the Self*, ¶ 14.

융은 아니마와 아니무스를 정확히 구분했다. 아니마가 영혼이라는 뜻의 그리스어인 데 반해, 아니무스는 마음 또는 정신이라는 뜻의 그리스어다.

> 여성에 있어서 투사를 만드는 요소를 마음이나 정신이라는 의미의 아니무스라고 했다.[5)]

융은 이미 남성과 여성의 조건과 개성화에 수반되는 길을 구분했다. 따라서 아니마의 문제를 해결하는 남성의 일은 영혼을 통합하는 것이다. 아니무스를 해결하는 여성의 일은 정신을 통합하는 것이다. 융은 발달의 정상 과정이 이미 남성으로 하여금 정신을 통합하도록 시키고, 여성으로 하여금 영혼을 통합하도록 시킨다고 생각했다. 그래서 아니마 / 아니무스를 통합하는 데 있어서, 각 경우의 목적은 그림자와 마찬가지로 상실된 전체성의 회복이다.

융이 정의한 아니마와 아니무스의 어떤 특징은 남녀 차별처럼 들리기도 한다. 융이 특정의 시간에 한정되지 않는다고 간주한 특징들은, 정해져 있는 원형 자체로서 고유한 것이라기보다는, 지금은 어느 정도 문화적으로 결정된 것으로 볼 수 있다. 남성은 발달된 정신을 가진 이성적인 피조물이고, 여성은 발달된 감정과 직관을 가진 비이성적인 피조물로 특징지어지는 것에 더 이상 편안해할 여성은 없다. 그러나 남녀 차별이라는 이유로 융의 아니마 / 아니무스 개념을 버리기 전에 두 가지는 기억해야 한다.

---

5) C. G. Jung, *Collected Works, Vol. 9ii: Aion, Research into the Phenomenology of the Self*, ¶ 14.

(1) 융은 이러한 내용이 거의 중요시되지 않던 시대에 남성적·여성적 특징이라고 간주되는 것들의 동등한 중요성을 주장하고 있었다.

(2) 정신의 원형 역사에서 남녀 간의 관계와 관련한 최근의 발달들은 거의 중요하지 않다.

융이 아니마와 아니무스의 특징으로 기술한 많은 부분은 여전히 현대의 여성과 남성에게 의미가 있다. 가장 중요한 점은 아니마/아니무스의 통합 필요성이 정신의 전체성을 향한 다음 단계라는 것이다. 몇 차례 언급했듯이, 몸과 감정을 희생시킴으로써 르네상스 시대 이후 정신이 크게 발전했다. 물리적 현실을 객관적으로 바라보는 관찰자로서의 인간의 역할이 커지게 되었고, 정신은 자연과의 무의식적 단일체에서 분리되기 시작했다. 그러나 정신과 몸 사이의 분열은 이미 르네상스 시대 이전부터 진행되고 있었다. 기독교에서는 죄 많은 몸이 신을 섬기는 정신에 종속되어야 할 필요성이 있다고 강조했다. 기독교, 불교, 이슬람교 등 현대의 위대한 세 종교들은 이 새로운 테마를 자신의 방식대로 해석하고 설파했다. 대조적으로, 몸이 본래 악하다는 사상은 힌두교와 유대교 같은 더 오래된 종교에서는 중심을 이루고 있지 않았다.

중세 기독교는 도그마의 범위를 넘어선 어떤 불확실한 사고를 효과적으로 끝내는 동시에 신학적 사고를 급격하게 팽창시켰다. 중세의 신학은 현실과의 신체적 연결을 희생하는 대신, 인간과 신의 정신적 연결이 증대되어야 한다고 강조했다. 르네상스 시대에는 대상을 관찰하는 정신이 그 힘을 물질세계로 전환함에 따라 정신과 몸의 분리가 가속화되었다. 인간은 점차 종교적인 도그마보다 증명을 위한 물질세계로 눈을 돌렸다. 우리가 종교의 권위를 점점 덜 신뢰함에 따라, 종교에 기초하는 영적인 경험들 역시 덜 믿게 되었다. 르네상스 시대 이후 몸 · 영혼 · 정신의 분리가 몸 · 영혼 · 정신 · 마음으로 더 세밀하게 분리됨으로써, 정신으로부터 마음이 분리되는 과정을 면밀히 관찰했다. 불행히도, 이 과정에서 감정과 가치평가, 그리고 관계를 맺는 데 강조점을 둔 영혼의 역할이 대부분 무시되었다.

물론 나는 위의 사실이 남성의 관점에서 본 르네상스 시대 이후의 정신 역사에 대한 요약이라고 생각하지만, 여성의 관점에서는 똑같은 역사가 어떻게 비춰질지 의문이다. 여성의 숨겨진 역할을 찾아내는 수정주의 역사가 씌어짐에 따라,[6] 많은 부분이 위의 사실에 부가될 수 있을 것이다.

융 자신도 인간 정신에 주요한 변이가 일어나고 있다고 생각했다. 이 변이는 인간이 자아를 발달시켜 온 이후 부재했던 심리학적 전체성을 회복하려는 시도와 관련되었다. 이 새로운 의식적 전체성은 여성의 통합을 포함할 것이다. 기독교의 삼위일체 같은 불완전한 시도는 전체성의 진실한 상징이 되기 위해 여성성의 추가를 필요로 한다. 이러한 조정의 중요성을 아무도 인식하지 못하던 시기에 융의 주장은 남성과 여성을 연결하는 대단한 시도였다.

남성성과 여성성의 신성한 쌍

남자와 여자는 항상 이성異性에 의해 매료되고 신비화되어 왔다. 물론 대부분 성적이고 육체적인 끌림 때문이었다. 그러나 남자와 여

6) 그리고 흑인과 다른 소수 인종.

자를 서로 끄는 데는 섹스 이상의 것이 있다. 융은 여성성과 남성성 사이의 신성한 쌍syzygy을 인간 정신의 원형적 사실이라고 강조했다.

> 우리는 역사적으로 신성한 쌍들, 즉 남성-여성 신의 쌍들에서 아니마를 만난다. 이러한 신성한 쌍들은 아래로는 원시적인 신화의 모호함, 위로는 그노시스교(1~2세기 헬레니즘 시대에 로마·그리스·소아시아·이집트 등지에 널리 퍼져 있던 그리스도교의 이단)의 교리와 우주 창조론적 쌍의 개념이 양(남성)과 음(여성)으로 표현되는 고전적 중국 철학에도 들어 있다. 따라서 우리는 이러한 신성한 쌍을 남자와 여자의 존재처럼 보편적이라고 주장할 수 있다.[7)]

지금은 이성에 대한 매료가 강박관념처럼 되어 있다. 여성해방운동은 지금까지 남성의 소유물로만 여겨지던 권력과 성취라는 옷을 여성도 입을 수 있다는 권리 쟁취 운동이었다. 이에 대한 보상으로, 진보적인 남성들은 민감성과 취약성이라는 여성 복장을 입기 시작했다. 덜 진보적인 남성들은 여성해방운동에 반발하면서 남성권리운동을 형성했다. 좀 더 실험적인 사회의 과격파 그룹들에서는 양성성에 대한 시도들이 평범한 것이 되었다. 어떤 점에서는 양성적 인물들이 자신들의 방식을 조금씩 대중문화에 투영했다. 비록 대중들 사이에서 이러한 모든 실험에 대한 반격이 있었다고 해도, 되돌리고 싶어 하는 보수주의자와 종교적인 원칙주의자들에게서조차 역행은 없다.

비록 남성들과 똑같은 수준의 일을 한 여성이 남성의 3분의 2 정도밖에 돈을 벌지 못한다고 해도, 그들은 이제 인정받는 노동력의 한

---

7) C. G. Jung, *Collected Works, Vol. 9i: The Archetypes and the Collective Unconscious*(Princeton: Princeton University Press, 1969), ¶ 120.

부분이다. 여성이 독립된 사업채를 소유하고, 회사를 경영하며, 의회와 상원에서 의원이나 내각의 일원으로 일하는 모습을 흔히 볼 수 있다. 하지만 여전히 존재하는 일부의 편견으로 인해 남성들에 비해 훨씬 적은 수의 여성만이 자신의 일을 하고 있다. 단, 아주 최근까지지도 이러한 모든 변화를 상상하는 일이 불가능했다는 사실을 기억하는 것이 중요하다. 융이 아니마와 아니무스의 특징들을 기술할 당시에는 확실히 상상조차 할 수 없는 일들이었다.

우리의 성격 안에 존재하는 반대의 성性적 요소들을 발견하고 발전시키는 시도는 대부분 혼란스런 시기를 안겨준다. 융은 이미 70년 전에 아니마 / 아니무스의 연구를 통해 이 혼란스러움을 인식했다. 그림자 문제들은 해결하려는 용기, 즉 정신의 어두운 면에 직면하는 용기를 필요로 한다. 그러나 그림자의 실제적인 성격의 특성들은 알려져 있으며, 인간이 저항을 포기한 뒤에야 거울 속의 자신의 얼굴을 인식할 수 있다. 저변에서는 모든 사람들이 똑같은 신체적 · 감정적 경험들을 나눠 가진다. 그러나 가장 현대적인 남성이나 여성조차도 이성異性이 어떠한지에 대해 완전히 알지 못한다.

문화적 또는 생물학적?

남성과 여성의 심리학적 세계는 거의 모든 문화와 시대에서 서로 분리되어 있었다. 즉, 역사를 통해 거의 모든 문화에서 여성의 역할은 가정과 가족들 주위에 집중되어 있었고, 남성의 역할은 가정 밖의 세계에 집중되어 있었다. 성혁명이 처음으로 일어났을 때, 남성과 여성 간의 유일한 차이는 문화에서 유래한다고 말하는 것이 일반적이었다. 그리고 많은 분야의 연구가들이 여성과 남성의 차이점들을 처음으로 연구하기 시작했다. 이러한 차이점들의 본질과 기원에 대한 연구에는 심리학자, 사회학자, 인류학자, 생물학자, 사회생물학자, 행동생물학자, 역사가뿐 아니라 일일이 꼽을 수 없을 정도로 많은 다른 하위 분야의 연구가들이 포함되어 있어서 그야말로 광범위했다. 그들은 다음과 같은 사실을 발견했다.

(1) 남성과 여성 간의 차이는 다양하고 깊다. 그러나,
(2) 평균적인 성격을 가진 이성 간의 차이는 다양한 성격을 가진 동성 간의 차이보다 적다.

이러한 사실은 아니마 / 아니무스를 통합하는 데 있어서 상황들이 어떠한지를 정확하게 기술할 때 효과적이다. 비록 우리 모두가 이성과 관련된 특징들을 가지고 있다 할지라도, 이성의 개인적·원형적 경험은 유사성이 아닌 차이점을 드러낸다.

> 여성적인 것이 전혀 없이 완벽하게 남성적인 그런 남성은 없다. …… 여성적 특성과 경향을 억압하면 이와 관련된 이성적 요구들이 자연스럽게 무의식에 축적된다.[8)]

생물학적 수준에서는 왜 남성이 미발달된 여성적 특징을 가지고 있고, 그 반대의 경우도 마찬가지인지에 대해 쉽게 알 수 있다. 남성은 단지 한 개의 분실된 X-염색체를 가진 여성이다. 남성 생식기는 자연스럽고 단순한 여성 생식기에 하나의 부가물로서 발달되었다. 발

---

8) C. G. Jung, *Collected Works*, *Vol. 7: Two Essays on Analytical Psychology*(Princeton: Princeton University Press, 1966), ¶ 297.

달에 있어서 중요한 점은, 남성호르몬인 테스토스테론이 충분히 분비되지 않는 남성은 여성으로 발달하게 된다는 것이다. 남성과 여성은 특징적인 형태 안에서 화학적 · 호르몬적 작용이 다양하게 변화하면서 균형을 이루려는 특성을 보인다. 이 발달된 차이들의 생물학적 양상은 미발달된 유사성들과 결합해 남성과 여성의 정신 속에서 반복되는 듯하다.

기분과 의견

아니마 / 아니무스는 의식으로부터 그림자보다 더 멀리 떨어져 있다. 그림자가 원형으로서 집단적이고 비개인적인 반면, 그것의 내용들은 주로 개인적이다. 의식과 무의식 사이의 다리로서 아니마 / 아니무스는 훨씬 덜 개인적이다. 이러한 개인적 자각으로부터의 거리감 때문에 아니마 / 아니무스 문제들은 해결하기가 더 복잡하다.

남성과 여성은 오랜 세월 동안 다른 쪽의 경험이 어떠하리라는 것에 대해서는 전혀 배운 적이 없이, 오직 서로 어떻게 관계하는지에 대해서만 배워왔다. 남녀 간의 관계는 각자가 상대방의 움직임에 반응해야 하는 춤과 같다. 이와 비슷하게, 내부에 있는 반대성을 다루는 것 역시 상대의 반응에 따라 움직여야 하는 춤과 같다. 무수한 다른 상황에서의 이성 경험은 인간 내부에 원형으로 자리 잡고 있는 듯하다.

아니마 / 아니무스 문제들을 다루는 것은 더 많은 원형적 경험들을 우리의 개인적 삶으로 통합할 수 있는 의식으로 가져오는 일이다. 한 남성이 그림자의 내용들을 통합한다는 것은 지금까지 인정하지 않았던 남성적 성격의 특성을 통합한다는 의미다. 반대로, 한 남성이 아니마의 내용들을 통합하게 되면 그는 여성과 관계하는 법을 더욱 폭넓게 알게 된다. 어떤 남자가 지배적이며 감정에 절대 치우치지 않는 전형적인 마초macho라면, 그는 지배적인 대신에 반응적이고, 비감정적인 대신에 관심을 가지는 법을 배우게 된다. 단, 그는 여성과 관계하는 남성이라는 틀 안에서 이러한 특징들을 배운다. 하지만 그가 여성이 되지는 않는다.

> 우리는 인격화된 아니마의 내용들을 의식화함으로써 그것을 무의식과의 중개자로 전환시킬 수 있기 때문에 인격화의 해체가 어떻게 가능한지를 알 수 있다. …… 내용이 알려지지 않는 채 그대로 남아 있는 동안에는 그들은 의식으로 통합될 수 없다. 변증법적 과정의 목적은 이러한 내용들을 빛으로 가져가는 것이다. 이 일이 완성되었을 때, 그리고 의식적 생각이 아니마에 반영된 무의식의 과정과 충분히 친숙해졌을 때에만 아니마가 단순히 기능으로 느껴질 것이다.[9]

융의 아니마와 아니무스에 대한 관심은 대부분 환자들을 도와주기 위한 것이었기 때문에 그는 '아니마와 아니무스가 인격화된 형태로 의식과 대면할 때' 나타나는 환자들의 특징을 자세히 기록했다.[10] 다음은 융이 아니마와 아니무스의 특징을 간단히 요약한 내용이다.

> 만일 남성과 여성의 차이, 즉 아니마의 반대 개념으로서 아니무스의 특징을 아주 간단하게 요약한다면 이렇게 말할 수 있다. "아니마가 기분을 만들어 내듯이, 아니무스는 의견을 만들어 낸다."[11]

---

9) C. G. Jung, *Collected Works, Vol. 7: Two Essays on Analytical Psychology*, ¶ 331.

10) C. G. Jung, *Collected Works, Vol. 9ii: Aion, Research into the Phenomenology of the Self*, ¶ 20.

11) C. G. Jung, *Collected Works, Vol. 7: Two Essays on Analytical Psychology*, ¶ 331.

기분mood이란 무엇인가? 기분은 감정과 어떻게 다른가? 한 마디로 기분은 집단적이고, 감정은 개인적이다. 기분의 극과 극이 바로 우울증과 조증이다. 의식에 관계없이 우울증과 조증 모두 집단적이다. 대조적으로, 감정은 의식적 자아와 다른 것 또는 사람과의 관계다. 우리는 "나는 너를 좋아한다" 또는 "나는 그것을 미워한다"고 말한다. 의식적인 전체성 없이는 감정이 없다. 기분은 자아를 감싼 뒤, 그것을 삼켜버린다. 우울한 사람들은 정체성이 거의 없거나 아예 없다. 그들은 우울 그 자체가 된다. 기분은 의식적 감정의 무의식적 대체물로 보일 수 있다. 그래서 남성들이 자신의 감정을 받아들이고 그 감정을 통해 사람 또는 어떤 것과 관계 맺는 것을 배우는 과정에 이르면 아니마가 집단적인 기분을 외부 세계로 투사할 필요가 없어진다.

의견도 기분과 비슷하다. 우리가 실제로 생각해보지 않았던 문제들에 대해 우리는 절대로 굽히지 않는 강한 의견들을 가진다. 의견의 힘은 집단적 무의식의 성질에 놓여 있다. 아니마에 사로잡힌 남성은 자신이 사로잡힌 기분을 느낄 수 없듯이, 아니무스에 사로잡힌 여성은 자신이 표현하는 의견들을 의식적으로 검토할 수 없다. 그래서 남성이 아니마를 통해 여성과 관계를 가질 때, 그리고 여성이 아니무스를 통해 남성과 관계를 가질 때 우리는 아니마와 아미무스가 각각 가지는 가장 나쁜 성질들의 결합을 경험하게 된다.

> 아니무스가 아니마와 만날 때 아니무스는 힘의 칼을 뽑고, 아니마는 착각과 유혹의 독을 뿜는다.[12)]

---

12) C. G. Jung, *Collected Works, Vol. 9ii: Aion, Research into the Phenomenology of the Self*, ¶ 15.

다시 한번, 융이 당시의 여성과 남성의 특성을 보편적이라고 가정했다는 사실을 아는 것이 중요하다. 우리 시대에는 융이 아니마와 아니무스를 그 원인으로 보는 특성들이 잘 들어맞는다. 그러나 그것들이 완벽하고 깔끔하게 분류될 수 없는 일들이 더 잦아지고 있다. 남자와 여자 모두가 남성성과 여성성에 연관되는 특성들을 가지고 있다고 말하는 편이 더 타당하다. 그 사람의 의식적 성격에서 어느 한쪽이 우세한 정도에 따라, 다른 쪽이 무의식에서 보상적으로 형성될 것이다.

융은 원형의 복잡성을 다루는 방법을 발견하기 위해 끊임없이 노력했다. 그는 초기 글에서는, 이 책에서 사용하고 있는 사고와 감정이라는 단어 대신 그리스어인 로고스logos와 에로스eros라는 단어를 사용했다. 그러나 융은 때에 맞춰, 이 단어들이 원형의 실제 경험으로부터 너무 떨어져 있어서 불만족스럽다는 이유로 이 단어들을 더 이상 사용하지 않았다.

> 나는 내 주장이, 보상적 관계들이 연역에 의해 도달했다는 인상을 주는 것을 원치 않는다. 반대로, 실험적으로 아니마와 아니무스의 성질을 파악하기 위해 다양한 오랜 경험들이 필요하다. 그래서 원형에 대한 모든 이야기는 직접적으로 입증할 수 있거나 최소한 사실들에 의거한 개연성을 가져야 한다.[13)]

나중에 알게 되듯이,[14)] 융은 정신의 내적 과정을 더욱 자세히 묘사

---

13) C. G. Jung, *Collected Works*, *Vol. 9ii: Aion, Research into the Phenomenology of the Self*, ¶ 14.

14) 17장, 18장을 보라.

할 수 있는 상징들의 출처로 결국 연금술을 선택했다. 14세기의 원문에 있는 유명한 연금술 그림은 남성적 정신의 발달 과정을 화살로 인해 옆구리에 상처를 입은 남자의 생식기 부위에서 자라난 나무로 묘사하고 있다.[15] 16세기 연금술 원문에서는 여성적 정신의 발달 과정이, 똑바로 서 있어서 신체적으로 강직해 보이는 여성이 쓰고 있는 왕관에서 자라난 나무로 묘사되어 있다.[16] 이러한 연금술에 관련된 그림들은 두 여행에서의 차이를 묘사하고 있다. 내향적이 되도록 강요받은 남성은 상처를 입어야만 하며, 여성은 강하고 똑바로 서 있어야만 한다. 이 양쪽은 최근까지 우리가 알아 온 남녀와는 다른, 분명히 부자연스런 자세들이다.[17]

남성의 개성화 과정을 표현하는 나무는 남성의 가장 깊은 감각·감정·창조성의 출처인, 본능의 상징인 생식기에서 자라고 있다. 반면, 여성의 개성화 과정을 표현하는 나무는 논리적 사고와 정신적 계몽의 출처인 머리 꼭대기에서 자란다. 남성과 여성의 개성화 길은 모두 성장이라는 고유 속성을 상징하는 나무로 묘사되어 있다. 확실히, 상징적 그림들은 단순히 아니마는 남성의 감정을 나타내고 아니무스는 여성의 사고를 나타낸다고 말할 때 얻게 되는 것 이상을 기술하고 있다. 그러나 이것 역시 여전히 문화적으로 제한된 남성과 여성의 특성에 대한 묘사들이다.

설명을 위한 과도한 단순화에 상관없이, 대부분의 남성들에게 있어

---

15) C. G. Jung, *Collected Works, Vol. 12: Psychology and Alchemy*(Princeton: Princeton University Press, 1968), ¶ 357, fig. 131.

16) Johannes Fabricius, *Alchemy: The Medieval Alchemist and their Royal Art*(Copenhagen: Rosenkilde and Bagger, 1976), p. 133.

17) 단, 우리는 모든 시대에 있어서 이러한 성적 스테레오타입에 맞지 않는 탁월한 남녀들이 있어 왔다는 사실을 기억해야 한다.

서 아니마의 개인적 내용들의 통합은 자신의 감정을 인식하고 받아들이는 능력의 증가로 특징지어진다. 아니마를 통합한 남성들은 '고착 rootedness'과 '의미'에 대한 감각을 느끼게 되는데, 이러한 감각들은 대부분의 남성에게 있어 자연스러운 것이 아니다. 그들은 감정을 미묘하게 분별할 수 있는 능력을 통해 내부와 외부 세계 양쪽을 동등하게 관계시킬 수 있다. 대부분의 여성들에게 있어서 아니무스의 개인적 내용들의 통합은 그녀들로 하여금 날카롭고 분석적인 구별을 할 수 있게 만든다. 그녀들은 사고의 신속함으로 내부와 외부 세계에서 활동할 수 있다. 외부 세계를 향한 투사의 필요성에서 해방되어, 아니마/아니무스는 의식과 무의식의 간격을 연결하는 심리학적 기능으로 되돌아갈 수 있다.

> 불쾌한 특성들은 모두 단순히, 그리고 오로지 아니무스의 외향성 때문이다. 아니무스에게는 의식적 관계를 담당하는 기능이 없다. 오히려 무의식과의 관계를 촉진시키는 기능을 갖고 있다. …… 연관시키는 기능으로서의 아니무스는 무의식의 내용들을 연관시킬 수 있는 내부로 향해야만 한다.[18]

그림자의 통합 이상으로, 아니마/아니무스의 통합은 개성화 과정 동안 계속해서 반복적으로 돌아오는 평생의 과정이라는 점을 기억해야 한다. 그러나 아직 정신에는 더 깊은 수준들이 있다. 융은 노현자 또는 대지의 어머니Chthonic Mother의 원형이 활성화되는 더 높은 수준의 개성화 과정이 존재한다는 사실을 깨달았다. 이것이 세 번째 발

---

18) C. G. Jung, *Collected Works, Vol. 7: Two Essays on Analytical Psychology*, ¶ 208~209. 융이 아니무스에 대해 말한 것은 똑같이 아니마의 경우에도 사실이다.

달의 원형인 자기Self다.

> 그림자는 파트너와의 관계를 통해서만 실현될 수 있고, 아니마와 아니무스는 이성 파트너와의 관계를 통해서만 실현될 수 있다. 왜냐하면 이러한 관계에서만 투사가 작동하기 때문이다. 남성에게 있어서 아니마의 인식은 삼위三位, 즉 남성적 주체, 여성적 주체, 초월적 아니마를 갖는다. 삼위의 3분의 1이 초월적인 셈이다. 여성의 경우, 상황은 반대다. 이러한 삼위를 사위四位로 만들 분실된 네 번째 요소는 남성에게 있어서 노현자의 원형이며 …… 여성에게 있어서 대지의 어머니다. 이러한 네 가지가 반은 내재적이고 반은 초월적인 사위를 구성한다.19)

19) C. G. Jung, *Collected Works, Vol. 9ii: Aion, Research into the Phenomenology of the Self*, ¶ 42.

Chapter 15

발달의 원형: 자기

> 자아로 동화된 무의식의 내용이 더 많아지고, 더 의미 있을수록 자아는 자기에게로 더 가까워진다. 비록 이 접근이 끝없는 과정이라는 것이 확실해도 말이다.[1)]

자기의 역설

융은 아니마 / 아니무스 원형을 넘어서, 융 자신이 '자기Self'라고 부른 초월과 전체성의 원형이 있다는 사실을 발견했다. 단, Self라고 대문자로 표기함으로써 개인적이면서도 초월적이기도 한 통일체를 의미하려고 했다. 오늘날 많은 심리학적 패러다임들은 상위 자아Higher Self, 내부의 신a God within 등에 대해 이야기하고 있다. 이러한 것들은 융의 '자기' 개념과 딱 들어맞는다. 그러나 이러한 현대적 패러다임들은 아직도 융이 '자기'에서 발견한 복잡성을 획득하지 못하고 있다. '자기'는 모든 역설이 만들어지는 역설이다.

꿈에서의 '자기' 표현들은 이 역설을 반영하며, 그것은 인간의 기대에 맞게 신과 유사한 형태로 나타난다. 그러나 때때로 '자기'는 선조

---

1) C. G. Jung, *Collected Works, Vol. 9ii: Aion, Research into the Phenomenology of the Self*(Princeton: Princeton University Press, 1959), ¶ 23.

들에게 동물의 형태로 나타났던 신들과 유사하게 동물로 나타난다. 때로는 신이 모세의 꿈에서 불타는 수풀로 나타났던 것처럼 자연의 힘으로 나타난다. 또는 그 자체의 구조가 인간 이상의 특성을 가지는 추상적인 형태로 나타나기도 한다. 흔히 '자기'는 꿈꾼 자에게 가해지는 믿을 수 없을 정도의 강력한 충격에 의해 확인될 수 있다. 그러나 위장한 채 인간 세상을 거니는 제우스처럼 때때로 '자기'는 아무도 알아차릴 수 없는 평범한 인물로 나타난다.

'자기'는 인간의 기대에 의해 제한될 수 없다. 그림자 또는 아니마/아니무스 그 이상으로 '자기'는 공간과 시간의 제한을 뛰어넘는다. 융은 이것을 무의식의 가장 깊은 층에서 발견했다. 그곳은 겉으로 보기에 더 이상의 제한이 없다. 즉, 꿈들은 과거의 수백 년, 심지어 수천 년의 시간을 배회할 수 있으며, 미래의 사건들을 보여줄 수도 있다. '자기'는 개인적 도덕성의 한계를 초월한다. 그러나 '자기'의 가치는 부정否定을 넘어선다. '자기'는 꿈꾼 사람의 가장 깊은 곳에 위치한 인격, 발달 과정, 그리고 그 과정의 목표, 하나의 통일체로 싸여 있는 모든 것일 수 있다.

완벽성이 아닌, 전체성으로의 필요성

꿈과 신화에 관한 연구를 통해 융은 몸-영혼-정신 또는 기독교의 삼위일체 같은 구분이 실재의 전체성을 만들려는 불완전한 시도라는 점을 확신하게 되었다. 심리학적으로 실재의 전체성의 회복을 필요로 하는 환자의 스트레스 시기에 꿈은 네 부분, 양극의 배열로 가득하다. 융은 나중에 동양 종교의 상징 연구들에서 환자의 꿈에 나타나는 대칭적 형태의 대응물을 발견했다. 그것은 만다라mandala라고 불리는 아름다운 대칭적 형태들이었다. 그 가운데 가장 만족스러운 것들은 정상적으로 네 면이었다. 이는 융이 치료하던 환자들의 꿈과 환상에서 자연스럽게 산출된 것과 정확히 똑같은 형태였다. 예술 치료사인 로데 켈로그Rhoda Kellog의 취학 전 아동을 대상으로 한 미술 연구는, 만다라가 학습되는 것이 아니라 원형적이라는 사실을 확인시켜 주는 듯하다.

> 만다라 또는 원의 이미지는 처음 그림 그리는 법을 배우는 어린아이들에게서 현저하게 눈에 띄는 것 같다. 두 살 된 아이가 맨 처음엔 연필이나 크레용으로 낙서를 하다가 곧 줄들의 교차에 끌리는 듯하더니, 이내 십자 모양을 그리기 시작했다. 그 후에 십자는 원에 의해 둘러싸이고, 기본적 형태의 만다라를 가진다. 어린아이가 사람을 그리려고 시도할 때는 모든 시각적 경험과 반대로 맨 처음 원으로 표현한다.[2]

만일 기독교의 삼위일체와 고대의 몸-영혼-정신 모델이 만다라에 있어서 실패한 시도라는 융의 해석이 옳다면, 르네상스 시대 이후 인간의 역사는 전체성의 새로운 그림을 그리려는 시도로 보일 수 있다. 이 전체성은 인간의 네 부분, 즉 몸－영혼－마음－정신의 균형을 반영할 것이다.

철학적·종교적 믿음과 상관없이, 우리 모두는 직관적으로 이 네 개의 용어들이 각각 무엇을 의미하는지 잘 안다. 또한 감정과 관련 없는 신체적 경험을 가지는 것이 무엇을 의미하는지도 잘 안다. 그리고 감정적 경험들이 언제 우리의 영혼까지 건드리는지도 잘 안다. 인

---

2) Edward F. Edinger, *Ego and Archetype*(Baltimore, MD: Penguin Books, 1972), p. 8.

간은 정신적 경험을 영적 경험으로부터 완전히 분리할 수 있다. 그리고 우리 모두는 이러한 부분들이 조화로운 전체 속에 동등하게 참여하고 있는 듯한 경험을 해봤다. 융은 정신에 관한 연구를 하면서 신체적·정서적·지성적·영적인 문제들을 만났다. 이 모든 것이 인간으로서의 공통된 운명의 일부분이다. 그리고 전인全人을 다루려고 하는 심리학에서 어느 하나도 제외되지 않는다.

인간의 독특한 과업이 바로 몸–영혼–마음–정신 사이의 조화로운 균형을 발견하는 것이다. 그러나 현대인들은 몸·영혼·정신을 제어하기 위해 마음을 사용하는 방법을 너무나 많이 배워 왔다. 가족들은 아이에게 어떻게 본능적 욕구를 조절할 것인지에 대해 가르친다. 사회는 개인들이 사회의 요구 속에 개인적 요구들을 기꺼이 포섭하고 포섭시킬 수 있길 바란다. 본능적·정신적 욕구를 조절하는 마음의 능력은 의식의 진화에 있어서 필요한 단계이다. 그러나 지나친 감이 있다. 그림자 문제를 다루는 데 있어서, 몸·영혼·정신은 억압되는 것이 아니라 인정되어야 하는 욕구들을 가지고 있다는 점을 인식함으로써, 우리는 그 과정을 효과적으로 역행시키고 있다. 구체적인 예로 몸을 생각해보자. 몸은 분리된 부분들의 집합으로서가 아니라, 전체로서 작동한다. 신체적인 면의 희생에 대한 대가로 정신적인 면이 지나치게 발달하기 전에는 인간 모두가 현재보다 자신의 신체와 더욱 조화로웠다. 우리가 정신적 측면에서 그렇게 경탄해 마지않는 고대 그리스인들은 몸과 마음은 서로가 서로에게 영향을 주면서 전체를 형성한다고 가정했다. 대조적으로, 현대인들은 신체를 정신에 예속시키고 있다. 신체적 욕구는 주의를 끌기 위해 질병 같은 드라마틱한 어떤 것을 만들어 내지 않는 한 흔히 무시된다.

신체의 가장 우선적인 욕구는 모든 기관들의 조화다. 예를 들어,

신장의 이익을 극대화하기 위해 신장과 연결된 다른 기관들을 희생하는 덕을 결코 묵인하지 않는다. 우리 대부분이 더 이상 신체에 귀 기울일 수 없기 때문에 신체적 욕구가 의식으로 침투하는 유일하고 간단한 총체적 욕구들, 즉 음식·물·수면·성에 대한 욕구에 제한된다고 추정한다.

사실, 몸－영혼－마음－정신에서 각각의 개별적 요소들은 각각 다른 세 개를 모두 포함하고 있는 듯하다. 우리는 지성의 패러다임 속에 몸·정서·정신을 포함시키는 일에 믿을 수 없을 정도로 능숙하다. 몸이 마음－영혼－정신을 포함하고, 영혼이 몸－마음－정신을 포함한다는 등의 포괄적인 묶음은 원래 틀린 것이 아니다. 이는 선조들이 결코 사용할 수 없었던 강력한 도구다. 인간이 자신의 신체적·정서적·정신적 욕구를 지성에 너무 오랫동안 예속시킬 경우, 그들은 불균형에 항의한다.

기독교 시대의 목적은 완벽성이었다. 더 멀리, 더 높이, 더욱더! 이러한 완벽성은 늘 전체를 부분들의 하나에 종속시킨다는 문제점을 안고 있다. 융은 인간의 목적은 전체성이어야 한다는 점을 발견했다. 그림자 논의에서 봤듯이, 전체성에 대한 이러한 요구는 인간 정신의 타고난 기능인 듯하다. 자아와 '자기' 사이의 불균형이 지나치게 커지는 순간, 자아와 '자기'와 재결합하게 만드는 첫 번째 단계로 그림자가 나타난다.

몸－영혼－마음－정신이 각각 다른 세 개를 조화롭게 포함하고 존중한다면, 전체성은 성취될 수 있다. 진화의 무수한 세월 속에 우리 몸은 모든 감각, 생각, 감정을 기록하고 그에 적응했다. 우리가 지나칠 정도로 지성을 강조한다 할지라도, 몸은 여전히 호흡하고 혈액을 순환시키며 음식을 소화시키는 등등의 일을 한다. 만일 정신이 열심히 일하고 있다면, 몸은 더 많은 산소와 음식을 뇌로 보낸다. 만일 우리가 정서적 고통에 처해 있다면, 몸은 고통을 감소시키기 위해 진정작용을 하는 화학물질들을 제조한다. 정신적 초월의 순간, 하나됨의 느낌feeling of oneness을 만들기 위해 호흡과 다른 자율 기능을 조절한다. 달리 표현하면, 마음－영혼－정신의 신체적 통합은 인간 진화의 훌륭한 유산이다. 인간은 모두 더 이상의 노력 없이 이 유산을 소유하고 있다.

그림자 내용들의 의식적 인격으로의 통합은 몸－영혼－정신을 마음에 통합시키는 마지막 단계로 볼 수 있다. 통합된 전체는 조절과 조화 모두를 요구한다. 흔히 신체적인 것의 미발달된 가능성이나 부인된 욕구를 희생하여, 자아는 그 자신의 제한된 정의만 수용하기 때문에, 원래 그림자의 원형이 활성화된다. 융은 "몸은 자아가 가지는 이러한 그림자의 인격화다. 때때로 소문날까 두려운 집안의 비밀을 만들고, 모든 사람들은 그 비밀이 자연스럽게 없어지길 원한다"[3]라고 말했다. 일단 그림자의 인격화로 표현된 개인적 특성들이 전체 인격의 일부분으로 받아들여지면, 마음은 몸－영혼－정신의 욕구를 기꺼이 인정하려고 든다.

물론 이러한 통합은 한 번만 일어나는 것이 아니다. 인간은 그림자가 축적해둔 개인적 특성을 회복하는 데 일생을 보낸다. 게으름이나 두려움 또는 중첩된 다른 이유로 인격의 건전한 부분을 부인하지 않아도 될 정도로 완벽한 사람은 우리 중 아무도 없다. 앞에서 살펴본 취학 전 아이들의 그림을 대상으로 한 켈로그의 연구는 전체성에 대한 욕구가 타고난 듯하다는 점을 잘 보여준다. 그림자 논의에서 이미

---

3) C. G. Jung, *Analytic Psychology: Its Theory & Practice*(New York: Vintage Books / Random House, 1968), p. 23.

우리는 자아가 '자기'로부터 너무 멀리 벗어났을 때, 그림자가 나타난다는 사실을 확인했다. 또한 위의 진술에서 저자는 몸－영혼－마음－정신의 모델을 사용해 그림자의 통합을 표현하려고 시도했다. 그 안에서 '자기'는 몸－영혼－마음－정신이 통합된 전체를 형성하는 과정의 범위로 보일 수도 있다. 융은 개성화 과정을 예증할 수 있도록 도와줄 만한 모델들을 계속해서 찾고 있었다. 개성화 과정은 관찰할 수 있는 심리학적 과정이라는 것을 깨닫는 것이 중요하다. 그리고 그 모델들은 과도한 단순화로 지나치게 손상을 입히지 않으면서도 개성화 과정을 정확히 묘사하려는 시도이다.

초월적 기능

> **초월적 기능**이라는 용어에는 신비롭거나 형이상학적인 의미가 전혀 없다. 초월적 기능은 실수와 허수의 수학적 함수와 그런대로 비교되는 심리적 기능이다. 심리학적으로 **초월적 기능**은 의식과 무의식의 내용들을 융합하는 데서 생겨난다.[4)]

이 책의 앞에서 상징은 단순히 기호가 아니라는 점을 강조했다. 즉, 상징은 아직 이해되지 않은 것을 표현하려는 시도다. 우리는 지금과 비슷한 시기에, 의미에 대한 상호 욕구를 다시 한번 만족시킬 수 있는 새로운 살아 있는 상징을 합성하려는 필사적인 시도가 어떻게 이루어졌는지를 살펴봤다. 대극 간의 긴장, 예를 들어 본능과 정신이

4) C. G. Jung, *Collected Works, Vol. 8: The Structure and Dynamics of the Psyche*(Princeton: Princeton University Press, 1960), ¶ 131. 4장에서 봤듯이, 심리학자들과 같은 이유로, 수학자들은 본래 초월적 기능(일반적으로는 '허수'로 알려진)의 수학석 개념에 거부감을 표시했다.

가지는 불편한 관계를 무릅쓰면서 이를 받아들이고 견딜 경우에만 이러한 합성이 일어날 수 있다. 만일 본능이나 정신에 우선순위가 매겨진다면, 합성은 일어나지 않는다. 그리고 양극의 어느 한 면만이 중요시되면 상징이 아니라 증상이 나타난다.

물론 살아 있는 상징이 어떻게 나타나는지는 미스터리다. 융이 조심스럽게 지적했듯이, 상징은 의식만의 산물일 수가 없다. 상징은 오로지 의식과 무의식의 대극에 의해 생성될 수 있고, 대극 안에서 상징을 낳는 것은 바로 무의식이다. 상징은 유기체에서의 전체성을 회복하기 위해 대상이 사람이든 문명이든 간에, 무의식에서 어떤 기능을 필요로 하는 듯하다. 만일 그러한 기능이 없다면, 어떻게 창조적인 해결이 가능하고, 어떻게 살아 있는 상징들이 시대의 어떤 사람 또는 모든 사람들을 사로잡기 위해 나타날 수 있겠는가?

무의식에 존재하는 기능이 어떻게 인과적·보상적 목적을 이루는지에 대해 아는 것은 쉽다. 유기체에서는 의식은 단지 일부분에 불과하다. 유기체의 건강을 위해 의식이 지나치게 일방적이 되었을 때, 이 일방성의 균형을 잡으면서 건강을 회복하는 어떤 기능이 필요해진다. 이 수준에서 '자기'의 기능은 너무 뜨거우면 식히고 너무 차가우면 데우는, 복잡하게 변형된 온도조절장치와 거의 흡사하다. 융이 말했듯이 "'자기'는 내부와 외부의 갈등에 대한 일종의 보상으로 특징지을 수 있다."[5)]

그러나 이러한 기능 역시 목적론적인 성격을 띠는 듯하다. 『변환의 상징』과 그 후에 나온 『심리학과 연금술』에서 융은 어릴 때의 환상 이미지들이 나중에 어떻게 발달의 예상상像이 되는지를 기술했다. 프

---

5) C. G. Jung, *Collected Works*, *Vol. 7: Two Essays on Analytical Psychology*(Princeton: Princeton University Press, 1966), ¶ 239.

로이트에 의한 파문에서 시작된 융의 개인적 위기 해결은 그를 정신적으로 건강하게 회복시켰을 뿐 아니라, 시각을 변화시켜 나머지 생애 동안 더 발달된 자료들을 충분히 제공할 수 있도록 만들었다. 만일 융이 프로이트 곁에 남아 있고 자신에게 기대되었던 길을 선택했다면, 우리는 이렇게 융과 융의 발견들에 대해 살펴볼 필요가 없었는지도 모른다.[6)]

무의식에서 나오는 전체성은 위기 전의 방식으로 복귀하는 것을 의미하지 않는다. 즉, 그것은 이분법으로 가정되는 그 전의 어떤 면에도 포함되어 있지 않다. 20세기를 살아오면서 우리는 주위에서 자신들의 주장을 펼치던 많은 단체들이 허무하게 사라지는 것을 지켜봤다. 그 많은 주장들에 포함된 양극의 어느 면도 최종적인 해답을 갖고 있지 않다. 예를 들어, 예술은 추상적이어야만 하는가, 아니면 물질적 실재를 그대로 반영해야만 하는가? 화성의 음악이어야만 하는가, 아니면 무조無調의 음악이어야만 하는가? 빛이 파동인가, 아니면 입자인가? 종교의 목적은 개인의 영혼이 영적 각성을 하도록 도와주는 것인가, 아니면 종교가 모든 개인의 권리를 위해 대변해야만 하는가? 미국 정부는 기업의 탐욕으로부터 사람들을 보호해야만 하는가, 아니면 기업의 성공이 경제의 성공에 필수적이기 때문에 기업의 권리를 보호해야만 하는가?

이러한 질문 자체에서는 적절한 해답을 찾을 수 없다. 이 질문들은 우리가 초월해야 하는 이분법을 가정하고 있다. 우리가 이러한 양극

---

6) 또는 스스로 자살 시도를 했어야 할 만큼 심각한 위험에 처해 있다고 생각한 나의 환자를 기억하라. 그녀는 건강을 회복했을 뿐 아니라 새로운, 이전의 어느 때보다 훨씬 더 창조적인 여성으로 변했다. 정신적 위험은, 그녀에게 현재의 자아상을 초월하라고 요구했다. 10장을 보라.

화된 질문 형태에 갇혀 있는 한, 초월적인 어떤 해결을 발견하는 것은 불가능하다. 이러한 모든 질문들은 현재 우리가 선택할 수 있는 것에 우리는 더 이상 편안해 하지 않는다는 것을 의미한다. 여하튼, 우리는 겉으로 보기에 대립되는 이러한 대극들을 초월해 현실을 볼 수 있도록 도와줄 새로운 방법들을 발견해야 한다.

융이 초월적 기능[7]이라고 말한 초월에 대한 필요성은 역시 '자기'다. 그리고 이 과정의 궁극적인 목적은 본래의 상들에서 예시되기 때문에 그 목적 또한 '자기'다. 그래서 '자기'는 과정이기도 하고 목적이기도 하다. 이것은 매우 역설이며, 역설은 보통 환영받지 못한다. 그러나 이 역설은 형이상학적인 사색의 결과가 아니라 어떻게 상징적 해결들이 나타나는지에 대한 단순한 기술이다.[8]

매슬로와 자기실현

융은 이러한 기능이 인간의 정신에 존재한다는 사실을 인식했다. 그리고 그는 '자기'가 가지는 상징적 형태들과 그 자체를 나타내는 방식을 기술할 수 있을 정도로 충분히 현명했다. 심리학자 에이브러햄 매슬로Abraham Maslow(1908~1970)는 음식이나 물 같은 신체적 욕구에서 자기실현Self-actualization을 위한 궁극적인 욕구, 즉 될 수 있는 모든 것이 되고자 하는 욕구로 진행되는 '욕구들의 체계hierarchy of needs'가

7) C. G. Jung, *Collected Works, Vol. 8: The Structure and Dynamics of the Psyche*, ¶ 131~193.

8) 우리는 수학의 역사에서도 비슷한 역설과 만났다. 칸토어의 초한수 집합론에서 발견된 모든 집합의 집합이라는 역설은 러셀과 논리학자들이 수학에서 논리학으로 옮겨갔을 때 다시 나타났다. 알게 되겠지만, 괴델은 역설이 어떤 논리 체계 안에서도 사라지지 않도록 묻혀 있다는 사실을 증명했다.

우리 모두에게 존재하는 것 같다고 지적했다.

매슬로는 제일 먼저, 다른 사람들이 자기실현이 되었다고 추천받은 사람들을 감정했고, 그 후 이 사람들에게 자기실현에 대한 내용을 기술해달라고 요구했다. 이것을 바탕으로 그는 자기실현이 된 사람들이 가지는 14가지 성질, 즉 전체성, 완벽성, 완성, 정의, 생기, 풍부함, 단순성, 아름다움, 선함, 독창성, 힘들이지 않는 것, 쾌활함, 진리, 자기충만 등을 목록으로 만들었다. 그들에게 개인적 차이를 초월하는 하나의 공통성이 있다는 암시로, 놀랍게도 그들은 똑같은 단어들을 기술하는 데 계속해서 반복적으로 사용했다.

보통사람들은 자신들이 가장 좋을 때, 즉 매슬로가 말한 절정경험 peak-experience[9]의 순간에 이러한 성질들을 드러낸다는 사실을 발견해 냈다. 이는 매슬로에게 이러한 가치들이 정말로 초월적이라는 점을 확신시켰다. 자기실현이 된 사람들이 스스로가 궁극적이라고 생각하는 가치들에 대한 질문을 받을 경우, 위의 가치들 가운데 한두 가지가 드러나는 듯했다. 그러나 그 한두 가지 가치가 자신에게 무엇을 의미하느냐라는 질문을 받을 경우, 그것이 모든 다른 가치들을 포함하고 있다는 점이 곧 드러났다. 즉, 진리는 전체적이고, 완벽하고, 완전하고, 올바르고, 생생하고, 풍부하고, 단순하고, 아름답고, 선하고, 독창적이고, 힘들이지 않고, 쾌활하고, 자기-충만하다. 이 최고의 수준에서 매슬로는, 모든 가치들이 직접적으로 기술될 수 없는 단 하나의 가치로 융합되는 것 같다는 사실을 발견했다.[10]

9) 최근까지지도 매슬로가 실시한 이러한 연구는 인간들에게 제한적이었다.

10) Abraham Maslow, *Toward a Psychology of Being*(New York: Van Nostrand Reinhold, 1968).

'자기'와 신비 체험

융은 일찍이 '자기' 탐구에서 매슬로와 거의 비슷한 사실을 발견했다. '자기'로의 길은 다양하지만, 무한히 그런 것만은 아니다. 또한 매슬로의 범주들과 거의 비슷한 수준으로 한정적으로 구분된다.[11] 그러나 다양한 길들은 모두 똑같은 목적으로 인도하는데, 그 목적 또한 '자기'다. 그 목적에서 모든 가치들이 기술을 초월하는 가치로 융합되는 듯하다.

이것은 모든 역사를 통해 신비주의자들과 성자들이 신비적 순간, 즉 절정-경험의 순간을 기술하려고 할 때 나타난다. 많은 사람들이 본래 기술할 수 없는 경험을 기술하려고 시도했으며 대부분의 사람들은 그 경험을 종교적 또는 영적 가치시스템의 용어로, 즉 예수나 부처가 가지는 경험의 용어 등으로 기술했다. 그러나 초월적인 경험을 했던 그들 역시 매슬로가 만든 목록에 나오는 단어들에 거의 의지했다.

내가 정신분열증 환자들에게 경험에 대해 물었을 때, 그들은 흔히 신비주의자나 매슬로의 자기실현자들과 똑같은 종류의 경험을 말했다. 그러나 정신분열증 환자들은 그 경험을 자신의 삶에 통합하려고 할 때마다 실패했고, 그 절정 경험이 하나의 최저점경험nadir-experience이 된다.[12]

끝으로, 엘에스디LSD(정신분열 같은 증상을 일으키는 환각제), 메스칼린mescaline(메스칼에서 뽑은 알칼로이드, 흥분제), 페요테peyote(멕시코와 미

11) 그러한 범주들이 어떤 것인지를 일일이 정확하게 세어보려는 시도는 좀 지나친 듯하다.

12) 절정 경험과 대조적으로, 매슬로에 의해 만들어진 용어.

국 남서부산의 선인장에서 채취하는 환각제), 실로시빈psilocybin(멕시코산 버섯에서 채취하는 LSD와 비슷한 환각제) 등의 환각제들에 의한 환각 상태를 기술할 때도 똑같은 단어들이 몇 번이고 되풀이되어 사용된다. 그 경험을 기술한 보편적 단어들이 원형 내용이 된다. 그러나 이 경험의 우선적 성질은 다른 모든 경험들과 가치들을 초월하기 때문에 이 원형 역시 다른 모든 원형들을 초월하는 듯하다. 이것이 바로 '자기'에 대해 융이 발견한 사실이다. 개인의 독특한 성질과 경험을 통해 전해지는 '자기'의 개인적 경험을 분리하려는 노력을 통해서, 융은 그의 후반기 저서에서 '자기'가 출현하는 장소를 '단일 세계unus mundus'라고 칭했다.[13)]

동양의 정신적 전통들

전통적인 서구의 상징에서 더 이상 어떤 의미를 발견하지 못하는 우리 시대의 많은 학자들이 동양의 상징으로 눈을 돌리고 있는데, 이는 분명히 위험성을 지닌다. 동양의 정신적인 전통은 오랫동안 의식과 무의식의 상호작용을 검토해왔다. 융은 이러한 전통들을 폭넓게 알고 있었다. 그러나 슬프게도, 융은 그것들이 서양인들의 안내서로 제공되는 것을 거절해야만 했다. 융은 서양의 전통은 집단적 자아를 희생하여 개인적 자아를 발달시켰다고 생각했다. 그래서 서양인의 관점에 따라 무의식에서 형성된 그림자를 우선적으로 다루어야 했다.

융은 동양인은 반대의 문제들을 가졌다고 봤다. 동양인의 전통은 개인적 자아를 희생하여 집단적 자아를 발달시켰다. 그래서 동양인

---

13) 단일 세계. 나는 이미 4장에서 스피노자에 대한 논의에서 이 개념을 언급했으며, 18장에서 더 자세히 이야기할 것이다.

의 정신적 길은 그들의 힘의 장소인 집단적 자아에서 출발하고, 더욱더 개인적 자아를 용해한다. 이는 정신적 여행의 마지막에서 완전히 발달된 것으로 보이는 무의식 안에서 서서히 보상적인 자아를 형성한다.

이러한 수행을 마친 힌두교, 불교, 수피교의 대가들은 호소력 있는 전체적인 모습에서 지혜와 개인의 특이성을 겸비한 강한 개인주의자의 경향을 보인다. 융은 서양인이 그림자 문제를 해결하기 전에 개인적 자아를 용해시키려 할 때, 그림자 문제가 신과 같은 비중으로 자란다는 사실을 깨달았다. 그래서 융은 동양인의 길은 서양인에게는 위험하며, 서양인의 길을 발견해야 한다고 생각했다.

파스칼, 노자, 그리고 홀로그램

17세기의 유명한 철학자이자 수학자인 파스칼은, 신(또는 우주. 그는 이 두 단어를 동의어로 생각했다)은 그 중심은 도처에 있고 원주는 아무데도 없는 무한한 구라고 말했다. 2000년 전, 노자도 이와 똑같은 말을 했다. 파스칼, 노자, 융은 예외적인 순간에 보통 사람들도 그들 자신 속에 전체의 우주가 들어 있다는 사실을 이해한다는 것을 표현하려고 했다. 모든 사람이 이와 똑같은 경험을 할 수 있기 때문에 우주에 있는 사람 수만큼 많은 중심들이 존재한다. 매슬로와 융 역시 예외적인 사람들은 지속적으로 그 예외적인 경험에 매우 근접한 삶을 산다고 말했다.

융은 인간의 삶을 '자기'의 순회circumambulatio[14]라고 기술했다. 즉,

14) C. G. Jung, *Collected Works, Vol. 12: Psychology and Alchemy*(Princeton: Princeton University Press, 1968), ¶ 186, 188. 그리고 융 전집에서의 이 책.

내부의 중심을 향한 나선형의 여행이 삶이다. 융에게 있어서 삶은 어떤 면 목적을 향한 직선으로의 진전이 아니었다. 오히려 우리가 가까이 접근할 수는 있지만, 결코 완전히 닿을 수 없는 인간의 중심을 발견하기 위한 여행이었다. 융에게 있어서 '자기'는 초월적이었다. 그러나 인간은 고유 존재의 여과기를 통해 '자기'를 경험한다. '자기'는 하나의 초월적 세계로 향하는 인간의 개인적 창이다.

존경받는 신경생리학자 가운데 한 명인 칼 프리브람Karl Pribram(신경생리학의 고전적 교과서인 『두뇌의 언어』의 저자)은 인간의 뇌는 전 우주를 내포하고 있다고 주장했다. 그는 우주는 홀로그램hologram이며, 인간의 개인적 마음은 홀로그램의 각 부분들이라는 결론에 도달했다.[15] 홀로그램은 각각의 부분들이 전체를 재생할 수 있는 독특한 성질을 가진다. 그 부분이 단일한 인간의 마음처럼 충분히 작다면, 그 복제물은 희미하고 불분명할 수 있다. 부분들이 더해질수록 홀로그램은 점점 더 명료해진다. 그러나 각 단계에서 전체는 늘 표현된다. 이것이 바로 파스칼과 노자가 말한, "우주는 그 중심이 도처에 있고 그 원주는 아무 데도 없는 구이다"라는 말의 현대적 풀이다.

'자기'를 기술하거나 범위를 정하는 최종적인 방법은 분명히 없다. 융의 위대함은 '자기'가 형이상학적 개념이 아니라, 정신적 실존의 객관적 사실임을 인식한 데 있다. 세 가지 중요한 발달의 원형들의 접근에 있어서 불가피한 복잡성 때문에, 융은 이 객관적이며 정신적인 경험의 복잡성을 더욱 잘 포착할 수 있을 다른 기술을 찾고 있었다.

---

15) Karl Pribram, "The Brain," in Alberto Villodo and Ken Dychtwald, eds., *Millenium: Glimpses into the 21st Century*(Los Angels: J. P. Tarcher, 1981); Ernest Lawrence Rossi, "As Above, So Below: the Holographic Mind," *Psychological Perspective, Fall 1980*(Los Angels: C. G. Jung Institute, 1980).

그리고 그 기술을 예기치 않았던 곳, 즉 잊어버리고 있었던 연금술 분야에서 발견했다. 그러나 이제 괴델의 불완전성 증명에 대해 논할 때가 되었다.

Chapter 16

괴델의 증명

> 현대 논리학에 있어서 괴델의 업적은 …… 시간과 공간에 있어서 저 멀리서도 뚜렷하게 보일 수 있는 랜드마크이다.[1]

산수와 논리학 기호들의 숫자로의 사상寫像

괴델은 산수에 대한 메타수학적 서술들이 어떻게 산술로 사상寫像하는지를 발견했다. 그 다음, 메타수학적 서술들의 참 또는 거짓은 수학적 방정식의 참 또는 거짓을 결정함으로써 확립될 수 있었다. 사실, 관련 시스템은 그 자체에 대해 말하기 위해 만들어졌다. 괴델의 이러한 통찰력은 수학 역사에 있어서 위대한 발견 가운데 하나다. 아마 가장 위대한 발견일 것이다. 물리학에서의 상대성 이론과 양자역학, 또는 생물학에서의 DNA구조의 발견 같은 20세기의 잘 알려진 성취들보다 괴델의 통찰력이 많은 점에 있어서 과학의 미래에 훨씬 더 중요하다.

변증법은 그것이 파악하고 표현하려는 대상에 어느 정도까지 적합

---

1) John von Neumann, in John W. Dawson, Jr., "The Reception of Gödel's Incompleteness Theorem," in S. G. Shanker, *Gödel's Theorem in Focus*(London & New York: Routledge, 1988), p. 74.

> 한가? 그리고 형식론은 그것의 구조를 보여준다고 주장하는 변증법과 어느 정도까지 대등한가? 이러한 질문들은 우리에게 지식의 기본 문제, 사고와 사고 대상과의 일치 문제, 기호와 표시된 것이 동시적으로 결합된 등가等價와 비非등가의 문제를 가져다 준다.[2)]

괴델이 가진 증명의 열쇠는 산술과 논리학의 기본적인 기호들을 산술로 사상하는 방법을 개발하는 데 있었다. 앞에서 페아노의 공준들을 논의할 때, 산술은 단지 몇 개의 기본적인 기호들로 전개될 수 있다는 사실을 알았다.

(1) "0" (영zero)

(2) "s" (다음수successor)

상징적 논리는 몇 개의 부가적이고 기본적인 기호들을 추가로 필요로 한다.

(3) " ~ " (아니다not)

(4) " ∨ " (또는or)

(5) " ⊃ " (만일 ~라면 …이다if~ then…. 예를 들어, **만일** 모든 가축이 네 발을 가지고 있고, 그리고 암소가 가축이라면, **그러면** 암소는 네 발을 가진다.)

(6) " ∃ " (존재한다. "**x가 존재한다**"에서처럼, 그렇게 이러이러한 일은 사실이다.)

---

2) Lucienne Félix, *The Modern Aspect of Mathematics*(New York: Basic Books, 1960), pp. 58~59에서 페르디난드 곤세스Ferdinand Gonseth에 의해 인용됨.

(7) "=" (같다) 그리고 몇 개의 구두점 표시

(8) "," (쉼표)

(9) "(" (왼쪽 괄호)

(10) ")" (오른쪽 괄호)

괴델은 또한 변수들을 위한 기호들,[3] **수치numerical 변수**,[4] **문장sentential 변수**,[5] **술어predicate 변수**[6]에 대한 기호들도 추가했다. 이것으로 괴델은 산술과 논리학의 모든 기본적인 기호들을 비교적 적은 전체 수로 사상할 수 있었다. 겉으로 보기에는 불, 프레게, 페아노, 힐베르트, 러셀, 화이트헤드 등이 논리학과 수학을 기본적인 기호로 사상했던 것과 별 차이가 없는 듯하다. 그러나 그 기호들을 수학자들이 토론해야 하는 수들로 사상하려던 괴델의 결정에는 굉장한 진보가 있었다.

앞에서도 언급했지만, 러셀은 자신의 역설을 집합들의 체계, 즉 집합의 집합들…… 같은 방식으로 구성함으로써 피하려고 했다. 그는 자신이 구성한 체계의 내부 완전성을 결코 검토하려고 하지 않았다. 힐베르트는 산술이 완전하고 무모순적이면, 기하학도 무모순적이라는

3) 양을 나타내는 기호들은 무엇이 그들을 대신하느냐에 따라 변한다.

4) x, y, z……는 수나 수적 표현을 나타낸다. 괴델은 10보다 큰 이러한 소수들을 11을 x로, 13을 y로, 17을 z로…… 같은 방식으로 정의했다.

5) p, q, r……은 수학적 문장들을 나타낸다. 즉, 방정식 또는 $1+1=2$나 $p \supset q$처럼 논리적으로 분리된 방정식의 부분들을 의미한다. 괴델은 이것들을 $p=11^2$, $q=13^2$, $r=17^2$…… 등으로 10보다 큰 기수들의 제곱으로 정했다.

6) P, Q, R……은 수학이 이미 정의된 기호들로부터 발달되었듯이, 정의될 수 있는 관계들을 나타낸다. 즉, 어떤 수의 제곱근에 대해, 보다 작은 관계를 의미한다. 괴델은 이것들을 $P=11^3$, $Q=13^3$, $R=17^3$…… 등으로 10보다 큰 기수들의 삼승으로 정했다.

점을 이미 증명했다. 그는 러셀과 비슷하게 체계를 구성했으며, 이 체계가 산술의 모든 것을 개발하는 데 충분하다고 했다. 더 나아가 힐베르트는 체계의 무모순성과 완전성을 증명하는 유한의 메타수학적인 방법을 발견하길 기대했다. 그리고 러셀과 힐베르트는 논의 중인 영역의 강조점을 변화시키는 일이 필요하다고 생각했다. 결국 러셀은 무한한 집합의 수준들로, 힐베르트는 체계 밖에서의 유한의 증명의 꿈으로 변화시켰다.

괴델은 그들의 방법을 거꾸로 만들어서 논리학과 산술의 기호들을 다시 산술 자체로 사상했다. 달리 표현하면, 그는 자기의 꼬리를 무는 뱀인 우로보로스ouroboros를 만들어 냈다. 융은 이 고대의 상징에 매료되었으며, 이것이 모든 다양성 밑에 있는 근원적인 단일체를 상징한다고 생각했다. 괴델의 증명은 정말 그렇다고 입증하는 듯하다. 그러나 나중에 알게 되겠지만, 괴델은 뱀으로 하여금 자기의 꼬리를 삼키게 하기 전에 뱀을 몇 번 비틀었다.

괴델은 산술과 논리학의 기본적인 기호들을 다루면서, 산술 공식을 수치들로 전환시킬 어떤 방법을 발견해야 했다. 만일 우리가 그것에 대해 생각한다면, 산술 공식은 단순히 기본적 기호들의 수열에 불과하게 된다. 그래서 괴델이 해야 했던 일은 기호들이 가지는 각각의 고유한 수열에 고유한 수, 즉 지금은 보통 괴델 수라고 불리는 수를 지정하는 방법을 고안하는 것이었다. 그래서 공식이 주어지면, 괴델 수가 계산될 수 있었다. 그리고 괴델 수가 주어지면, 이는 다시 공식으로 표현될 수 있었다. 비록 사상 기술이 훌륭하다 할지라도, 그 성취는 기술에 있는 것이 아니라 그러한 기술이 개발될 수 있었던 인식에 있었다.

다음의 논의에서 공식이 단어들로 표현될 것이다. 정상적으로, 공식은 수학적 기호들의 수열에 불과하다. 비非수학적인 독자들의 이해를 돕기 위해 단어들을 기호로 치환했다. 즉, "숫자 x가 존재한다. x는 숫자 y의 다음수이다."는 $(\exists x)(x=sy)$가 된다. 공식에서 괄호들은 논리적 명제가 끝난 곳을 분명히 하기 위해 구두점으로 사용된다. 이 공식이 갖는 각각의 기본적인 기호들은 괴델 수를 이미 가지고 있다. 즉, 왼쪽 괄호=9, 존재한다=6, x=11, 오른쪽 괄호=10, 등호=7, 다음수=2, y=12 등이다. 따라서 공식을 구성하는 10개의 기호 수열은 10개의 괴델 수의 수열, 즉 9, 6, 11, 10, 9, 11, 7, 2, 12, 10에 대응한다. 괴델은 처음 10개의 소수素數를 택하고,[7] 그것의 기본적인 위치에 괴델 수를 각각 거듭제곱으로 끌어올린 뒤 그 수를 모두 곱했다. 처음 10개 소수는 2, 3, 5, 7, 11, 13, 17, 19, 23, 29이다. 따라서 간단한 공식의 괴델 수는 $2^9 \times 3^6 \times 5^{11} \times 7^{10} \times 11^9 \times 13^{11} \times 17^7 \times 19^2 \times 23^{12} \times 29^{10}$이 된다.

이는 매우 큰 수이지만, 괴델은 크기에는 신경 쓰지 않았다. 괴델이 관심을 가졌던 것은 이 수가 기호들의 고유한 수열로 다시 전환될 수 있다는 사실이었다. 기본적인 수학적 증명은, 어떤 수라도 한 가지 방법으로 소수의 곱으로 표현될 수 있다는 것을 보여주었다. 증명은 우리의 관심사와는 거리가 먼 이야기이므로, 독자들은 이것을 그대로 믿어야만 할 것이다.

위의 예는 괴델의 사상寫像법이 얼마나 뛰어난지를 증명해 보이긴 하지만, 본질적·자체적으로는 그리 중요하지 않다. 요지는, 공식들은 기본적인 기호들의 수열에 불과하며 기본적인 기호들은 이미 괴델 수를 가지고 있으므로, 공식들은 괴델 수로 전환할 수 있다는 사실이다. 괴델이 취한 다음 단계 역시 비슷하다. 공식이 기호의 수열인 것

7) 소수는 1과 그 자신의 수만 약수로 갖는다.

처럼, 증명proof은(또는 논증demonstration. 이 단어들은 수학에서 서로 교환해서 사용된다) 공식의 수열이다. 만일 증명이 10개의 공식 수열과 관련되어 있다면, 괴델은 그 10개에 대응하는 공식의 괴델 수를 각각 거듭제곱으로 끌어올린 뒤 그것들을 차례로 곱함으로써 괴델 수로 전환했다.

이러한 수를 소인수素因數로 분해하는 작업은 최근의 컴퓨터가 가지는 최고의 역량을 훨씬 능가한다(비록 수학자들이 최근 컴퓨터상의 인수분해 문제와 관련해 중대한 길을 열었다할지라도). 그러나 이것 역시 목적이 아니다. 증명의 괴델 수는, 괴델 수가 아무리 클지라도 여전히 **이론적**으로 공식의 괴델 수들의 고유한 수열로 전환될 수 있고, 공식의 괴델 수들의 고유한 수열 각각은 기호의 괴델 수의 고유한 수열로 전환될 수 있으며, 기호의 괴델 수들의 고유한 수열 각각은 괴델 수의 적절한 기호로 전환될 수 있다. 그래서 완전한 증명은 하나의 괴델 수에 숨겨져 있을 수 있다.

놀라운 코드

만일 이것이 불가능한 이야기처럼 들린다면, 마틴 가드너Martin Gardner가 기술한 비슷한 도식을 생각해보자.[8] 다른 은하계의 어느 학자가 지구를 방문했다. 그가 다시 은하계의 집으로 돌아가려고 하자, 지구인들은 지구에 대한 지식이 잘 요약된 『대영백과사전*Encyclopaedia Britannica*』 전집을 가져가라고 제안했다. 외계 학자는 좋은 제안이긴 하지만, 무게가 나가는 물건을 소장하는 일은 금지되어 있다고 말했

8) Martin Gardner, "the Amazing Code," in *Gotcha: Paradoxes to Puzzle and Delight*(San Francisco: W. H. Freeman, 1982), p. 48.

다. 그런즉 금속막대를 꺼내어 조심스럽게 측정한 뒤 그 위에 하나의 선을 새겼다. 그는 이 표시가 『대영백과사전』의 내용을 전부 다 기록한다고 말했다.

지구인은 놀라서 어떻게 한 것이냐며 설명해달라고 했다. 외계 학자는 백과사전을 검토했고, 그것은 1,000개 이하의 다른 문자들과 기호들을 포함한다는 사실을 알아냈다. 그래서 그는 각 문자와 기호를, 필요하면 왼쪽에 숫자 영을 부가해서 세 자리 숫자로 전환했다. 그래서 백과사전 전체가 세 자리 숫자의 굉장한 일대一隊로 표현된 것이다. 예를 들어, CAT라는 단어는 003001020 같은 수로 표현되었다(A=001, B=002 등등으로 가정하면). 외계 학자는 숫자 앞에 소수점을 찍음으로써 그것을 소수로 전환했다. 그 후 조심스럽게 막대를 재고, 동일한 길이로 2등분하고 분할한 지점을 표시했다. 그리고 은하계의 집으로 돌아가자마자 그는 막대의 두 부분을 재측정하여 그 비를 소수로 전환함으로써 소수를 『대영백과사전』에 포함된 정보로 다시 전환할 수 있었다.

괴델 수들은 이 수만큼 크지는 않지만 방법 면에서 비슷하다. 각각의 경우가 비非수치적 명제들의 숫자들로 사상된다. 외계 학자의 방법이 실제로 작용하지 않았던 유일한 이유는, 우주에는 그렇게 세분할 수 있는 측정 기술이 없기 때문이다. 이에 비해 괴델의 방법이 더 간결하긴 하지만, 외계 학자의 방법과 괴델의 방법은 모두 이론적으로 가능하다.

메타수학의 수학으로의 사상

모든 산술 기호와 공식, 그리고 증명들은 정수로 사상寫像하므로 괴델은 이 과정의 목적, 즉 메타수학적인 명제들의 단순한 산술적 명제들로의 사상을 향해 계속 나아갈 수 있었다. 물론 이러한 공식은 그 다음에 괴델 수로 전환될 수 있다. 괴델은, 공식의 괴델 수 자체가 그 공식 속에 포함되어 있는 어떤 매우 특별한 경우를 고려함으로써 훌륭한 증명의 정점에 도달했다. 이것으로 괴델은 신중히 선택된 자기 참고 체계에 관련을 맺게 되었다. 괴델은 문제의 메타수학적인 명제를 선택하는 데 있어서 매우 조심스러웠다. 산술이 무모순적이라면, 산술의 기본적인 기호를 사용함으로써 참 또는 거짓이 증명될 수 없는 최소 하나의 산술적 공식이 존재한다는 것을 증명하길 원했다. 그러한 공식이 최소 하나라도 존재한다면 형식주의자들의 목적 달성은 불가능했다.

앞에서 우리는, 칸토어가 짝을 짓는 도식으로 어떤 것이 선택되든간에 최소한 하나의 정수와 짝지어질 수 없는 하나의 실수가 존재한다는 사실을 보여줌으로써 어떻게 실수들의 무한이 정수들의 무한보다 큰지를 증명한 과정들을 살펴보았다.[9] 괴델은 자신의 증명에 있어서 거의 같은 방식을 채택했다.

이 메타수학적인 명제의 형식적 표현은 "x가 증명의 괴델 수인 모든 x에 대해 x는 괴델 수가 z인 공식에 대한 증명의 괴델 수가 아니다"가 된다. 이것을 다시 구어체로 "증명될 수 없는 공식이 있다"(그리고 그 공식은 괴델 수 z을 가진다)로 기술하자. 괴델은 하나의 공식을 고

9) 6장을 보라.

안해야 했고, 그 공식은 자체가 산술 안에서의 메타수학적인 명제 표현이어야 한다. 즉, 공식 자체가 증명될 수 없는 명제를 표현해야 한다.

우리는 그 문제의 공식이 틀림없이 이상할 것이라는 사실을 알 수 있다. 공식에 대한 명제를 공식으로 사상하기 위해 그 공식은 자체 안의 변수에 사상되어야만 한다. 사실, 그 공식은 자기 자신을 변수로 포함해야 한다. 그래서 증명될 수 없는 공식이 있다는 메타수학적인 명제는 공식 자체로 사상될 수 있다. 그 공식은 다음에는 자체 안의 변수로 사상될 수 있고, 그 변수는 공식의 괴델 수다.

자신의 꼬리를 삼키는 뱀 **우로보로스**를 기억해내자. 뱀 대신, 충분한 길이의 리본을 상상해보라. 만일 우리가 리본의 한 끝을 다른 끝과 연결하여 고리를 만든다면, 우리는 리본에서 위를 향하는 쪽에는 빨간색을 칠하고, 밑을 향하는 쪽에는 파란색을 칠할 수 있다. 그런데 다른 길이의 리본을 잡고, 두 끝으로 고리를 만들기 전에 한 번 비틀어주자. 이러한 구성을 뫼비우스 띠Möbius strip[10]라고 부른다. 이 상태에서 위쪽을 빨간색으로 칠하려고 시도하면, 위쪽과 아래쪽의 구분이 없다는 사실을 발견하게 될 것이다. 위쪽이라고 생각한 부분을 빨간색으로 칠하면서 다시 시작점으로 돌아오면, 전체 리본이 모두 빨간색으로 칠해진 사실을 발견할 것이다. 공연 마술사들은 자신들의 깜짝 놀랄 마술을 위해 이것을 변형한 아프간 밴드The Afghan Band라는 것을 사용한다. 마술사들은 리본에 색을 칠하지 않고 리본을 절반으로 자르는데, 그 결과를 보면 같은 길이의 고리 두 개가 나오는 대신 두 배 길이의 단일한 고리가 나온다.

우리는 가장 단순한 역설에 대응하는 것으로 비틀림 없는 **우로보**

10) 발견자인 19세기 독일의 수학자 뫼비우스August Ferdinand Möbius의 이름을 땄다.

로스의 단순한 변형을 생각할 수 있다. 즉, 한 면에서는 "다른 면에 대한 명제는 참이다"라고 말할 것이다. 그럼 다른 면에서는 "다른 면에 대한 명제는 거짓이다"라고 말할 것이다. 이것은 끝이 없는 고리다. 그러나 뫼비우스 띠는 좀 더 복잡한 역설이다. 즉, "'그 명제가 거짓이다'라는 명제가 거짓이다"라고 말할 것이다. 비틀리지 않은 역설은 주장하고, 그러면 모순되고, 그러면 모순이 모순되고 …… 이렇게 계속 이어지는 사슬을 형성한다. 바꾸어 말하면, 그것은 자기참고적이다.

괴델의 실제적 구성의 수학은 이 책의 영역을 넘어선다. 그러나 사실 괴델은, 그 자체로서 증명될 수 없음을 주장하는 산술적 공식을 구성했다. 이 공식으로 사상된 메타수학적 명제는 그 공식은 증명될 수 없다는 사실을 진술했다. 즉, 그는 비틀리지 않은 역설이나 비틀어진 역설이 아니라, 두 번의 비틀림을 가진 역설을 구성했다. 위의 예를 똑같이 들면, 두 번 비틀어진 역설은 "'거짓'이라는(명제가 거짓이라는) 명제가 거짓이다"라고 주장할 것이다.

이는 3단계 과정이었다. "어떤 공식은 증명될 수 없다"라는 메타수학적인 명제가 있었다. 이 메타수학적인 명제는 증명될 수 없는 공식이었다. 이 공식이 다음에 그것의 반대는 참이라고 주장했기 때문에 그것은 증명될 수 없었다. 아주 난처하다!

왜 이처럼 묻혀 있는 이상한 명제를 만들기 위해 연구를 하는 것일까? 괴델은 수학적 진리를 무모순성으로 환원하려는 시도들이 무익하다는 것을 확신했다. 어떤 체계의 진리는 필연적으로 단지 그 체계의 외부에서만 결정될 수 있다. 만일 어떤 큰 것을 더 작은 것에 맞추려고 한다면, 뭔가는 빠져야만 한다. 러셀이 첫 번째 집합들이 있고, 그 다음에 집합들의 집합들이 있고, 또 다시 …… 같은 식으로 이어지는 **집합 이론**을 만들면서 **자신들을 포함하지 않는 모든 집합**의 집합 역설을 피하기 위해 얼마나 노력했는지를 기억하라. 러셀은 매번 더 큰 실체들을 만들어서 끝없이 그 문제들을 회피하려고만 하였다. 괴델은 반대로 했다. 그는 집합들의 집합들은 집합들로, 집합들은 그들 자신들의 요소들로 사상했다. 수학자들이 무모순적이라는 단어로 무엇을 의미하는지를 기억하라. 그것은 단순히 주어진 공식이 참 또는 거짓인지를 증명할 수 없다는 점이다. 괴델은 두 번 비틀어진 역설을 구성함으로써 그것을 여전히 비틀어진 산술적 공식으로 사상할 수 있었다.

> 만일 모순뿐 아니라 공식이 모두 공리들의 집합에서 유도될 수 있다면, 공리들은 무모순적이 아니다. 따라서 만일 공리들이 무모순적이라면, 공식이나 그것의 모순들도 증명될 수 없다. 간단하게, 만일 그 공리들이 무모순적이라면 결정할 수 없는 공식이 있게 된다. 그리고 공식이나 모순들도 형식적으로 공리들로부터 유도될 수 없다.
>
> 좋다. 그러나 놀랄 일이 있다. 만일 그 공리가 무모순적이어서 결정할 수 없는 공식이 존재한다고 해도, 메타수학적 추론에 의해 참이라는 것이 증명될 수 있다. …… 우선, 산술이 무모순적이라는 가정에서 우리는 이미 메타수학적인 명제를 확립했다.[11] 그럼 이 메타수학적인 명제가 참이라는 것을 받아들여야 한다. 둘째, 바로 그 명제는 공식 자체에 의해 산술 안에서 표현된다. 셋째, 우리는 진리의 수학적 명제가[12] 항상 진리의 산술적 공식들과 일치하는 방식으로, 메타수학적 명제가 산술적 형식주의에 사상되어 왔다는 것을 기억한다. …… 따라서 문제의 그 공식은 참이어야만 한다.[13]

11) "공식은 증명할 수 없다"는 괴델의 주장.

12) 괴델의 명제는 지금 참으로 증명되었다.

13) Ernest Nagel and James R. Newman, "Gödel's Proof," in James R. Newman, ed., *The*

이는 무엇을 의미하는가? 우리는 이미 산술이 무모순적이라면 결정할 수 없는 공식이 존재한다는 것을 확인했다. 즉, 공식의 참 또는 거짓을 결정할 수 없다. 그런데 지금은 좀 더 악화되었다. 수학자들은 만일 그 체계 안에서의 모든 참인 명제들이 공리로부터 유도될 수 있다면, 공리 체계는 완전하다고 말한다. 그러나 갑작스럽게 출현한 괴델 공식은 지금 참이라고 증명되었고, 이는 공리들로부터 유도될 수 없다. 그리고 만일 그렇다면, 그것의 반대의 경우도 역시 유도될 수 있어야 한다. 이는 산술의 규칙들로부터 유도될 수 없는 참인 산술적 공식이 있다는 점과 그래서 산술은 불완전하다는 점을 의미한다.

이것은 독자들이 이해하기에는 벅차다. 수학자들이 처음으로 위의 사실에 직면할 때 그들 역시 낯설어한다는 사실을 제발 알아주었으면 한다. 실재를 보는 새로운 방식들은 늘 낯설고 당황스럽다. 그러나 스스로 면도하지 않는 사람들을 면도하는 이발사가 자신을 면도할지를 묻는 '이발사 역설'을 기억해보라. 우리는 이 질문에 대한 대답을 찾을 방법이 없다는 사실을 알았다. 어떤 답도 그 반대를 함의하기 때문이다. 괴델 공식은 거의 똑같은 것을 했다.

괴델의 증명에서 역설적 공식에 가까운 유추로, 기원전 6세기의 그리스 시인 에피메니데스Epimenides에게서 기인한 '거짓말쟁이 역설Liar Paradox'을 들 수 있다. "에피메니데스는 '모든 크레타섬 사람들은 거짓말쟁이다'라고 말해서 유명해졌다. 그가 크레타섬 사람이라는 것을 고려한다면, 에피메니데스가 진실을 말한 것인가?"[14] 괴델은 그것 자체가 거짓이라고 말하는 공식을 만들었다. 우리가 어떤 답을 선택하든지 그것은 다시 한번 뒤집힐 것이기 때문에 분명히 그 공식은 산술 안에서

World of Mathematics(New York: Simon and Schuster, 1956), pp. 1692~1693.

14) Martin Gardner, *Gotcha: Paradoxes to Puzzle and Delight*, p. 4.

증명될 수 없다.

'거짓말쟁이 역설' 같은 역설들은 말장난으로 간단히 처리될 수 있는 데 반해, 괴델의 증명이 진지하게 받아들여지는 이유는 역설의 발달에 있어서의 수학적 엄밀함 때문이다. 괴델의 사상寫像 방법이 수학자들에게는 새로웠지만, 논리적으로는 완벽하게 옳은 것이었다. 그의 방법은 논리학과 수학을 모두 버리지 않고는 버려질 수가 없었다. 그러나 괴델의 증명이 받아들여진다면, 수학을 논리학으로 환원시키려는 시도는 본래 결함을 가지고 있어서 불완전했다는 뜻이 된다.

> 완전성의 대가는 모순성이다. 체계들로 형식화된 가치 있는 모든 집합론과 귀납적 산술을 포함하기에도 충분히 여유 있는 기호논리학 체계들에서 두 가지의 예기치 않은 결과가 나왔다. 첫째는 내용 자체이며, 둘째는 그것이 수학적 증명에서 관례상 사용되어온 것보다 훨씬 더 높은, 가장 높은 것으로 알려진 엄밀함의 기준에 따라 증명될 수 있다는 사실이다.[15)]

괴델의 증명이 가지는 중요성

존 폰 노이만John von Neumann과 알프레드 타르스키Alfred Tarski를 포함해 어떤 수학자들은 괴델의 증명이 가지는 함축된 의미를 빨리 파악했다. 버클리 로저J. Barkley Rosser와 괴델 자신, 그리고 폰 노이만과 타르스키는 기초 산술과 미적분학을 포함하여, 귀납적인 수 이론을 담고 있는 어떤 논리적 시스템도 근본적으로는 결정 불가하다는

15) A. A. Fraenkle and Y. Bar-Hillel, *Foundation of Set Theory*(Amsterdam: North Holland Publishing Company, 1958), p. 304.

사실을 보여주기 위해 본래의 증명을 확장했다.

그러나 그 시대의 많은 수학자들은 괴델의 불완전성 정리를 전혀 모르고 있었다. 괴델이 다루고 있는 문제들에 가장 관심이 많았던 형식주의자와 논리학자들조차도, 괴델이 정확히 무엇을 증명했고 무엇을 증명하지 못했는지에 대해 혼란스러워했다. 또한 그들은 그 결과를 피하는 방법을 발견하기 위해 괴델의 증명에 관한 모든 면을 검토했지만, 아무런 소용이 없었다.

괴델의 증명이 무너지지 않을 것이라는 사실이 분명해지자, 그들은 철학에서의 상대자인 논리실증주의자들처럼 행동했다. 형식주의자들은 "좋다. 우리는 무모순성과 완전성의 궁극적인 증명은 없다는 점을 받아들일 것이다"라고 말했다. 그러므로 수학은 엄격하게 정의된 유한한 공리들의 집합으로부터 무모순적으로 유도**될 수 있는** 모든 결론들을 개발하는 분야이다. 달리 표현하면, 만일 문제가 우리에게 너무 과하다면 그곳에 없는 체하자! 다시 한번 타조 기술(자기기만의 얕은 지혜)을 사용하는 것이다.

> 많은 수학자들이 괴델의 증명에 대해 막연하게 알거나, 아니면 그것들이 자신의 노력과 거의 또는 전혀 관련이 없다고 간주했다.[16)]

수년 후, 러셀은 괴델의 불완전성 증명으로 인해 자신이 당혹스러워했던 경험에 대해 썼다.

> 물론 나는 괴델의 업적이 근본적으로 중요하다는 것을 잘 안다. 하

16) John W. Dawson, Jr., "The Reception of Gödel's Incompleteness Theorem," in S. G. Shanker, *Gödel's Theorem in Focus*, pp. 87~88.

> 지만 나는 그것으로 인해 무척 당혹스러웠다. 내가 더 이상 수학적 논리와 관련된 일을 하고 있지 않다는 사실에 기뻤다. 만일 주어진 공리들의 집합이 모순으로 이끈다면, 공리들 가운데 최소 한 개는 거짓이어야 한다는 점은 분명하다.[17)]

괴델이 러셀의 반응을 처음 접했을 때, 약간 공감하면서도 "러셀은 분명히 내 결과를 잘못 해석했다. 그러나 그는 매우 재미있는 방식으로 그렇게 했다"라는 의견을 내놓았다.[18)] 괴델은 러셀과 힐베르트, 그리고 세상에서 신비주의를 제거하길 원하는 다른 많은 사람들의 꿈에 종지부를 찍었다.

현대 수학은 근본적으로 직관적인 개념들을 다루는 형식적인 방법들에 수학자들이 동의하는 분야다. 이 분야의 핵심은 모든 직관이며, 그것은 우리 안의 어떤 비논리적인 자원에서 나온다. 사실 우리와 마찬가지로 수학자들 역시 직관 같은 희미한 개념보다 명확한 사실을 다루는 것을 더 편안해 한다. 수학에서 형식주의자와 논리주의자가 출현하기 전까지 많은 수학자들이 무의식적인 플라톤주의자였다. 즉, 그들은 수학적 진리가 필연적으로 물질적 진리라는 것을 당연하게 받아들였다. 여기서 나는 수학자들이 이것을 무의식적으로 받아들였다는 점을 강조하고 싶다. 형식적 방법이 나타났을 때 대부분의 수학자들은 자신도 플라톤적 수학의 진리와 형식적 공리의 검증에서 한몫을

17) John W. Dawson, Jr., "The Reception of Gödel's Incompleteness Theorem," in S. G. Shanker, *Gödel's Theorem in Focus*(London & New York: Routledge, 1988), p. 90에서 1963년 4월 1일 러셀이 레옹 헨킨에게 보낸 편지.

18) John W. Dawson, Jr., "The Reception of Gödel's Incompleteness Theorem," p. 91에서 1973년 7월 2일 아브라함 로빈슨Abraham Robinson에게 보낸 편지에서 러셀이 비평한 내용을 본 괴델의 반응.

했다고 생각했다. 수학자 안제이 모스토위스키Andrzej Mostowski는 그들이 대면했던 문제를 다음과 같이 표현했다.

> 직관적 수학과 부합하는 형식적 체계를 세우는 데 성공할 때까지, 어떤 형식적 체계의 완전성 문제와 근본적으로 해결될 수 없는 수학적 난해함이 존재한다는 문제 사이에는 직접적인 연관성이 없다.[19]

철학자로서의 위치가 우선이고 수학자로서의 위치가 나중인 러셀과 화이트헤드는 걸려 있는 문제들을 의식하고 있었다. 그러나 상징적 논리학을 상대로 한 승리에 너무 도취되어 있어서, 논리적 체계의 한계들을 의문시할 수 없었다. 대조적으로, 수학자로서의 위치가 우선이고 철학자로서의 위치가 나중인 괴델은 늘 수학의 철학적 지지를 의식하고 있었다. 이것이 그를 논리학과 경험, 유한과 무한 등의 관계를 자세히 검토하게 만들었다. 이 검토 과정에서 괴델은 수학적 직관이 감각적 인식만큼 실재적이라는 자신의 신념을 결코 바꾸지 않았다.

> 감각적 경험과 거리가 먼 공리들이 스스로가 참이라고 우리에게 강요하는 데에서 알 수 있듯이, 우리는 집합론의 대상들에 대한 인식과 같은 어떤 것을 가지고 있다. 우리가 감각적 인식보다 이런 종류의 인식, 즉 수학적 직관을 덜 신뢰해야 한다는 그 어떤 이유도 찾을 수 없다. …… 그들 역시 대상의 실재적 측면을 나타낼 수 있다.[20]

---

19) Andrzej Mostowski, *Sentences Undecidable in Formalized Arithmetic: An Exposition of the Theory of Kurt Gödel*(Amsterdam: North Holland Publishing Company, 1952), p. 3. 불행하게도, 수학 원문의 번역은 아주 생소한 언어를 번역하는 것처럼 어렵다.

20) Philip J. Davis and Reuben Hersh, *The Mathematical Experience*(Boston: Houghton Mifflin,

현대 수학자 르네 톰René Thom은 수학이 원형적 가치들을 다루고 있다는 괴델의 신념과 유사한 의견을 분명한 어조로 내놓았다.

> …… 모든 것을 고려하면서, 수학자들은 자신들의 가장 심오한 확신에 용기를 가져야 하고, 그래서 수학적 형태들이 그것들을 고려하는 정신과는 독립적으로 존재한다는 점을 확언해야만 한다.[21)]

모든 학문은 논리학과 수학에 기초한다. 괴델의 증명은 직관이 결여된 논리학 또는 수학에 한정된 범위 내에서 모든 학문은 본래 결함을 가지고 불완전하다는 사실을 증명해 보였다. 그러나 이 문제는 그것보다 훨씬 더 널리 펴져 있다. 비록 괴델의 증명이 모든 학문의 기초에 역점을 두고 있지만, 그것은 여전히 문제의 제한점에 대한 부분적 형식화에 불과하다. 더 큰 문제는 세계가 단일체라는 인식이다.

르네상스 시대에 인간이 의식적으로 외부 세계를 관찰하기 위해 단일체로부터 자신을 분리하기 시작했을 때, 인간은 인위적인 구별을 만들어 내고 있었다. 비록 당시에는 깨닫지 못했지만, 인간은 게임을 하고 있었던 것이다. 게임의 예로, 당신의 손을 내려다보고 그 손이 다른 사람의 손인 척해보자. 그렇게 함으로써 결코 당신에게서 분리된 존재로 의식된 적이 없으며 신체의 일부로 사용하는 한 결코 존재를 파악할 수 없었을 당신의 손에 대해 많은 것을 깨닫게 될 것이다. 그러나 이는 단지 게임에 불과하다. 당신의 손은 당신의 팔에 연결되어 있으며, 또한 당신의 신체와 연결되어 있다. 신체의 한 부분을 분리해서 관찰할 수 있다는 사실에도 불구하고, 당신의 몸은 하나의 분

1981), p. 319.

21) Philip J. Davis and Reuben Hersh, *The Mathematical Experience*, p. 319.

해되지 않은 실체로 남아 있다.

이러한 게임의 대가는 분명하다. 바로 인류의 지적·물질적 성취다. 우리가 이 게임을 배우고 잘할 수 있도록 익히는 일은 중요했다. 그러나 결국 그것이 게임이기를 중단했다. 뱀이 다시 자기 꼬리를 삼킨 것이다. 실재를 더욱 자세히 관찰할수록, 인간은 스스로를 현미경으로 관찰하고, 그것은 곧 자신을 보고 있다는 사실을 깨닫게 된다. 괴델의 증명은 이 사실에 대한 20세기의 가장 위대한 지적 표현이다. 그러나 진실은 괴델조차 초월한다.

나는 지금까지 수학의 기저를 이루는 산술에서 시작해 위로 기하학, 그리고 겉으로 보기에 불가피하게, 괴델의 증명을 이끌어 내는 일련의 사건 발달을 더듬어 올라가 살펴보았다. 정상에 다 도착했을 즈음 주위의 공기는 차고 희박하며, 인간의 문제는 작고 멀리 있는 것처럼 보인다. 그래서 세상은 인류의 가장 추상적이고 강력한 도구인 수학에 의해 필연적인 단일체라는 사실이 증명되었다.

그러나 이러한 결론들이 삶에 통합되도록 하는 것은 인간 수준에서 가능하다. 논리학의 가장 위대한 성취는 전체적인 실재를 다루는 논리학 자체의 부적절함을 지적한 데 있다. 인간은 모두 단일화된 전체의 부분일 뿐 아니라, 독특한 개인이라는 사실을 우리에게 깨우쳐준 것은 의식이다. 그 다음에 우리로 하여금 인간도 역시 단일화된 실재의 분리될 수 없는 부분임을 깨닫게 되돌린 것은 의식이다. 겉으로 보기에 조화를 이루지 못하는 두 개의 사실을 새로운 단일체로 통합해야 하는 것 역시 의식이다.

Chapter 17

심리학적 발달 모델로서의 연금술

> 나는 내적 경험의 역사적 예시에 대한 증거를 찾아야만 했다. 즉, "역사적으로 나의 특별한 전제들이 언제 일어났었는가?"라고 스스로에게 물어야만 했다. 만일 그 증거를 찾는 데 성공하지 못했다면, 나는 결코 내 생각을 구체화시킬 수 없었을 것이다.[1)]

융의 연금술의 재발견

집단적 무의식을 발견한 융은 자신이 발견한 내용을 끈기 있게 기록했다. 그는 수년 간 토론해 온 수많은 원형을 발견했다. 발달 원형은[2)] 심리학적 발달 단계들과 일치하기 때문에 전혀 다른 차원의 것이었다. 융은 단지 불가사의한 어느 부분만을 포착한 것이라고 확신하면서, 이러한 발달 단계의 한 가지 모델에 결코 만족하지 않았다.

예를 들어, 그림자 문제들을 풀기 위해서는 이전에 상반된 성격을 지닌 두 부분의 결합이 이루어져야 한다. 결합의 성질은 무엇이며, 그것이 이루어지기 위해서는 어떤 단계들이 뒤따라야 하는가? 발달 원형들은 인격화된 무의식의 상像들 주위에 모여 있기 때문에 각 단계

1) C. G. Jung, *Memories, Dreams, Reflections*(New York: Vintage Books / Random House, 1965), p. 200.

2) 그림자, 아니마 / 아니무스, 자기. 13장, 14장, 15장을 보라.

IGNIS.
AERIS.
AQVÆ.
TERRÆ.
COAGVLATION
DISTILLATION
PVTREFACTION
SOLVTION
SVBLIMATION
CALTINATION

연금술 여행의 단계

에서 관련 문제들의 특징을 획득할 수 있는 매우 풍부한 요소들을 지니고 있다. 그러나 이러한 인격화된 모델은 구조를 나타내는 데까지만 갈 수 있다. 융이 계속해서 지적했듯이, 무의식의 원형은 개인적 삶을 통과할 때까지는 내용이 비어 있다. 발달 원형들의 인격화는 정신이 개성화 과정을 의식에게 드러낼 때 수용한 모델 가운데 하나이다. 융은 거기에 다른 것들도 있다는 점을 확신했다. 인격화를 개성화의 단계들에 관련시키는 것에 주요 이점이 있듯이, 이러한 단계들을 좀 더 추상적인 표현으로 보는 것에도 다른 이점들이 있다. 물론 중요한 것은, 정신 자체가 개성화 과정을 표현하는 원형을 나타내기 위해 선택한 방법들을 발견하는 일이다.

원자 내부를 관찰한 하이젠베르크 같은 양자물리학자들의 세계와 무의식은 유사하다. 하이젠베르크는 아원자 입자의 운동량이나 위치를 관찰할 수는 있었지만, 둘을 동시에 관찰할 수는 없었다.[3] 유사하게, 만일 심리학적 발달 과정을 꽁꽁 얼려 정지시킨다면 융은 각 단계에서 작용하는 원형들을 발견할 수 있을 것이다. 그것이 바로 그림자, 아니마 / 아니무스, 그리고 '자기'였다. 이것들은 유추하는 방식에 따라 아원자 입자의 위치와 일치할 것이다. 융도 역시 그 과정과 운동량에 대해 더 많은 것을 발견하길 원했다. 그러나 이를 위해서는 다른 모델이 필요했다.

1918년에서 1926년까지 융은, 비슷한 내부 문제로 고심하고 있는 듯한 초기 기독교의 그노시스주의자들을 연구했다. 그리고 그들의 고투에서 집단적 무의식을 만날 수 있었다. 그들의 신앙이 주로 창조 신화, 신과 인간 사이의 관계 같은 상징적 이미지를 통해 표현되

---

3) Werner Heisenberg, *The Physical Principles of the Quantum Theory*(New York: Dover, 1949), pp. 48~52.

었기 때문이다. 하지만 불행히도 융은 그노시스에 반대하는 초기 기독교 학자들의 문서를 통해 그노시스주의자들의 사상을 탐구할 수밖에 없었다. 사실, 그노시스의 자료를 간접적으로 다루어야 한다는 어려움보다 그들이 과거 2000년 동안 역사적으로 고투했다는 점이 근본적인 어려움이었다. 그노시스주의자는 융의 영적 조상이었을 수도 있다. 결국 융은 그들이 제공하는 자료들의 심리학적 의미를 파악했고, 단지 그들은 시간적으로 자신과 너무 멀리 떨어져 있을 뿐이라고 인정했다.[4]

따라서 융의 입장에서는 그노시스주의자와 자신의 시간적 간극 사이에 존재하는 어떤 역사적 예시를 발견해야 했다. 그는 이것을 연금술에서 발견했다. 융의 생애에서 수많은 일들이 그랬던 것처럼, 이번에도 그는 꿈을 통해 이 발견에 이르렀다. 몇 년 동안, 융은 이전에 알려지지 않은 어떤 부분을 자신의 집에서 발견하는 꿈을 계속해서 꾸었다. 가끔 부모와 관련이 있긴 했지만, 흔히 고대역사 박물관의 기능을 하는 어떤 부속 가옥이 나왔다. 수없이 많은 꿈속에서 융은 이 박물관을 탐구했고, 결국 옛날 도서관에 이르게 되었다. 융이 그곳의 책들 가운데 하나를 펼쳤을 때, 그 책이 경이로운 상징적인 그림들로 가득 차 있다는 사실을 발견했다. 잠에서 깨어난 융은 "심장이 흥분으로 고동치고 있었다"고 할 정도로 전율을 느꼈다.

이 마지막 꿈을 꾸기 직전 융은 자신이 확인해야 할 인용문을 발견했고, 그것이 비잔틴의 연금술과 관련이 있을지도 모른다고 생각했다. 그래서 융은 고서 서적상에게 연금술에 관한 책을 몇 권 주문했다. 몇 주일 뒤 책이 도착했을 때 그는 꿈에서 본 것과 매우 흡사한,

4) C. G. Jung, *Memories, Dreams, Reflections*, pp. 200~201.

상징적 그림들로 가득 찬 16세기의 양피지를 발견했다. 그 발견과 동시에 융은 나머지 생애 동안 계속되었던 새로운 탐구 과정에 들어갔다. 『인간과 무의식의 상징*Man and His Symbols*』에서 융은 연금술을 발견하게 해준 반복되는 꿈에 대해 다음과 같이 논했다.

> 심리학의 개척자로서 연금술 원칙들의 재발견이 내 작업의 중요한 부분이 되었을 때, 반복되는 꿈의 모티브들은 쉽게 이해될 수 있다. 물론 그 집은 나의 인격과 내가 관심을 가지는 의식적인 분야의 상징이었다. 그리고 미지의 부속 가옥은 그 당시 나의 의식이 모르는 새로운 분야의 관심과 연구에 대한 기대를 나타냈다. 하지만 30년 전, 그 시점부터 나는 그 꿈을 결코 다시 꾸지 않았다.[5)]

연금술의 간단한 역사

연금술은 일반적으로 화학의 어리석고 미신적인 전임자로 소개되었다. 대부분의 사람들은 연금술의 실질적인 실험에 대해 거의 또는 전혀 알지 못한다. 아마 우리는 비커와 플라스크로 뭔가를 만드는 은자隱者를 떠올릴 것이다. 물론 이러한 모습은 부분적으로는 맞을 수 있다. 우리는 연금술의 목적이 '철학자의 돌philosopher's stone'을 만드는 데 있다는 점은 알고 있지만, 그것이 어떻게 가능한지에 대해서는 전혀 알지 못한다. 단지 막연하게 연금술사들이 납을 금으로 변환시키려고 시도했다는 것과 가끔 그것에 성공했다는 주장이 나왔다는 정도만 알 뿐이다.

---

5) C. G. Jung, *Man and his Symbols*(Garden City, NY. Windfall Books, Doubleday, 1964), p. 54.

이러한 얕은 지식은 연금술사를 욕심 많고 어리석은 사람이나 허풍선이로 묘사하는 경향이 있다. 물론 어리석은 사람이나 허풍선이도 있었겠지만 대개 그렇지 않았다. 그들은 대부분 지적이고, 종교적이며, 호기심이 강하고, 언제나 혼자였던 것 같다. 연금술이 심층심리학에 어떤 실질적인 것을 제공할 수 있는지를 알기 위해서는 우선 연금술의 역사를 간략하게나마 이해해야 한다.

연금술과 기독교는 서구세계에서 거의 동시에 시작되었다. 연금술은 기원후 처음 3세기를 통해 다른 분야로 발달했다. 그러나 그 뿌리는 기원전 330년으로 거슬러 올라간다. 당시 알렉산더 대왕은 이집트를 정복한 뒤 알렉산드리아라는 도시를 세웠고, 도시 내에 고대 세계의 가장 큰 도서관을 건립했다. 50만 개에 달하는 원고들을 소장한 이 도서관은 전 세계의 학자들을 불러모았다. 기원전 80년 시저의 알렉산드리아 정복 기간에 도서관의 상당 부분이 불타버렸지만, 여전히 학자들을 위한 안식처로 존재했다.[6] 이 기간에 교역, 전쟁, 기독교 등은 각자의 길만을 걸었던 문화들을 섞는 데 이바지했다. 존 스틸만John Stillmann은 『연금술과 초기 화학의 역사*The Story of Alchemy and Early Chemistry*』에서 이 시기에 대해 다음과 같이 말했다.

> 그리스의 철학, 이집트의 예술, 바빌로니아와 페르시아의 신비주의가 만나서 그리스 문명의 토대를 더욱 명백하게 하는 데 늘 도움이 되는 것이 아닌 이상한 배합을 만들었다.[7]

---

6) John Maxson Stillman, *The Story of Alchemy and Early Chemistry*, 1924(New York: Dover, reprint 1960), p. 137.

7) John Maxson Stillman, *The Story of Alchemy and Early Chemistry*, p. 137.

스틸만은 내가 전에 언급했던 것처럼, 연금술을 순진한 전-과학pre-science으로 보는 견해를 가지고 있었다. 그의 이러한 견해는 서양 과학의 관점에서 쓰인 연금술의 역사에 있어서 하나의 전형을 이루었다. 대조적으로, 융 분석가 마리 루이제 폰 프란츠Marie-Luise von Franz[8]는 연금술을 그리스의 이론과 이집트의 실험이 결합된 일종의 진보로 보았다.

> 자연, 물질, 공간, 시간 등에 대해 이성적 사고를 하기 시작했던 그리스 철학자들은 실질적으로 아무런 실험을 하지 않거나 매우 적은 실험만을 실시했다. 철학자들의 이론은 확실한 관찰에 의해 지지되었지만, 그들은 결코 실제로 실험을 할 생각은 하지 못했다. 반면, 이집트에는 매우 발달된 화학적 · 마술적 기술이 있었다. 그러나 일반적으로 이집트인들은 그 기술에 철학이나 이론 같은 생각들을 전혀 덧입히지 못했다. 그것은 단순히 특정 성직자의 실용적인 비법과 약간의 마술적 · 종교적 표현에 의해 전수될 뿐이었다. 그러나 나는 이론적 고찰만 없었을 뿐이라고 생각한다. 이러한 그리스와 이집트 문명의 결합은 연금술이라는 결실을 맺게 되었다.[9]

최초의 위대한 연금술사들은 역시 그노시스주의자였다. 기독교는 대체로 더 단순하고, 덜 교육받은 사회구성원들의 종교였다. 좀 더 지적인 경향을 보인 그노시스주의자들은 군중을 대상으로 하는 설교 밑바탕에 깊은 진리가 숨어 있는 신비로운 종교 가운데 기독교를 가장 최신의, 그리고 가장 위대한 것으로 봤다. 그노시스주의자들은 단순히

8) 연금술 역사에 대해서 나에게 많은 도움을 준 사람.

9) Marie-Luise von Franz, *Alchemical Active Imagination*(Irving, TX: Spring Publications, 1979), p. 1.

연금술의 채광

성직자들에 의해 해석되는 집단적인 종교가 아닌, 신에 대한 개인적 경험을 원했다. 이러한 개인적 경험에 대한 욕구로 인해 그들은 신, 인간, 그리고 세계 사이의 관계를 묘사하기 위한 복합적인 상징체계를 발달시켰다.[10] 물론 융이 말했듯이, "그들이(그들의 상징적 이미지들이) 심리학적 개념을 가졌던 것으로는 보이지 않는다."[11]

연금술사들은 우주의 가장 깊은 비밀들을 찾아내려고 애썼다. 이는

10) 융의 시대 이후, 그노시스교라는 이름하에 다양한 견해들이 나오게 되었다. 지배사상에 대한 이견異見을 가진 사람들은 자신들의 의견을 바탕으로 다른 어떤 믿음의 단체보다 더욱더 단결해 갔다. 반면에, 기독교는 수세기 동안 유지해 온 형태를 막 굳히려 하고 있었다. 그런 점에서 현대인들이 그노시스교의 견해를 영혼의 탐구에 있어서 고대의 선구적인 것으로 보는 데는 충분한 타당성이 있어 보인다.

11) C. G. Jung, *Memories, Dreams, Reflections*, p. 201.

물질과 정신 양쪽의 건축용 블록재를 찾는 것과 같았다. 왜냐하면 그노시스주의자들은 물질과 정신 사이의 분명한 차이를 보지 못했기 때문이다. 그들에게는 단지 실험자와 실험 사이의 관계만 있을 뿐이었다. 연금술사들은 실험의 미시적 세계가 우주의 거시적 세계와 연결되어 있다고 믿었기 때문에 연금술 작업은 늘 상서로운 시간에만 수행되었다. 또한 그노시스주의자들은 자신의 내적 본성뿐 아니라 실험 대상인 물질의 내적 성질에 대해서도 깊이 명상해야 했다. 이러한 점이 왜 융에게 현대 심층 심리학의 예시인 것 같았는지는 쉽게 알 수 있다. 현대의 심층 심리학에서 심리학자들은 환자들의 정신뿐 아니라 자신의 정신도 마찬가지로 관찰해야만 한다. 이 둘은 치료 과정에서 서로 뒤얽혀 연결되기 때문이다.

기원후 3세기 직후 연금술의 전통이[12] 이슬람 세계로 퍼졌다. 기독교에서처럼 이슬람교에서도 대중의 외부 지향적인 종교와 지성인들의 내부 지향적인 신비스러운 종교 사이에 분열이 존재했다. 후자는 연금술을 더 큰 신비로 향하는 하나의 수단으로 삼았다. 연금술은 10세기 동안 이슬람 세계에서 절정에 달했다. 그리고 이슬람이 지적 세계의 중심이 됨에 따라 유럽의 기독교 학자들이 몰려들었다. 스페인에서는 신비의 가르침이 유대인 신비주의자들 사이에서 널리 퍼졌다. 유대교의 카발라Cabala가 그 산물이다.

이슬람교도들에 의해 직접적으로든, 또는 스페인의 유대인들에 의해 간접적으로든 간에 연금술은 르네상스 시대에 다시 서양으로 건너갔다. 그것은 15세기와 16세기에 절정에 달했고, 17세기와 18세기에 어떤 형태로든 여전히 존재했다. 예를 들어, 괴테는 연금술 책에 익숙

---

12) 수학과 다른 깊은 신비주의를 따라서.

해 있었고, 다른 작가들이 성경이나 셰익스피어를 인용하듯이 연금술을 『파우스트』에 인용했다. 그러나 융의 시대에는 연금술이 거의 알려지지 않았으며, 젊은 시절 그렇게 『파우스트』에 매료되었던 융이지만 이 책에 언급된 연금술에 대한 이야기에서는 어떤 암시도 받지 못했다. 그러나 인생 후반기에 융을 무의식적으로 연금술로 이끈 원동력은 그가 젊은 시절에 읽은 『파우스트』였을 것이다.

혼돈에 질서 부여하기

융은 조직화된 교회의 그노시스주의 반대자들이 저술한 책을 통해 그노시스 사상을 추적해야 했다. 그래서 그는 앞에서 인용했던 꿈을 꾼 뒤 연금술에 관한 연구를 시작할 때까지 그노시스주의자들이 저술한 연금술 관련 책들은 전혀 알지 못했다. 연금술 관련 책은 철학, 종교, 신비주의, 과학적 이론, 실험을 위한 '상세한 설명서' 등의 혼합물이었다. 그리스어로 쓰인 초기의 원문들과 후에 라틴어로 쓰인 원문들 모두 글자 그대로 번역하는 것이 불가능했다.

> 유황은 테이온theion이라고 불리고, 테이온theion은 역시 신성한 것을 의미한다. 아르제니콘arsenikon(그리스어로 웅황을 뜻함)이라고 불리는 물질이 흔히 언급된다. 아르제니콘arsenikon은 단순히 남성을 의미하는 듯하지만, 실제로 유황을 의미하는 테이온theion과는 대조적으로, 옛 논문에서 아르제니콘arsenikon이 무엇을 의미하는지 정의할 수가 없다. 그것은 어떤 것도 될 수 있다.[13]

13) Marie-Luise von Franz, *Alchemical Active Imagination*, p. 9.

융은 원문들을 상세히 조사하고, 원문에서의 단어들과 그 단어들의 추측 가능한 의미들을 정리한 목록을 만들어야 했다. 그래서 그는 어떤 질서하에서 단어들을 사용하기 위해 모든 연금술 문헌에 나온 단어들을 정리한 색인을 만들었다. 이것이 바로 연금술사들이 사용한 방법이었다.

> 연금술사조차도 다음과 같이 말했다. "하나의 책이 다른 책을 읽도록 길을 열어준다. 많은 책을 읽고 그것들을 철저히 비교하면 후에 그 의미를 알게 된다. 책 한 권만을 읽고는 의미를 알 수 없으며, 달리 해독할 방법도 없다."[14]

번역의 문제 때문에 연금술사 사이에서도 단어의 의미에 대한 의견이 분분했다. 이는 점차 본래의 의미보다 더 깊은 의미가 단어에 포함되어 있다고 믿도록 만들었다.

> 연금술사들은 모두 외로운 실험자들이었기 때문에 동료들과 협의를 할 수 없어서 더욱 혼란스러워했다. 그래서 그들은 비교적秘教的 · 공교적公教的 언어에 대해 이야기했다. 그로 인해 완전히 바벨론식의 언어 혼란에 빠지게 되었다.[15]

융은 혼란 속에 담긴 어떤 의미를 점차 이해하기 시작했다. 그는 연금술사들의 물질과 정신은 분화되어 있지 않았다는 사실을 깨달았으며, 연금술사들이 물질적 · 정신적 작용을 동시에 이야기할 수 있다

---

14) Marie-Luise von Franz, *Alchemical Active Imagination*, p. 17.

15) Marie-Luise von Franz, *Alchemical Active Imagination*, p. 10.

는 점도 알았다. 마지막으로 융은 우리가 그림자, 아니마 / 아니무스, '자기'를 주위 사람들에게 투사하는 똑같은 방식으로, 분화되지 않은 연금술사들의 무의식적인 어떤 것이 물질에 투사된다는 사실을 알게 되었다.

만일 무의식적인 것, 심지어 원형적인 자료들이 물질에 투사된다는 사실이 이상해 보인다면, 과학 자체를 생각해보라. 그 어떤 정신적 실재도 현대 과학자들에 의해 의식적으로 부정되었다. 그러나 정신적 가치에 대한 필요성은 그것이 물질로 투사되어 나오는 무의식에서는 그대로 남아 있다. 예를 들어, 물질의 궁극적인 블록재를 찾는 현대 물리학자들의 탐색이 흥미라고는 거의 찾아볼 수 없는 과학적 연구는 아니다. 유사하게, 생물학자들이 DNA와 RNA에서 생명의 언어를 찾는 과정은 지성적인 것보다는 정신적인 열정을 더 많이 불러일으킨다. 모든 것이 맨 마지막에는 물질적인 성질로 환원될 수 있다는 과학자들의 단호한 주장들은 확실한 투사다. 이러한 역설에는 객관적인 필요성이 존재하지 않는다. 새로운 이론이 위와 같은 근본적으로 종교적인 관점을 위협할 때,[16] 그 이론가는 과학 단체에서 제명되어야 할 이단자로 취급받는다.

연금술사들은 외부와 내부, 양쪽 모두에서 탐험 및 탐색에 종사하는 외로운 사람들이었기 때문에 자신들의 저서에 불가피하게 탐색의 진행 단계들을 기록할 수밖에 없었다. 융은 연금술사들의 이상한 기록 방식을 이해할 수 있게 되자마자, 연금술 작업에 의해 상징적으로 표현된 내부 발달의 길을 추적할 수 있었다. 후기 연금술사들은 자신들의 자료를 심리학적으로 덜 유용하게 만드는 연구의 이중적 성격을

16) 셸드레이크Rupert Sheldrake의 형태유전학 분야의 이론과 같은 것.

알아차릴 수 있었다. 그러나 초기 연금술사들은 어떤 것이 자신들의 상징적 자료들을 더 유용하게 만드는지를 알아차리지 못했다.

융은 이 분야에서의 발견들을 후기 저서에 기록했다. 즉, 이러한 내용들이 『심리학과 연금술*Psychology and Alchemy*』, 『연금술 연구, 아이온*Alchemical Studies, Aion*』, 『전이의 심리학The Psychology of the Transference』, 그리고 대작인 『융합의 비의*Mysterium Coniunctionis*』에 모아져 있다.[17] 다음 장에서 『융합의 비의』를 살펴봄으로써 융의 연금술 연구에 관한 검토를 마치게 될 것이다.

---

17) C. G. Jung, *Collected Works*, *Vol. 12: Psychology and Alchemy*(Princeton: Princeton University Press, 1968); *Collected Works*, *Vol. 13: Alchemical Studies*(Princeton: Princeton University Press, 1967); *Collected Works*, *Vol. 9ii: Aion, Research into the Phenomenology of the Self*(Princeton: Princeton University Press, 1959); "The Psychology of the Transference," in *Collected Works*, *Vol. 16: The Practice of Psychotherapy*(Princeton: Princeton University Press, 1966); *Collected Works*, *Vol. 14: Mysterium Coniunctionis*(Princeton: Princeton University Press, 1963). 제목은 신비적 또는 기적적 융합을 뜻한다.

Chapter 18

융합의 비의

『융합의 비의』는 융 심리학의 진정한 총계다. 만일 당신이 이 책과의 살아 있는 작용 관계를 성취할 수 있다면, 당신은 동시에 자율적인 정신과의 살아 있는 작용 관계를 성취했다고 말해도 무방하다고 나는 생각한다.[1]

융합의 비의

『융합의 비의』는 무의식의 원형들을 통해 심리적 발달 과정을 표현하려는 융의 두 번째 위대한 시도이다. 그의 첫 번째 시도는 발달의 원형, 즉 그림자, 아니마 / 아니무스, '자기'를 통해서였다.[2] 『융합의 비의』에서는 심리적 발달을 다른 방향에서 접근했다. 심리적 발달의 각 단계를 대표하는 원형에 집중하는 대신, 한 단계가 다음 단계에 양보하면서 형성되는 정신적 융합에 중점을 두었다. 『융합의 비의』를 완성한 융은 연금술에 대해 할 말을 다 했다고 느꼈다. 80세에 이 책을 완성한 융은 생이 끝날 때까지 개인 신상에 관한 글만을 집필했다. 그의 정신적 자서전인 『회상, 꿈, 그리고 사상』과 『인간과 무의식

1) Edward Edinger, *The Mysterium Lectures,* Joan Dexter Blackmer, transcriber and editor (Toronto: Inner City Books, 1995).

2) 13장, 14장, 15장을 보라.

의 상징』이 대표적이다. 이 책은 더 넓은 독자층에게 소개하는 데 도움이 되었으며, 융이 그 시대의 다른 위대한 사상가들과 많은 교류를 나누게 하였다.

연금술 이전에 씌어진 융의 저서들은 지성적인 일반인들에 대한 배려로 많은 후세 저자들에 의해 철저하면서도 친절하게 설명되었다. 사실 많은 독자들은 융의 책을 번역한 사람들에서만 의해 융을 만난 것이다. 하지만 불행히도 융의 연금술에 대한 저서들의 사상, 특히 『융합의 비의』에 있는 사상은 대중에게 폭넓게 소개되지 않았다. 마리 루이제 폰 프란츠[3]와 에드워드 에딩거[4]는 융의 후기 연금술 사상을 더 많은 대중에게 보급하기 위해 훌륭한 시도를 계속했지만, 그 복합적인 자료를 표현하는 방법을 찾는 것은 어려운 일이었다. 괴델의 사상을 단순화시키는 방법 이상으로 융의 개념을 단순하게 만들 방법은 없는 것처럼 보인다. 둘 다 우주의 궁극적인 성질을 기술하려는 시도였던 만큼 손쉬운 표현의 범위를 넘어서 있는 듯하다. 다음 내용은 융의 위대한 마지막 저서에 담긴 풍부한 내용들 가운데 약간의 맛보기에 불과하다.

---

3) Marie-Luise von Franz, *Alchemical Active Imagination*; and "An Introduction to the Symbolism of Alchemy"(Unpublished lecture notes, 1959).

4) Edward Edinger, *Anatomy of the Psyche*(La Salle, IL: Open Court, 1985). 이는 1978~1982에 〈사분면Quadrant〉에 발표된 연금술 작업에 관한 논설들을 편집한 것이다.; Edward Edinger, *Mysterium Lectures*. 이는 에딩거가 1985~1986년에 융 학파의 분석가 교육을 받고 있는 눈이 높은 청중에게 『융합의 비의』에 대해 강의한 내용을 기록한 것이다.

대극의 융합

융의 집필 작업이 거의 끝나는 시점에 『융합의 비의』의 집필이 시작되었다. 융은 자신의 저서들을 통해 몇 번이고 반복해서 어떻게 무의식이 매우 좁은 의식을 보상하는지에 대해 기술했다. 이 보상은 해결을 요구하는 대극인 양극을 만들어 냈다. 의식과 무의식 사이의 대극은 다음에 중재로의 정신적 시도를 이끈다. 융은 정신적 발달의 여러 단계에서 발생하는 갈등의 성질에 대해 매우 자세히 기술했다. 그러나 『융합의 비의』에서는 곧바로 그 과정의 종점, 즉 대극의 합일로 향했다.

깊은 갈등은 문제점을 중간 부분에서 나누어, 타협함으로써 해결될 수 없다. 대신, 중재하려는 우리의 시도가 새로운 대립을 형성한다. 그래서 대극의 융합은 사위quaternio가 된다. 즉, 단지 양극이 아니라 사위의 대극을 이룬다. 이러한 이상한 대립은, 후에 선승禪僧 대가들도 그랬던 것처럼 연금술사들로 하여금 표현될 수 없는 부분을 표현하기 위한 방법으로 역설을 사용하게 만들었다.

발달의 원형들을 다룬 장에서 논의했듯이, 융은 인간 정신이 불가피하게 정신적 갈등을 인격화한다는 사실을 발견했다. 『융합의 비의』에서 융은 거의 300쪽에 걸쳐 연금술 문헌에서 발견한 내부 대극들의 세 가지 인격화, 즉 (1) 태양과 달(연금술에서는 흔히 유황과 소금으로 표현됨), (2) 왕과 왕비, (3) 아담과 이브에 대해 기술했다.

연금술사들은 이러한 대극 사이의 중개자로서 메르쿠리우스mercurius, 또는 예수가 신이 만든 인간으로 생각되듯이, 그리스 신 헤르메스가 만든 인간으로 전설적인 인물인 헤르메스 트리스메기스토스Hermes Trismegistos로 인격화했다. 그래서 메르쿠리우스는 인간의 독특한 문제로 여겨진

헤르메스 트리스메기스토스

물질과 정신 사이의 투쟁으로 표현되었다. 이에 비해 신들의 전달자인 헤르메스는 신의 세계와 인간 세계, 즉 무의식의 원형 세계와 의식 세계 사이를 쉽게 움직일 수 있는, 감탄스러울 정도로 적합한 인물이었다.

헤르메스는 은인이거나 반대로 무서운 적일 수 있는 변화무쌍한 신이었다. 도적의 신으로서 그는 인간이 무의식으로부터 정신적 보물을 찾아내는 것을 도와줄 수 있었다. 경계의 신으로서 그는 양극 사이의 경계상에서 살아가는 방법을 인간에게 가르쳐줄 수 있었다. 메르쿠리우스는 자신 안에 대극들을 포함할 수 있기 때문에 새로운 정신적 사위를 만들어 내기 위해 첫 번째 대극들 가운데 어느 하나와 결합함으로써 두 번째 대극을 형성한다. 비록 이것이 심리학과 동떨어진 이야기처럼 들릴지라도, 이는 이 자료들이 주는 어려움들을 기꺼이 참아내는 심리학자들에게 굉장히 유용하다. 20세기의 인간들은 이제 막다른 골목까지 왔다. 극단적인 논리를 취하면, 합리성은 수학, 물리학, 예술, 음악, 그리고 철학에서 역설적 결론들을 만들어 냈다. 20세기의 어린아이인 우리는 모두 흥미 없는 사실에 의미를 부여하는 어떤 방법, 우리가 믿고 있는 것을 합리적으로 정당하다고 입증하는 어떤 방법을 발견하기 위해 투쟁해왔다. 어느 누구도 더 이상 이 문제에 무관심할 수가 없다. 그러나 이전에는 대부분의 사람들이 갈등을 모른 채 더 없이 행복하게 지낼 수 있었다. 이런 현대적 함정에 사로잡히는 일은 정신의 심층으로 밀고 들어간 고독한 소수의 사람에게 맡겨졌었다.

그노시스주의자들은 그 갈등을 알고 있었다. 그들은 종교적 단체의 중재를 통해서가 아니라, 직접적으로 그들의 신성한 본성을 경험하기를 원했다. 이는 불가피하게 그들로 하여금 정신과 육체 사이의 대립 문제를 경험하게 만들었다. 그들은 교회 조직이 제안하듯이 단지 육체를 정신에 종속시키는 것이 아니라, 이 둘을 화해시키려고 시도했다. 하지만 그들은 이 문제와의 투쟁에 실패했다. 그래서 그노시스주의자들이 가졌던 고투의 성질에 대한 지식이나 화해의 시도들은 우리에게 굉장히 유용하다.[5)]

그러나 그노시스주의자들은 거의 2000년 전에 내부 갈등과 전쟁을 치렀다. 연금술사들은 시간적으로나 정신적으로 지금의 우리와 훨씬 가깝다. 연금술은 르네상스 시대와 더불어 완전히 꽃을 피우면서,[6)] 지

---

5) 다시 한번, 그노시스교는 절대 잡다한 그룹이 아니었다는 점을 강조한다.

6) 이 책에서 기록된 역사의 시작 시기와 연금술의 번성 시작 시기가 일치하는 것은 절대 우연이 아니다. 연금술은 우리가 이 책에서 다룬 모든 문제들을 무의식적으

변하지 않는 것과 변하기 쉬운 것들의 전쟁

금 우리가 고투하고 있는 것과 같은 방식으로 의미와 진실 사이의 대립, 분리와 조화 사이의 대립과 고투했다. 최소한 연금술 초기에는 연금술사들 대부분이 내부 갈등의 진정한 성질을 알지 못했기 때문에 이 갈등은 연금술사들로 하여금 실험에서 상징들을 발견할 수 있도록 했다. 우리는 이러한 실험 관련 기록들을 연구함으로써 인간이 자신의 고투에서 과도하게 발달된 합리성의 혼란스러움이 제거되는 것을 볼 수 있다. 만일 연금술사들이 태양과 달, 왕과 왕비, 아담과 이브의 대립에 대해 말한다면, 이는 대극들이 각각 내부 갈등의 성질 및 가

로 예상했다.

능한 해결책을 표현하는 어떤 독특한 상징적 메시지를 가지고 있기 때문이다.

우리는 지금 인간성이 전례 없던 방식으로 위와 밖으로 팽창했던 기독교 시대의 끝에 서 있다. 그러나 이 놀라운 진보는 대극을 만들었고, 이 대극에서 인간은 본능의 뿌리에서 잘린 채 외롭게 분리되어 있다는 사실을 느낀다. 융은 현대 세계에서의 인간은 다시 한번 선과 악, 죄와 구원, 본능과 정신적인 것과 같은, 겉으로 보기에 대립적인 것들을 연결하는 원형적인 해결책을 우리 자신의 내부에서 찾을 필요가 있다고 지적한다. 연금술사들은 모든 병을 치료하고, 모든 대립을 결합하고, 모든 갈라진 틈을 연결하는 철학자의 돌을 찾고 있었기 때문에 불가피하게도 인간이 자신을 발견할 필요가 있는 바로 그 원형의 뿌리를 건드렸다.[7)]

대극들의 인격화

예를 들어, 태양(또는 유황)과 달(또는 소금) 사이의 대극에서 연금술사들은 태양보다 달에 대해 더 많은 이야기를 했다. 낮의 성질이나 의식은 모든 사람에게 분명하지만, 밤의 성질이나 무의식은 해명을 필요로 하는 것 같았기 때문이다. 왕과 왕비 사이의 대극에서 연금술 문헌의 강조점은 왕, 특히 죽어가는 왕이 어떻게 생기 넘치는 새로운 왕으로 부활할 수 있는지 하는 부분이었다. 아담과 이브 사이의 대극에서 늙은 아담과 새로운 아담 사이에 분명한 분리가 있었다. 최초의 인간인 늙은 아담은 흔히 산과 같은 굉장한 사람으로 표현된다. 그러

7) C. G. Jung, *Collected Works, Vol. 14: Mysterium Coniunctionis*(Princeton: Princeton University Press, 1963), ¶ 674.

나 새로운 아담은 흔히 일반적인 바퀴나 세 개의 다리를 가진 바퀴로 보여진다. 그래서 새로운 아담은 인간적인 인격을 초월한 전체성을 획득하려는 시도였다.

융은 가능한 한 많은 자료들을 모아서 연금술의 상징뿐 아니라 심리학적 의미와의 개연성을 기술하려고 시도했다. 초기의 책 『심리학과 연금술』에서는 한 남자가 가지는 꿈의 상징들을 통해 심리학적 발달의 과정을 추적했다.[8] 이 책에서 융은 현대인이 가지는 꿈의 상징들이 어떻게 연금술에서 미리 나타났었는지를 보여주었다. 『융합의 비의』에서 융은 다시 한번 연금술에서의 상징들을 통해 심리학적 발달 과정을 추적했다. 그러나 여기에서는 인간성으로 아직 해결할 수 없었던 갈등들, 인간 정신의 가장 심오한 대극들을 다루었다. 그래서 발달의 다른 시점에서 보면 연금술 원문들이 내적 고투의 성질에 관한 매우 귀중한 지침인 데 반해, 내부 갈등의 최종적인 해결 문제에 있어서는 불완전하다. 만일 문제점들이 연금술사들에 의해 완전히 해결되었다면, 오늘날 우리는 그것들과 투쟁하고 있지 않을 것이다.

융합의 성질

앞에서 간단하게 언급했던 대극의 인격화에 대한 논의는 『융합의 비의』의 첫 450쪽을 차지한다. 『융합의 비의』의 마지막 가장 중요한 부분에서 융은 심리학적 발달 모델로서 연금술적 융합의 세 단계를 논했다. 또한 대략 100쪽에 걸쳐서 정신에 대한 자신의 모든 지식을

8) 비록 문헌에서는 확인되지 않았지만, 그 사람은 유명한 양자물리학자인 울프강 파울리였다. 그는 후에 물질세계와 정신세계를 모두 포함하는 실재에 대한 견해를 확고히 하기 위해 융과 공동연구를 진행했다.

요약했다. 다른 어떤 업적들에서보다,[9] 특히 이 부분에서 융은 신비스러운 것들을 바로 인간적인 수준으로 내려놓았다.

융은 책의 앞부분에서 자신이 도달한 결론에 대해 먼저 요약했다. 그는 대극의 융합을 연금술의 중심 사상으로 기술했다. 또한 연금술사들이 여러 요소의 결합을 논할 때 그들이 단지 화학적 실험만을 이야기한 것이 아니라고 되풀이해 강조했다. 연금술사들은 무의식으로부터의 원형들을 자신들의 실험 물질에 투사하고 있었던 것이다. 이러한 투사는 원형적이었기 때문에, 그 투사는 신비적numinous이었다.[10] 그래서 투사는 연금술사들에게 경외감을 불러일으키는 효과를 지니고 있었다. 인간의 정신은 갈등을 인격화시키기 때문에 연금술사들 역시 불가피하게 자신들이 다루었던 물질을 인격화시켰다. 그러나 그들은 원형의 힘을 잡기 위한 시도를 했기 때문에 이러한 힘들을 인격화시킬 한 가지 방법은 없었으며, 이로 인해 그들의 투사는 다양한 형태를 취했다.

연금술의 창조신화

연금술사들의 믿음은 창조신화creation myth에 근거를 두고 있다.[11]

---

9) C. G. Jung, *Collected Works, Vol. 7: Two Essays on Analytical Psychology*(Princeton: Princeton University Press, 1963).

10) 신학자 루돌프 오토Rudolph Otto가 창조적 힘 또는 천재라는 뜻을 가진 라틴어 '*numen*'에서 따온 용어. Rudolph Otto, *The Idea of the Holy*(London: Oxford University Press, paperback reprint, 1958).

11) 이런 점에서 연금술사들은, 상세한 상징적 창조 신화를 가진 그노시스주의자들과 공통점을 지닌다. 넓고 다양한 문화가 가지는 창조 신화의 중요성에 대해 더 많은 내용을 알기 위해서는 Mircea Eliade, *Gods, Goddesses, and Myths of Creation*(New York: Harper & Row, paperback edition, 1974)을 보라.

그들은 태초에 불, 공기, 물, 흙 등의 네 가지 요소만이 존재했다고 말한다. 불은 공기에 작용해 유황을 만들고, 공기는 물에 작용해 수은을 만들며, 물은 소금을 만들기 위해 흙에 작용했다. 하지만 흙이 작용할 어떤 것이 남겨져 있지 않았기 때문에 단지 세 가지 원칙들만 만들어졌다. 여기에서 유황과 수은은 남자를 만들기 위해 결합하고, 소금과 수은은 여자를 만들기 위해 결합한다. 각각의 경우에서 수은(즉, 메르쿠리우스)은 중개하는 요소이다. 그래서 연금술 과정의 목적은 남자와 여자가 창조된 모든 대극들을 결합하는 새로운 융합을 만드는 것이었다.

융은 심리적인 문제들의 투사로 봤을 때, 이 신화는 어떻게 의식이 무의식적 상태로부터 출현할 수 있었는지를 잘 설명하고 있다고 지적했다. 네 가지 요소들은 의식을 구축하는 기본적인 블록을 나타낸다. 예를 들어, 그리스인들은 네 가지 요소들과 각각 일치하는 네 가지 체액들humors의 상대적 양에 기초한 인간 성격의 이론을 가지고 있었다. 융은 이미 정신에서 질서가 생기기 시작할 때 정돈된 기하학적 패턴들, 즉 만다라가 나타난다는 것을 발견했다.[12] 이 장의 앞에서 논의했듯이, 의식이 문제점과 부딪치면 양극이 형성된다. 이 양극을 화해시키려는 시도는 사면의 붕괴를 만들면서, 그 이상의 양극, 즉 사위四位를 형성한다. 사위는 의식이 막 형성되거나 붕괴되고 있는 것으로, 전체성의 중간 형태를 가지는 자연적인 상징이다.

흥미롭게도, 연금술의 창조신화는 이 점을 넘어서서 네 가지 요소들이 세 가지 중요한 연금술의 물질인 소금, 유황, 수은을 형성하기 위해 결합하는 모습을 보여준다. 분명히 이것은 의식의 점진적인 발

12) 15장을 보라.

달과 일치하며, 무의식의 혼돈 속으로 붕괴될 위험성이 훨씬 적다. 세 가지 가운데 수은(또는 인격화된 메르쿠리우스)은 특별하다. 수은은 혼자 다른 두 가지 요소들과 각각 결합할 수 있다. 그래서 본래의 사위를 남성과 여성의 양극으로 바꾼다. 이 분열은 연금술사들에게 사건의 현 상황을 보여준다. 그들의 임무는 '철학자의 돌'의 마술적인 통합체를 형성하기 위해 자연에서, 그리고 자신 안에서 남성과 여성을 결합하는 것이었다. 따라서 창조신화는 어떻게 원시적인 의식이 생겨나고, 그 후에 그것이 새로운 의식의 통합체를 목적으로 어떻게 점차 통합되어 갔는지를 기술한 상당히 주목할 만한 자료이다.[13)]

세 결합

비록 연금술사들이 남성과 여성의 단일한 결합에 대한 생각으로 시작하긴 했지만, 그들은 이 문제가 실제로 더욱 복잡하다는 사실을 깨달았다. 그래서 결국 세 개의 연속적인 결합이 나타났다. 그것은 바로 (1) 정신적 결합, (2) 정신과 신체의 결합, (3) 정신 및 신체와 단일 세계 또는 단일한 실재와의 결합이다. 단일한 결합의 개념이 세 개의 연속적인 결합들로 발전한 바로 그 시기에, 심리학적 원칙들에 대한 더 깊은 이해도 형성되었다. 16세기의 위대한 연금술 저자인 제라드 돈Gerhard Dorn은 다음과 같이 논평했다.

> 우리는 명상적 철학이 정신적 결합을 통해 신체를 극복하는 데 있다고 결론 내린다. 이 첫 번째 결합은 아직 현인을 만드는 것이 아

13) C. G. Jung, *Collected Works*, *Vol. 14: Mysterium Coniunctionis*, ¶ 657.

> 니라, 단지 지혜의 정신적 제자를 만들 뿐이다. 두 번째인 정신과 신체의 결합은, 첫 번째 통합체와의 축복받은 세 번째 결합을 기대하고 바라면서, 현인을 공표한다.[14)]

매우 분명하게도 마지막 결합에 대한 연금술사들의 이해는 부족했다. 연금술사들이 이 마지막 결합을 이해하기 위해 푹 몸담고 있던 과정으로부터 자신을 분리하는 일은 어려웠다. 그러나 연금술사들의 모든 저서에서 '융합의 비의'는 모든 양극들이 사라지는 대극들의 전체적인 단일체라는 용어로 논의되었다. 융은 이것을 개인의 단일 세계, 실재의 궁극적 기반ultimate ground과의 재결합이라고 이해했다.

융은 순전한 심리학적 용어로, 도제[15)]의 연금술로의 여행을 무의식, 본래의 단일 세계에서 시작되는 여행으로 기술하였다. 의식은 이 본래의 단일체를 분해시키려고 도제를 갈등에 빠지게 함으로써, 이전에 무의식에 통합된 요소들을 조화시키려고 한다. 본래의 결합이 붕괴되고 개개의 요소들이 조심스럽게 분리, 정화되었을 때에만 새로운 결합이 형성될 수 있다.

정신적 결합

각각의 결합에 있어서 우선, 어떤 무의식의 단일체로부터 요소들의 의식적인 분리가 선행되어야만 하며, 그 다음에 선택된 요소들의 의식적인 재결합이 뒤따라야 한다. 정신이 그 자체 안에서 하나가 되기 전에, 정신은 신체와 감정들과의 무의식적 결합으로부터 철회되어야

---

14) C. G. Jung, *Collected Works*, *Vol. 14: Mysterium Coniunctionis*, ¶ 663.

15) 연금술사.

정신적 결합의 최고조가 아니마를 해방시킨다

만 한다. 도제가 무의식, 성격의 버려진 부분들을 받아들일 수 있을 때 비로소 정신적 결합이 일어난다. 일단 이것이 성취되면 정신은 하나가 되며 신체를 조절할 수 있다.[16]

이는 융이 그림자 단계로 특징지은 것과 같은 단계이지만,[17] 연금술적 기술은 그림자 문제를 논할 때 흔히 간과되는 많은 부분들을 설명한다. 이 문제들은 무의식에서 미분화되어 있다. 이를 분리하는 것은 단지 의식뿐이다. 그래서 그림자가 무의식에 남아 있는 동안에는 문제들이 필연적으로 신체의 충동들과 융합되어 있다. 이는 연금술의

---

16) C. G. Jung, *Collected Works*, *Vol. 14: Mysterium Coniunctionis*, ¶ 670-672.

17) C. G. Jung, *Collected Works*, *Vol. 14: Mysterium Coniunctionis*, ¶ 707.

상징체계에서도 분명히 확인되었다. 그러나 그림자 원형의 토론에서는 거의 언급되지 않았다. 일단 그림자가 성공적으로 의식에 통합되면 사람은 금지된 욕구를 의식적으로 인정할 수 있지만, 여전히 실제로는 실행되지 않도록 선택할 수도 있다. 이러한 의식적 공상은 의식을 제압하려는 무의식의 힘을 막을 수 있다.[18]

그러나 정신적 결합은 융합의 세 단계 가운데 첫 번째일 뿐이다. 비록 이것이 자기인식의 증가를 가져올지라도, 그 인식은 개인에게서 진실한 변화가 일어나도록 작용해야 한다. 더 나아가 정신 안의 통일체는 신체의 물질적 실재와 결합되어야만 한다.[19]

마음과 몸의 결합

> 이 물질substance을 생산하는 방법에서 두 번째 단계는[20] 정신과 신체의 재결합이다. 이 과정을 위한 많은 상징들이 존재한다. 가장 중요한 상징 가운데 하나가 가마에서 일어나는 화학적 결혼chymical marriage이다. …… 그들은 이미 14세기에 돌lapis이 화학적 화합물

---

18) 나는 어린 소년들을 성적으로 괴롭히는 한 환자를 치료하기 위해 이 기술을 사용한 적이 있다. 그는 법원 지시로 행동치료도 받고 있었다. 행동치료는 어린 소년들에 대한 성적 욕구를 없애는 혐오치료로 구성되어 있었다. 그는 이러한 치료를 받으면서 점점 더 화를 냈고 좌절했다. 나는 그에게 비판 없이 공상에 빠지도록 했다. 이러한 공상들은, 어린 소년들에 대한 그의 욕구가, 그 자신이 소년기에 이 책의 논의에서 벗어나는 많은 문제들로 인해 감정적으로 발달하지 못했기 때문이라는 사실을 보여줬다. 그는 일단 자신의 욕구를 자유롭게 인정할 수 있게 되자, 그런 욕구들을 행동으로 옮기지 않은 채 받아들이는 것이 가능해졌다. 그는 그러한 욕구가 생길 때마다 행동할지 말지를 조절할 수 있는 능력이 자신에게 있다는 사실을 깨달음으로써 많은 자신감을 얻었다. 이 시점부터 그의 욕구들은 서서히 성인이 가지는 자연스러운 성적 욕구로 발전해갔다.

19) C. G. Jung, *Collected Works, Vol. 14: Mysterium Coniunctionis*, ¶ 664.

20) 라피스 혹은 현자의 돌. 이것은 모든 질병을 고칠 수 있다.

> 그 이상이라는 것을 알기 시작했다. …… '매우 극소수의 사람들에게만 알려진 천상적인 성질의 물질'이 개인에게 숨겨져 있기 때문이다.[21]

이 두 번째 결합을 이루려는 시도에서 연금술사들은 모든 신비주의 학파와 종교의 핵심으로 남아 있는 기술을 재발견했다. 그 기술은 융이 적극적 명상active imagination이라고 칭한 것이다. 우리 대부분은 명상meditation에 더 친숙하다. 최근까지 영적 발달을 연구하는 모든 학파들은 명상이 단지 선택된 극소수에게만 열려 있는 신비스런 것이라고 생각했다. 그러나 지금 우리는 모든 신비스런 것들을 동네 서점

마음과 몸의 결합

21) C. G. Jung, *Collected Works*, *Vol. 14: Mysterium Coniunctionis*, ¶ 667.

(또는 슈퍼마켓)에 가서 적은 비용을 들여 종이로 된 책의 형태로 살 수 있는 시대에 살고 있다.

여기에서 우리는 연금술사들이 명상을 결합의 제1단계가 아닌 제2단계로 생각했다는 점을 기억하는 것이 중요하다. 제1단계는 정신의 결합, 즉 자기인식self-knowledge의 단계다. 우리는 이미 앞에서, 융이 동양의 정신적 기술들이 그림자를 무시했기 때문에 어떤 면에서 서양인에게 부적절하다고 생각했는지를 살펴봤다.[22] 무의식의 더 깊고, 더 집단적인 부분들로부터 개인적 복장인 그림자를 분리해내지 않으면, 그림자 문제는 엄청나게 성장할 수 있다. 자기인식을 하도록 강요될 때 우리는 우리 자신이 그 위에 서서 집단적 무의식의 낯선 상징들과 대면할 수 있는 확고한 장소를 얻게 된다.

명상은 무의식적 자료를 직접 얻으려는 시도에서 의식의 우회를 위한 방법을 제공한다. 융의 적극적 명상 기술은, 때때로 무의식으로부터의 격렬한 반응들을 이끌 수 있는 다른 명상 기술들을 안전하게 대체할 수 있는 방법이다. 예를 들어, 많은 동양의 명상 기술들은 명상 자체에게 무의식에 의해 생긴 비전이나 환상을 무시하라고 지시한다. 그런 것들은 자아의식에 의해 던져진 공허한 공상들에 불과하다는 것이다. 복사服事(가톨릭에서 성사聖事를 집전하는 사제의 시종)는 이러한 점들로 인해 혼란스러워할 것이 아니라 신, 아트만 등과의 직접적인 융합을 위해 노력해야만 한다.[23] 그림자와의 투쟁으로 얻어진 자기인식 없이 무의식을 이런 식으로 무시하는 것은 잠재적으로 위험하다.

바로 이 지점에서 많은 사람들이 의식이 얼마나 고통스러울 수 있는지를 깨닫기 시작한다. 그리고 이 모든 것들이 무의미하게 느껴지

---

22) 15장을 보라.

23) 융의 용어로는 자기Self.

면서 다시 무의식적인 상태로 물러나려는 유혹을 느끼게 된다. 하지만 이는 더 이상 선택할 수 있는 문제가 아니다. 이 단계에서 과정을 지속하는 것이 위험할 수도 있지만, 이전의 무의식적인 상태로 다시 돌아가는 시도가 더욱더 위험할 수 있다. 비록 인간이 생명의 위험을 무릅쓰고 이 시점에 도달하지 않았던 다른 어떤 길을 따라갈 수도 있지만, 돌아가는 길은 없다. 융은 이것을 강조하는 데 있어서 지나치게 공감적이어서, 실제로 신체적 죽음을 맞이할 수 있다고까지 말했다. "무의식은 놀랄 만한 민첩함으로 무의미한 존재의 냄새를 맡는 무수한 방법들을 지니고 있다."24)

대부분의 명상 기술들은 이 시점에서 만들어지는 환상 자료들을 목적과 관계없는 것으로 간주하면서 각각 그것에 저항하거나 또는 그대로 받아들인다. 그리고 그 다음에 명상적인 과정으로 돌아오는 다양한 기술들을 권유한다. 의식에 의해 다루어져야 하는 무의식에 위험 요소가 없는 한, 이는 괜찮다. 그러나 만일 위험 요소가 있다면, 무시하는 것은 굉장히 치명적일 수 있다. 융과 연금술사들은 무의식에서 나오는 환상 자료들을 무시하기보다는 교전하라고 권유했다.

융의 적극적 명상 기술은, 환상이나 꿈을 의식으로 확장시킨 뒤 의식적으로 조작하려는 어떠한 시도도 없는 상태에서 그냥 전개되도록 놔두는 것이다. 이 과정에서 의식을 위한 적절한 역할은 순전히 관찰자로서의 역할뿐이다. 사람은 무의식으로부터 나오는 그 어떤 것, 예를 들어 꿈에서 표현되는 오래된 기억, 의식에서 자발적으로 생겨난 환상, 겉으로 보기에 자신을 괴롭히는 비합리적인 기분 등에서 시작할 수 있다. 이것들이 바로 의식의 경계에 충분히 가깝게 위치한 주

24) C. G. Jung, *Collected Works*, *Vol. 14: Mysterium Coniunctionis*, ¶ 675.

의를 요하는 무의식의 산물들이다. 여기에서 우리는 모든 주의를 환상에 기울이고 그것이 나타나도록 하기만 하면 된다.[25)]

인간은 수동적인 관찰자로 남아 있는 것보다 차라리 어떤 일이라도 하길 원하기 때문에 이 과정은 명상만큼 어려울 수 있다. 사실, 나는 융의 적극적 명상이 일반적인 명상처럼 오용될 수 있다는 사실을 알아냈다. 초기 단계에서 다른 어떤 생각 없이, 그리고 의식적으로 이야기를 조작하려는 시도 없이 오로지 환상에만 머물러 있는 것은 어렵다. 이는 명상가들이 초기 단계에서 만나는 같은 종류의 어려움이다.

만일 이 과정이 예정대로 진행된다면, 수동적 관찰자로서의 역할은 어느 시점에서 환상이 우리와 관계된다는 사실을 일깨워준다. 이것이 삶의 중요한 문제들을 다룬다는 사실을 잘 알기 때문에 우리는 감정적으로 말려들게 된다. 순전히 심미적인 문제는 도덕적인 문제가 된다. 그리고 우리는 자신 안의 고통스러운 문제에 억지로 직면하게 된다.[26)]

불행하게도, 이 과정이 취할 수 있는 그다지 유익하지 않은 다른 지시가 있다. 우리가 오랫동안 환상과 함께 머물면 머물수록 불가피하게 무의식에서 집단적 상들이 나타난다. 이러한 원형적 상들은 엄격하게 경계하지 않으면 인격을 손상시킬 수 있는 인간적 에너지 이

---

25) C. G. Jung, *Collected Works*, *Vol. 14: Mysterium Coniunctionis*, ¶ 749.

26) C. G. Jung, *Collected Works*, *Vol. 14: Mysterium Coniunctionis*, ¶ 753. 적극적 명상에는 다른 위험들도 내재되어 있다는 사실에 주목하자. 전통적 명상 기술을 사용하는 사람들은 무의식의 산물들을 과소평가하는 경향이 있으며, 적극적 명상 기술을 사용하는 사람들은 무의식에서 나오는 것은 무엇이든 지나치게 과대평가하는 경향이 있다. 개성화 과정의 모든 단계에서와 같이, 궁극적인 성공으로 이끄는 것은 바로 의식과 무의식 사이의 긴장을 계속 유지시키는 능력이다.

상을 지니고 있다. 우리가 환상에 대한 책임을 질 때, 우리는 어쩔 수 없이 감정적으로 말려들게 된다. 그리고 이때 나오는 감정들은 대부분 슬픔과 두려움 같은 힘든 것들이다. 이러한 감정으로부터 도망가고, 대신 집단적 에너지가 우리를 압도하게 만드는 것이 더 쉬울 수 있다. 너무나 흔히 환상은 과대해지고, 그것에 몰두한 사람들은 우쭐해진다. 그들은 원형적 이야기를 스스로 책임져야 하는 개인적 문제의 반영으로 보기보다는, 오히려 집단적 에너지를 '삼키고' 스스로가 얼마나 훌륭한 사람인지를 생각하기 시작한다. 아니면 그들은 집단적 에너지에 의해 '삼켜지고', 우울증에 빠져들게 된다.

융 학파의 심리학은 이 문제를 집중적으로 다루지 않았기 때문에 두 번째 결합을 해결하는 데 성공한 사람들을 만나기가 쉽지 않다. 가령, 의례적이고 신비적인 힘을 다루는 사람들에 의해 개발된 기술처럼 명상과 적극적 명상의 조합은 큰 도움이 될 것이다. 이는 일반적으로, 사람이 무의식에 너무 깊이 빠져들기 전에 정신 속에 어떤 보호 장치들을 조심스럽게 발전시키는 것을 의미한다.

단일 세계와의 융합

연금술의 제3의, 그리고 최종 단계는 개인과 단일 세계anus mundus와의 융합이다. 이 견해에 의하면, 마음의 내부 세계와 외부의 물질세계를 구분하는 것은 착각이다. 양쪽 모두 단일 세계의 표현일 뿐이다. 겉으로 보이는 두 세계의 불일치는 우리 감각의 한계성 때문이다. 따라서 단일 세계와의 결합은 이러한 이원적인 한계성을 초월하는 단계다. 융이 지적했듯이, 이 단계는 신비주의 문헌에서 자주 논의되었다.

> 우리는 이것을 단지 신비적 융합unio mystica이라는 말로 표현할 수 없는 신비, 또는 도道tao, 또는 삼매三昧samadhi의 내용, 또는 선禪에서의 사토리satori의 경험과 비교할 수 있다. 이것들은 모든 이성적 판단 기준이 맞지 않는, 말로 표현할 수 없는 극도의 주관적인 영역으로 우리를 데려다 놓는다. 동양과 서양에서 모두 똑같이 현재뿐 아니라 먼 과거에도 만장일치의 증거들이 존재하는 한, 이 경험은 충분히 실험적인 것이다.[27]

이러한 경험에 대한 기술 가운데 가장 잘 알려진 서양 편집물은 1901년에 처음으로 출간된 부케Bucke의 『우주적 의식*Cosmic Consciousness*』이다. 더 최근에는 이 과정을 겪은 과학적으로 훈련된 개인 몇 명이 자신들의 경험을 기록하려고 시도했다.[28] 1973년 프랭클린 메렐 울프Franklin Merrell-Wolff는 『우주로 통하는 길*Pathways Through to Space*』에서 37년 전에 일어났던 자신의 경험을 단계적으로 기술했다.[29] 그는 지침서인 『대상이 없는 의식의 철학*The Philosophy of Consciousness Without an Object*』에서 철학적인 전체에 모든 철학적 개념들을 모으려고 시도했다.[30] 1972년 존 릴리John C. Lilly는 비록 심리학적으로 덜 완비된 경험이긴 하지만, 『사이클론의 중심*The Center of the Cyclone: an Autobiography of Inner Space*』이라는 책에 비슷한 내용을 기술했다.[31] 이 두 책의 설

---

27) C. G. Jung, *Collected Works*, *Vol. 14: Mysterium Coniunctionis*, ¶ 771.

28) Richard Maurice Bucke, M.D., *Cosmic Consciousness*(New York: E. P. Dutton, 1923).

29) Franklin Merrell-Wolff, *Pathways Through to Space: A Personal Report of Transformation in Consciousness*(New York: Warner Books, 1973).

30) Franklin Merrell-Wolff, *The Philosophy of Consciousness Without an Object*(New York: Julian Press, 1973).

31) John C. Lilly, *The Center of the Cyclone: An Autobiography of Inner Space*(New York: Bantam Books, 1972).

명이 풍부한 만큼, 울프와 릴리는 자신들의 경험을 합리적으로 설명하는 데 있어서 여전히 의식적인 시도를 하고 있었다.[32] 반면, 연금술의 기술은 의식적인 합리화에 의해 흐려지지 않은 채 무의식에서 곧바로 나온 것이라는 이점이 있다.

> 만일 대극 사이에 결합이 일어난다면 …… 이는 타협이 아니라 어떤 새로운 것을 나타내는 제3의 것에서 일어날 것이다.[33]

> 가장 특징적인 성질, 즉 그것의 단일체와 독창성its unity and uniqueness은 …… 해리된 의식dissociated consciousness을 전제로 한다는 결론에 이르게 된다.[34] 자신과 하나가 된 사람은 단일성oneness이라는 약을 필요로 하지 않는다. 부언하면, 자신의 해리에 대해 무의식적인 사람도 단일성이라는 약을 필요로 하지 않는다. 왜냐하면 단일체의 원형을 활성화시키기 위해서는 의식적인 곤란한 상황이 요구되기 때문이다.[35]

이 설명이 독자들에게 친숙하게 들렸으면 좋겠다. 필자는 앞에서 새로운 살아 있는 상징의 생성에 대해 말하면서 융을 인용했다.[36]

> 대립 상태에서 이러한 협력이 가능하기 위해서는, 우선 가장 완전한 의식적인 대립 상태에서 그들이 서로 대면해야 한다. 자아가 양쪽에의 절대적 참여를 인정하도록 강요당하는 동안, 이는 필연적으

---

32) 릴리보다 울프가 속단 없이 기술하려고 했다.

33) C. G. Jung, *Collected Works*, *Vol. 14: Mysterium Coniunctionis*, ¶ 765.

34) 융의 강조.

35) C. G. Jung, *Collected Works*, *Vol. 14: Mysterium Coniunctionis*, ¶ 772.

36) 10장을 보라.

> 로 테제와 안티테제가 서로를 부인하는 시점까지 격렬한 자신과의 분열을 수반한다.[37]

이는 융이 친구인 빌헬름이 번역한 중국의 연금술 문헌 『태을금화종지*The Secret of the Golden Flower*』를 만나기 8년 전, 즉 1921년에 처음으로 출간한 『심리학적 유형론*Psychological Types*』에서 인용한 내용이다. 『융합의 비의』는 1950년대 중반까지 출간되지 않았다.[38] 그는 무의식과의 대면에서 연금술사들과 똑같은 경험을 했기 때문에 몇 년 뒤에 연금술사들로부터 얻게 되는 정보들을 예상할 수 있었다! 자신이 직접 경험했기 때문에 그는 '격렬한 자신과의 분열'에 대한 필요성을 알았다. 자신이 직접 그렇게 하도록 강요당했기 때문에 그는 '자아가 양쪽에 절대적 참여를 인정하도록 강요당한다'[39]는 사실을 알았다. 비록 연금술사들이 수백 년 전에 그 내용을 썼다고 해도, 현대인들에게 가치 있는 어떤 것이 포함되어 있다.[40]

인간 정신의 가장 심오하면서도 신비한 부분을 논하고 있는 이 시점에서 우리는 연금술사들이 풀 수 있었던 문제들을 넘어섰기 때문에 이제 멈춰야 한다. 『융합의 비의』에서 융은 우리의 역사에서 이 결정적인 시점에 해야만 하는 여행의 상징적 기술을 표현하기 위해 연금술사들의 업적을 이용했다. 연금술사들에게 있어서 이 시도는 주로

---

37) C. G. Jung, *Collected Works, Vol. 6: Psychological Types*(Princeton: Princeton University Press, 1971), ¶ 824. 양쪽 경우에서의 나의 강조.

38) 원래는 1955년 Vol. 1, 1956년에 Vol. 2의 두 권으로 출간되었다.

39) 물질 그리고 정신, 또는 경험적 그리고 초월적.

40) 융에 의해 제시된 연금술 모델과 일치하는 현대적 모델은 마이클 워시번Michael Washburn이 쓴 두 권의 책을 보라. *Transpersonal Psychology in Psychoanalytic Perspective* (Albany, NY: SUNY Press, 1994); *The Ego and the Dynamic Ground: A Transpersonal Theory of Human Development*, 2nd ed.(Albany, NY: SUNY Press, 1995).

무의식적이었고, 외로운 소수의 사람들에게 제한되어 있었다. 만일 우리가 인간 의식의 어떤 새로운 수준에 이르게 된다면, 이는 우리 모두가 할 수 있는 여행임에 틀림없다.

『융합의 비의』는 융 업적의 정점이다. 그리고 이 책이 가지는 풍부함의 대부분을 희생시키지 않고서는 여기에서 시도한 것처럼 간단히 요약할 수가 없다. 『융합의 비의』가 가지는 가치의 많은 부분은 연금술의 과정과 요소들을 믿을 수 없을 만큼 상세하게 기술했다는 데 있다. 무수히 많은 심리학적 문제들이 연금술의 상징들로 자세하게 속속들이 설명되어 있다. 550쪽에 달하는 원문에서 융은 대부분 연금술 자료를 요약하는 것으로 제한했으며, 가끔 그것의 심리학적 의미를 해석했다. 『융합의 비의』의 완전한 해석학적 연구[41]는 여전히 미래의 학자들 앞에 놓여 있다. 만일 그것이 이루어진다면, 임상심리학자와 이론 심리학자들 모두에게 매우 귀중한 도움이 될 것이다. 융은 훌륭한 건축물의 청사진을 미리 그려 놓은 셈이다.

41) 『에이온Aion』과 더 간단한 연금술 저술들도 마찬가지다. 나는 진지한 독자들에게 에딩거의 『비의(秘儀) 강연The Mysterium Lectures』을 권하고 싶다. 이 책은 『융합의 비의』의 좋은 지침을 제공한다. 융도 분명히 연금술적 상늘에 대한 에딩거의 견해를 인정했을 것이다.

Chapter 19

원형으로서의 수

자연수의 수열은 예기치 않게 동일한 단위를 단순히 연결시킨 것 이상이라는 점이 증명되었다. 그것은 전체적인 수학과 이 분야에서 발견되어야 할 모든 것을 포함한다![1)]

(현대 수학이 일관성을 가진다는 가정하에) 어떤 산술적 문제를 해결하기 위해서는 근본적으로 산술을 초월한 가정을 사용해야 한다는 것이 판명되었다. 즉, 감각 인식과 가장 적절히 비교될 수 있는, 기본적으로 반박의 여지가 없는 증거의 영역 같은 가정 말이다.[2)]

르네상스의 이상에서 융과 괴델까지

지금까지 원형의 역사라는 먼 길을 걸어왔다. 르네상스 시대의 여명과 더불어 우리는 오랫동안의 선잠에서 깨어나 다시 주위 세계를 둘러보았다. 이 세계는 우리를 중독시키기에 충분했다. 그러나 지금까지 살펴봤듯이, 우리는 불가피하게 관찰을 하고 있는 마음을 관찰

1) C. G. Jung, "Synchronicity: an Acausal Connecting Principle," 1955, in *Collected Works of C. G. Jung, Vol. 8: The Structure and Dynamics of the Psyche*(Princeton: Princeton University Press, 1969), ¶ 870.

2) Kurt Gödel, "Russell's Mathematical Logic," in *Paul Benacerraf and Hilary Putamen Philosophy of Mathematics: Selected Readings*(Cambridge: Cambridge University Press, 1983), p. 449.

하는 지점에 와 있다. 그것은 외부 세계와 정신의 내부 세계의 관계에 대한 다루기 어려운 의문들에 인간을 연관시키고 있다. 겉으로 보기에는 천지간의 모든 것을 뉴턴의 법칙에 적용하는 데 성공한 듯 의기양양했던 17세기 후반, 로크는 합리주의자 / 유물론자의 정신에 대한 기술을 발전시켰다. 18세기 즈음에는 버클리와 흄이 로크의 모델에 따라 화물열차가 통과할 수 있을 정도로 큰 굴을 팠다. 따라서 더 이상 그 문제를 무시할 가능성은 없었다. 칸트는 인간의 마음은 세상에 대한 우리의 인식을 조작하는 범주들을 가지고 있다는 이론으로 문제 해결을 향한 거대한 발걸음을 내디뎠다. 여기에서 범주가 인식적 · 불변적인 것이 아닌 시대와 문화의 산물일지라도, 칸트는 그 근본적인 의미를 알았다. 즉, 모든 인식은 심리적이라는 것이다. 이러한 칸트의 깨달음이 즉시 심리학의 발달로 이어져야 했지만, 다른 철학자들을 제외한 누군가에게 영향을 미치기에는 시기적으로 너무 일렀다. 나머지 세계는 그 어떤 차이도 알아차리지 못한 채 그렇게 빨리 지나가버렸다.

지금까지 우리는 수학이 어떻게 비슷한 길을 따라왔는지를 살펴봤다. 수학이 17세기 초반 선잠에서 깨어났을 때 그 첫 산물은 기하학과 산술과의 등가를 증명해주는 해석기하학이었다.[3] 이는 곧 뉴턴과 라이프니츠에 의한 미적분학의 발견으로 이어졌다. 미적분학은 과학자들로 하여금 지금까지 상상할 수 없었던 방식으로 자신들의 관찰과 이론들의 양을 잴 수 있도록 했다. 우리는 미적분학이 과학이 지금까지 개발한 가장 중요한 도구라는 사실을 알아야 한다. 그러나 그 당시 미적분학은 단지 희미하게 인식되던 무한대 과정에 달려 있었다.

3) 만일 공식적인 정밀함으로써가 아니라면, 최소한 실제적인 방법으로써.

유물론적 인간 정신의 양상을 표현하려던 로크의 시도가 버클리와 흄의 문제 제기로 이어졌듯이, 미적분학의 개발은 자연스럽게 무한의 문제에 이르게 했을 것이다. 그러나 미적분학에서 무한대의 문제는 수학의 기초에 꼭꼭 숨겨져 있었으며, 200년 동안 수학계에는 그 문제를 명확히 정의해줄 버클리나 흄 같은 사람이 없었다.[4] 그리고 명확히 정의되지 않은 문제와 더불어 그 문제를 풀 칸트 같은 사람도 수학계에는 없었다. 대신, 오일러가 그 시대의 중요한 대표 주자였다. 오일러는 기초를 검토하는 것보다는 수학에 기초한 큰 체계를 구축하는 데 더 큰 관심을 가졌다.

여전히 의식에서 미해결된 상태라 해도, 문제는 무의식에서 계속 발전되어 갔다. 19세기 후반까지 심리학은 실험심리학과 임상심리학이라는 두 개의 얼굴을 가지고 마침내 무의식으로부터 모습을 드러냈다. 그래서 무의식을 발견하기 위해 양쪽 진영을 연결했던 프로이트 같은 사람이 필요했다. 또한 집단 무의식을 발견하기 위해 양쪽 진영뿐 아니라 과학과 철학 사이도 연결했던 융 같은 사람이 필요했다.

심리학이 철학에서부터 출현하기 시작했던 바로 그 시기에, 칸토어의 초한수 집합 이론은 새로운 수학을 정의했다. 2세기 전에 물리학자들을 위해 뉴턴이 했던 것처럼, 처음으로 모든 수학이 단일한 체계 안에 모이게 되었다(최소한 잠재적으로). 수학의 기초를 목표로, 더 이상 숨겨진 문제들이 무시될 수가 없었다. 철학에서 그러했듯이, 역설들이 수학에 나타났다. 그리고 그들은 사라지지 않았다. 러셀은 그 논거를 논리로 바꾸려고 시도했지만, 역설은 사라지지 않았다. 힐베르트

4) 사실, 버클리는 미적분학의 더 깊은 문제들을 지적한 극소수의 사람들 가운데 한 명이다. 그러나 수학자들은 철학자들의 반대에 대해 거의 걱정하지 않았다. 그들에게는 미적분학의 함의를 발달시켜야 하는 책임이 있었기 때문이다.

는 메타수학적 해법으로 바꾸려고 시도했지만, 역설은 여전히 그곳에 숨어 있었다. 결국 괴델이 수학의 핵심은 수이고, 모든 수는 진정한 상징이기 때문에 역설이 결코 사라질 수 없다는 것을 증명해냈다.

프로이트와 러셀

심리학에서의 프로이트와 수학에서의 러셀의 업적은 때 이른 결합 시도였다고 할 수 있다. 둘 가운데 어느 누구도 원형의 가정을 위해 필요한 다음 전진을 할 수 없었다. 많은 지적 투쟁을 거친 뒤에 너무 빨리 도그마로 굳힌 지적 현현顯現을 각자 가지고 있었다.[5] 반대 의견에 대한 강력한 증거가 있었음에도 불구하고 어느 누구도 자신의 초기 입장을 기꺼이 수정하려고 들지 않았다.[6]

만일 그들에게 융통성이 있었다면 각각의 경우에 어떤 일이 일어났을지 상상해보는 것도 재미있을 듯하다. 세상의 폭넓은 관심에 거북해하는 내성적 성향의 융과 괴델과는 대조적으로, 프로이트와 러셀은 자신들의 개념으로 더 넓은 세상과 소통하는 데 있어서 거의 필적할 만한 사람이 없을 정도로 외향적인 성향의 사람들이었다. 만일 프로이트가 기꺼이 자신의 권위를 포기하고 집단 무의식의 개념을 받아들였다면, 하나의 참된 원형 심리학을 발전시키기 위해 융과 손을 맞

---

5) 프로이트의 경우, 오이디푸스 콤플렉스에서 나온 정신 성적 이론. 러셀의 경우, 전 세계가 기호논리학으로 환원될 수 있다는 확신.

6) 프로이트는 젊은 후계자인 융에 의해 제시된 새로운 생각들을 접한 뒤에도 결코 자신의 가부장적 권위의 입장을 포기하려고 하지 않았으며, '신비주의의 검은 진창'의 수문을 기꺼이 개방하려고 하지도 않았다. 러셀은 무의식으로부터의 세 번에 걸친 정신적 타격, 즉 ① 감정과 직관이 우선적이라는 신비한 통찰력, ② 모든 집합들의 집합이 가지는 역설, ③ 첫 번째 부인인 알리스와의 사랑의 상실 등을 무시하기로 결정했다.

잡고 일을 했을 것이다. 프로이트가 얼마나 막강한 영향력을 지녔는지를 생각하면, 원형의 개념이 정신분석적 개념처럼 널리 알려졌으리라는 사실을 쉽게 상상할 수 있다.

만일 러셀이 논리의 지상권에 대한 자신의 욕망이 부질없다는 사실을 기꺼이 받아들였다면, 괴델보다 수십 년 전에 모든 논리적 체계의 필수적인 불완전성에 대한 괴델의 증명에 이르게 되었을 것이다.[7] 철학적 세계와 수학적 세계 양쪽에서의 그의 지위를 생각하면, 그의 증명은 즉시 두 분야에서 새로운 방향으로 추진되었을 것이다. 아마 철학은 다시 한번 지적 생활에 중요한 요소가 되었을 것이다. 그리고 수학은 새로운 위치에 섰을 것이고, 현재 수학이 이룬 업적보다 더 일찍 사이버네틱스 같은 영역에 엄청난 진보를 가져왔을 것이다. 예를 들어, 컴퓨터 개발이 1940년대가 아닌 1920년대에 시작되었다고 상상해보자. 러셀은 과학적 저술가로서뿐 아니라 모든 시대의 가장 위대한 지적 대중화를 일으킨 인물이 되었을 것이다. 아인슈타인의 상대성 이론이 거의 보편적으로 알려진 것처럼, 러셀은 이 새로운 생각을 더 넓은 범위의 대중들에게 전달하는 아주 이상적인 위치에 있었을 것이다. 그리고 러셀은 카리스마 넘치는 지성의 화신으로서 아인슈타인보다 수십 년 빨리 현재 아인슈타인이 차지하는 대중적 위치

7) 러셀에 대한 논의에서 보았듯이, 그는 결코 감정과 직관이 자신에게 요구하는 것에 대해 편안해하지 않았으며, 논리학이 지배하는 세계로 물러났다. 흥미롭게도, 제1차 세계대전 동안에 반전론자로 감옥에 갇힐 정도로 러셀은 여성의 권리와 평화 유지 같은 사회적 문제들에 있어서 확고한 자기 확신을 지니고 있었다. 결국 그는 애정이 없는 첫 결혼을 깼고, 모렐과 오랜 기간 정사를 가졌다. 러셀은 철학적 저술로 1950년 노벨 문학상을 수상했으며, 거의 100년 동안 살았다. 그러나 그는 결코 수학을 논리학으로 환원시키려는 자신의 시도가 부적당하다는 점에 직면할 수 없었다. 비록 칸트 학파로 철학적 삶을 시작했지만, 자신을 감정과 직관으로부터 더욱 분리시켰으며, 결국 그는 논리학의 전지전능을 믿게 되었다.

를 독점했을 것이 분명하다.

하지만 더욱 그럴듯한 이야기는 각 분야에서 아직 원형 가설이 나타날 시기가 아니었다는 점이다. 우리는 오랜 기간 묻혀 있던 사상들이 어딘지 모를 곳에서 어떻게 나와 전체에 모습을 드러내는지를 살펴봤다. 물론 이들은 정말 어딘지 모르는 곳에서 나타난 것이 아니다. 단지, 새로운 개념을 확장하고 포함할 정도로 충분히 융통성 있는 정신과 최고의 재능을 갖춘 몇몇 사람의 의식에 나타나기 위해 사상은 보이지 않는 무의식에서 발달한 것이다.

융과 괴델

융과 괴델 역시 분명히 그런 재능을 갖춘 사람들이었다. 융과 러셀은 프로이트보다 한 세대 젊은 동시대인이다.[8] 융이 프로이트를 발견하고, 그 후 1906년에 프로이트를 만났을 때의 흥분은, 러셀이 1900년에 페아노를 발견했을 때의 흥분과 필적할 만했다. 그러한 흥분에 사로잡혀 있으면 그 흥분은 새로운 생각들을 모두 삼켜버리고, 황소개구리bullfrog처럼 우쭐대는 경향을 낳는다. 러셀의 경우가 바로 그랬다. 융은 프로이트가 무명의 젊은 심리학자를 세계에서 두 번째로 중요한 정신분석가로 만들면서 자신의 계승자로 임명한 순간부터 이와 같은 반응을 보였다. 하지만 러셀과는 대조적으로, 융은 결코 그 알약을 완전히 삼키지는 않았다. 1913년까지 융은 프로이트와 완전히 관계를 끊은 것은 아니었지만, 그와 관계를 처음 시작할 때부터 프로이트의 한계를 봤기 때문에 조용히 자신의 생각들을 발전시켜 나갔다.

---

8) 프로이트는 1856년, 러셀은 1872년, 융은 1875년에 태어났다.

1906년에 태어난 괴델은 융과 러셀보다 한 세대 젊은 사람이었다. 융과 러셀처럼 비범한 머리를 가지고 있었지만, 어떤 방향으로 가야 할지에 대한 확신은 없었다. 러셀이 페아노의 논리학에 흥분했고, 융이 프로이트의 정신분석학에 흥분했듯이, 괴델의 관심을 불러일으킨 것은 수학을 위한 힐베르트의 프로그램이었다. 괴델이 대학 시절 비엔나 학파에 가입했을 때, 그는 처음으로 진지하게 받아들여지기 시작했다. 비엔나 학파는 논리실증주의로 알려지게 될 이론을 발전시키고 있는 철학자, 논리학자, 언어학자들의 모임이었다.[9] 괴델은 이 모임의 선두에서 한 자리를 차지할 수 있었지만, 곧이어 그들의 한계성을 감지하고 자신의 길을 가기로 결정했다.

1913년 정신분석 모임에서 소외된 융은 이때부터 자신의 사상을 발전시켰다. 1930년까지 융이 나머지 생애에 걸쳐 서서히 발전시킨 연금술의 모델을 제외하고는, 사실상 심리학의 모든 주요 분야에서 융의 이론이 자리를 잡았다. 괴델은 1930년에 불완전성을 증명했고, 1931년에 그것을 발표했다. 그리고 다음 몇 년에 걸쳐 이 업적을 좀 더 발전시켰다. 그 후 10년 이상을 괴델은, 1940년 이 분야에서의 가장 중요한 자신의 증명뿐 아니라 칸토어의 연속체 가설continuum hypothesis과도 고투했다.[10] 1940년대부터 사망하는 1978년까지 괴델은 철학적 사색에 많은 시간을 투자했으며,[11] 그것의 대부분은 지금까지 발표되지 않았다. 융과 괴델의 생각이 중복되는 지점은 수의 성질에 대한 독립된, 그러나 비슷한 숙고에 있다. 괴델이 이러한 지점에 도달

---

9) 12장을 보라.

10) 이는 1963년 수학자 코헨에 의한 증명으로 보완되었다. 이 장의 뒤에서 자세히 논의된다.

11) 연속체 가설에 대한 지속되는 사고를 포함해서.

했다는 것이 믿어지지 않기 때문에 우리는 융부터 시작할 것이다.

융과 수의 성질

> 솔직히 수학시간이 되면 나는 많이 불안했다. 선생님은 산술이 완벽하게 자연스러우며 당연하게 받아들일 수 있다는 듯한 태도를 취했지만, 나는 아직 수 자체가 무엇인지조차 몰랐다. 그것은 꽃도, 동물도, 화석도 아니었다. 또한 상상할 수 있는 것이 아니었으며, 단지 계산에서 나오는 수량에 불과했다. 혼란스럽게도 이 수량은 소리를 나타내는 문자로 표시되어 그것들을 들을 수 있게 되었다.[12)]

비록 융이 소년 시절에 수학과 고투했고 어른이 되어서도 결코 수학을 편하게 생각하지 않았다고 해도, 원형에 대한 연구는 결국 융으로 하여금 다시 수를 수위首位로 생각하게 만들었다. 이는 실로 매혹적인 사실이다. 융은 생애에 걸쳐 꿈, 신화, 민담, 예술, 학문 등에서 얻은 자료들에 대한 과학적 접근을 계속했다. 그는 인내력을 가지고

---

12) C. G. Jung, *Memories, Dreams, Reflections*(New York: Vintage Books / Random House, 1955), p.27. 융의 문제는 그에게 수학적 능력이 없었다기보다는 수학이 무엇인지를 너무 깊이 보았다는 점이다. 나도 초등학교 2학년 때 비슷한 경험을 했다. 숙제에 영의 개념이 처음 도입된 때였다. 영이 여러 수들에서 더해지고 빼지는 문제들이 많았다. 답은 물론 늘 똑같은 수다. 반 아이들은 대부분 이것을 다른 이해할 수 없는 규칙들과 마찬가지로 아무 어려움 없이 기억하고 경험하는 또 하나의 공식 정도로 간주했다. 그러나 나는 그날 밤 방에 혼자 앉아서, 겉으로 보기에 의미가 없는 영의 개념에 눈물 흘리며 그 문제들을 응시하고 있었다. "내가 어떻게 어떤 수에 어떤 것을 더할 수 있고, 어떻게 더한 수가 변하지 않은 채 그대로 있을 수 있을까?" 그 순간 갑자기 모든 것이 이해되었고, 생애에서 처음으로 신비로운 경험을 하게 되었다. 무의 개념의 무한함이 나를 압도했다. 또한 수학자들이 기호 속에서 그 무한을 포착할 수 있을 만큼 충분히 예리하다는 사실에 대한 깨달음이 나를 위압했다. 그래서 그 자리에서 수학자가 되기로 결심했다.

관찰했고, 관찰한 것을 세심하게 기술했다. 그런 다음에 자신이 관찰한 사실들에 부합되는 모델을 구성하려고 노력했다. 그런데 모든 위대한 과학자들은 추가적인 능력, 즉 수많은 자료들 속에서 의미 있는 것을 탐지해 내는 힘을 가지고 있었다. 물론 융도 위대한 과학자였다. 다른 사람들이 간과할 수 있는 어떤 중요한 낌새를 알아채는 능력은 그의 만년에도 계속해서 작용했다.

환자들의 '수'에 대한 꿈 연구를 통해 융은 꿈에서의 사람과 사건들이 인격화된 집단적 특성 및 행동 상황의 상징인 것처럼 더 작은 자연수들[13]도 하나의 상징이라는 사실을 알았다. 정수는 정신 내의 점진적인 발달 단계와 일치하는 듯하다. 간단히 말해, 하나는 미분화 단계와 일치한다. 둘은 양극성 또는 그 반대와 일치하며, 셋은 기독교의 삼위일체에서 표현되듯이 해결을 위한 움직임과 일치한다. 넷은 사위성 또는 사면을 이루는 만다라같이 안정성, 전체성과 일치한다.[14]

융은 자신의 생애에서 늘 그래왔던 것처럼 이 제한된 모델을 넘어섰고, 이 발견들의 일반화를 위해 훌륭한 도약을 했다. 그는 수 자체가 내부분 기본적으로 작은 정수로 표현되듯이, 수는 가장 원시적인 질서의 원형the most primitive archetype of order이라고 생각했다.

> 수에는 신비로운 어떤 독특한 것이 있다. …… (만일) 한 그룹에 속한 대상들이 자신의 특성 또는 특징 가운데 각각 한 개씩 빼앗긴다면, 최종적으로 남는 것은 수이다. 수는 환원될 수 없는 어떤 존

---

13) 예를 들어, 1, 2, 3…… 같은 정수들.

14) Marie-Luise von Franz, *Number and Time*(Evanston: Northwestern University Press, 1974).

> 재라는 사실을 표시하는 듯하고 …… 다른 어떤 요소 이상으로 혼돈의 양상에 질서를 가져다주는 것을 도와줄 …… 인간의 정신에 존재하는 가장 원시적인 질서의 요소일 수 있다. …… 우리는 수를 심리학적으로 의식화된 **질서의 원형**an Archetype of order이라고 정의한다(할 수 있다).[15)]

자연수는 질서의 상징이기 때문에 수학의 발전은 정신 내부 질서의 점진적인 발달을 의미한다. 융은 수가 단일 세계 자체가 가지는 질서의 우선적인 원형일 수 있다고 생각했다. 즉, 정신 또는 물질의 가장 기본적인 건축재가 바로 정수라는 것이다.[16)] 물론 융이 옳았느냐 틀렸느냐가 의문이다. 그렇다면 자연수가 어느 정도까지 원형적인지를 검토하는 것에서 시작하자.

정수

> 신은 정수整數를 만들었고, 그 나머지는 인간의 몫이다.[17)]

수는 인류 자체를 앞서는 듯한 무척 오래된 고대의 원형이다. 『수와 과학의 언어*Number and the Language of Science*』에서 수학자 토비아스 단치히Tobias Dantzig는 수 감각을 가지고 있는 것으로 판단되는 수많은 동물들과 심지어 곤충들의 예를 언급했다. 하나의 인상적인 예

---

15) C. G. Jung, "Synchronicity: an Acausal Connecting Principle," 1955, in *Collected Works of C. G. Jung, Vol. 8: The Structure and Dynamics of the Psyche*(Princeton: Princeton University Press, 1960), ¶ 870.

16) Marie-Luise von Franz, *Number and Time*, p. 13.

17) E. T. Bell, *Men of Mathematics*(New York: Simon and Schuster, 1937 / 1965), p. xv에 레오폴트 코로네커Leopold Kronecker에 의한 인용.

로, 그는 어떤 대지주의 사유지에 있는 감시탑에 둥지를 튼 까마귀에 대해 이야기했다. 대지주는 그 까마귀를 쏘기로 결정했다. 그러나 까마귀는 매우 주의 깊었다. 대지주나 하인들이 그 감시탑에 들어갈 때마다 까마귀는 그들이 돌아갈 때까지 하늘을 날곤 했다.

어느 날 대지주는 두 사람을 감시탑에 들여보냈다. 한 사람은 탑 속에 숨어 있고 다른 사람은 다시 나왔다. 그러나 영리한 까마귀는 두 번째 사람이 나올 때까지 탑에 돌아오지 않았다. 마침내 다섯 사람이 들어가고 네 명만 나올 때까지 이 작업은 날마다 계속되었다. 늘 실패하던 까마귀 사냥이 이번에는 모든 사람들이 다 나왔다고 판단한 까마귀가 탑으로 돌아오는 바람에 끝날 수 있었다. 이렇게 해서 대지주는 그 까마귀를 제거할 수 있었다.[18]

이 이야기는 까마귀(최소한 이야기 속의 까마귀)가 '하나, 둘, 셋, 그리고 다수'에 대한 감각을 가졌다는 사실을 시사하는 듯하다. 다섯 사람이 들어가고 네 사람이 나왔을 때, 까마귀는 '다수'가 들어가고 '다수'가 나온 것으로 보았기 때문에 탑으로 돌아가도 안전하다고 판단했다. 흥미롭게도, 20세기 초의 인류학자들은 아프리카, 남미, 오스트레일리아의 몇몇 문화들이 수 시스템에 있어서 똑같은 제한성을 가진다는 사실을 발견했다. 예를 들어, 우리가 보기에 매우 정교한 문화를 가진 오스트레일리아의 원주민들은 '하나'에서 '여섯', 그리고 '다수'라는 수만을 가졌다.

까마귀들이 머리가 좋은 새라고 해도, 인간과 까마귀의 지능이 비교될 수 있다고는 아무도 주장하지 않을 것이다. 작은 수들의 원형적 성질이 너무 오래되어서 인류 자체를 앞서는 듯하며, 곤충 같은 원시

18) Tobias Dantzig, *Number and Language of Science*(New York: MacMillan, 1954), p. 3.

적인 생물들에서조차도 유전으로 전해진다. 인간은 셀 수 있기 때문에(하나, 둘, 셋……) 우리는 그것이 어떻게 숫자에 도달했는지를 상상한다. 그러나 우리 대부분은 까마귀들이 '하나', '둘', '셋', '다수'를 인식한다고 해서 숫자적 관계에 도달했다고 주장하지는 않을 것이다. 대신 작은 정수와 일치하는 어떤 형태 인식, 어떤 '원초적 상'(융의 '상징'에 대한 초기 형식화를 사용)이 있는 것이 틀림없다. 바꿔 말하면, 우리는 '하나', '둘', '셋'이 무엇을 의미하는지에 대한 타고난 감각을 가지고 있다.[19]

> 만일 숫자가 발견된 것이라면, 그리고 단지 세는 도구로 발명된 것이 아니라면, 수의 신화적 성질 때문에 수들은 신 같은 인간과 동물 형상의 영역에 속한다. 그리고 신 같은 인간이나 동물 형상처럼 수도 원형적이다.[20]

문명이 발달함에 따라 점점 더 큰 숫자들이 필요했다. 예를 들어 재정적 거래, 재산 측정 등을 위해서 더 큰 숫자가 있어야 했다. 이 필요성은 분리된, 그리고 다른 상징들의 어떤 시스템에 중압을 가했다.

위대한 수학자 중에서도 모든 숫자들이 진정한 상징적 수준을 갖게 만드는 천재는 드물다. 그러한 천재 가운데 한 사람이 20세기의

19) 실제로 오스트레일리아의 원주민들은 '하나'와 '둘'의 개념만 가지고 있다. 그 다음 수를 만들기 위해서는 '하나'와 '둘'을 혼합적으로 사용한다. 예를 들어, '셋'은 '둘'과 '하나'이고, '넷'은 '둘'과 '둘'이며, '다섯'은 '둘'과 '둘'과 '하나'다. 그리고 '여섯'은 '둘'과 '둘'과 '둘'이다. 그들은 쌍으로 수를 세기 때문에 7개의 핀 더미에서 2개를 빼더라도 알아차리지 못할 것이다. 그러나 단지 1개의 핀만을 제거하면 즉시 알아차릴 것이다. Tobias Dantzig, *Number and Language of Science*, p. 14.

20) C. G. Jung, *Collected Works, Vol. 10: Civilization in Transition*(Princeton: Princeton University Press, 1969), ¶776. Jung's emphasis.

인디언 수학자인 라마누잔Ramanujan이다. 한때 그가 아파서 누워 있는 동안, 동료이자 친구인 하디G. H. Hardy가 병문안을 왔다. 하디는 병문안을 오는 도중에 자신이 탄 택시의 번호판이 1729인 것을 보았다. 그리고 라마누잔의 병상에 도착한 하디는 그 번호판 숫자가 "좀 우둔한 수야"라고 말했다. 이에 라마누잔은 "아냐, 하디. 그것은 매우 재미있는 번호야. 두 개의 다른 방식으로 두 입방체의 합으로 표현될 수 있는 가장 작은 수야"라고 대답했다.[21)]

그러나 우리 대부분에게 이 원형적 형태의 인식이 더 작은 셈수를 넘어 확장될 것 같지는 않다. 왜냐하면 이 단계에서 수의 인식은 원초적 상 또는 형태의 인식이기 때문이다. 아직까지 산술과 기하학 사이의 구별은 거의 없다고 할 수 있다. 산술과 기하학이 분열되고 다른 방향으로 간다면, 모든 수학이 작은 셈수에서 나온다는 융의 추측이 필연적으로 옳다는 사실에 제동이 걸린다.[22)] 산술은 불연속 셈수들의 점점 더 큰 확장으로 전개되는 반면, 기하학은 연속적인 선과 도형, 그리고 면들을 다루고 있다. 이러한 생각에 몰두하고 있던 융은 그 당시 물리학자인 볼프강 파울리Wolfgang Pauli와 교류하고 있었다. 융에게서 영감을 얻은 파울리는 물리적 세계와 심리학적 세계에서 모두 기초가 될 수 있는 중립적인 언어를 찾고 있었다.[23)] 파울리는 산술의 전개가 무한 양들을 다루도록 강요받는 시점에 도달했을 때 그

21) 1729는 12^3+1^3, 그리고 10^3+9^3과 같다. Robert Kanigel, *The Man Who Knew Infinity*(New York: Charles Scribner's Sons, 1991), p. 312에서의 일화.

22) 1장에서 봤듯이, 산술과 기하학 사이의 분열은 아주 오래되었다.

23) Wolfgang Pauli. "The Influence of Archetypal Ideas on the Scientific Theories of Kepler," in C. G. Jung and Wolfgang Pauli, *The Interpretation of Nature and Psyche* (New York: Pantheon Books, 1955); Charles R. Card, "The Archetypal View of Jung and Pauli," *Psychological Perspectives* #24 & #25(Los Angeles: C. G. Jung Institute, 1991).

문제가 위기에 처한다는 점을 인식했다.

> 그래서 만일 더 일반적인 원형의 개념이 오늘날 사용된다면 원형은 산술에서, 정수의 무한급수 개념에서, 기하학에서, 연속체의 개념에서 자신을 표현하는 수학적 주요 직관mathematical primal intuition이라는 방식으로 이해되어야 한다.[24)]

이 점에서 융의 사색은 칸토어의 연속체 가설과 일치한다. 그러면 정수의 무한대와 기하학적 연속체의 무한대 사이에는 어떤 무한대들이 있는가?

칸토어의 연속체 가설

> 칸토어의 연속체 가설은 단순히 "유클리드의 공간에 있는 하나의 직선 위에 얼마나 많은 점들이 있는가?" 같은 의문이다. 이에 대등한 의문은 "그곳에 얼마나 많은 다른 정수의 집합들이 존재하는가?"이다. 물론 이 질문은 수의 개념이 무한 집합으로 확장된 후에만 생길 수 있다.[25)]

비록 산술과 기하학이 분리된 영역이긴 하지만, 문제에 대한 새로운 사고방식을 위해 서로에게 의지할 때 얼마나 생산적일 수 있는지

---

24) Charles R. Card, "The Archetypal Hypothesis of Wolfgang Pauli and C. G. Jung: Origins, Development, and Implications," in K. V. Laurikainen and C. Montonen, eds., *Symposia on the Foundations of Modern Physics, 1992*(Singapore: World Science Publishing Co. 1993), p. 382에서 파울리 인용.

25) Kurt Gödel, "What is Cantor's continuum problem?" in *Collected Works*(New York: Oxford University Press, 1986), p. 754.

를 우리는 잘 알고 있다. 데카르트는 해석기하학의 발견과 더불어 기하학의 힘을 엄청나게 증대시켰다. 해석기하학의 발견으로 수학자들은 기하학적 문제를 풀기 위해 대수학을 사용하게 되었다. 반대 방향으로 가면, 가우스는 허수들이 기하학적 평면상의 위치들로 관찰될 수 있다는 점을 깨달음으로써 허수들에 의해 제기되는 문제들을 해결할 수 있었다. 두 분야 간의 교류가 진행되는 이유는 이산離散의 셈수와 기하학적 연속체를 각각 다루고 있는 그들의 극단에서 보면 산술과 기하학이 매우 다른 분야처럼 보이기 때문이다. 그러나 실제로는 산술과 기하학이 겹치는, 그야말로 애매모호한 커다란 영역이 존재한다. 비슷하게, 정신과 물질의 극단에서 보면, 정신과 물질이 완벽하게 구별되는 것처럼 보여도 둘 사이의 경계는 불분명하다. 현실 세계에서는 흑과 백이라는 것이 거의 없다.

연속체 가설은 산술과 기하학의 경계가 분명하지 않다는 사실을 보여준다. 셀 수 있는 수들의 멱집합[26]이 연속체와 똑같은 크기라는 것에는 논쟁의 여지가 없다. 그러나 연속체 가설은 둘 사이에 놓인 무한은 없다고 말한다. 우리는 분명 작은 자연수에서 시작해 불가피하게 모든 정수들의 셀 수 있는 무한까지 쌓아올린다.[27] 그러나 이러한 수들의 모든 조합들을 취하는 것은 단순히 축적하는 것과는 매우 다른 일이다. 인생을 통해 우리는 일을 다루는 것보다 관계를 다루는 것이 얼마나 더 복잡한지를 확실히 이해하고 있다. 우리는 셀 수 있는 무한을 우리가 세상사를 다룰 때 부딪치게 되는 한계로 생각해볼 수 있다. 그렇다면 연속체의 셀 수 없는 무한은 우리가 세상에서 관

26) 동시에 하나를 취하고, 동시에 두 개를 취하고……, 그리고 계속적으로 진행되는 이 과정이 자연수의 모든 조합들이라는 점을 기억하라.

27) 이는 모든 분수 또는 유리수들과 같은 크기라는 점을 기억하라.

계들을 다룰 때 부딪치는 한계다. 연속체를 뛰어넘는 더 높은 무한들은 연속체의 모든 멱집합들이며, 그래서 관계들 사이의 관계들 …… 등이 나온다. 칸토어는 연속체 가설이 진리라고 확신하고 있었지만, 다른 사람들은 처음부터 이것을 그렇게 믿지는 않았다.

> 1905년 일찍이 베이어René Baire는 …… 칸토어의 연속체 가설이 본질적으로 다르고 비교될 수 없는 두 개념의 동일함을 증명할 수 있다고 말했다. …… 두 개념은 본래 정반대이다. 정수의 모든 무한 수열들의 집합으로 간주되는 연속체의 성질은 전적으로 다른 어떤 것이다.[28]

여느 때와 같이, 괴델은 그 시대의 다른 수학자들이 제기하는 문제에 대해 다르게 반응했다. 그는 산술만큼 풍부한 어떤 체계도 결정할 수 없는 진리를 포함한다는 점을 이미 증명했기 때문에 연속체 가설이 바로 그러한 결정할 수 없는 명제일 수도 있다고 추측했다.[29]

> (공리들이 무모순적이라는 가정하에) 칸토어의 추측을 위한 세 가지 선험적인 가능성들이 존재한다. 그것은 바로 증명 가능한, 반증하는, 결정할 수 없는 것들이다. 세 번째 가능성이 …… 가장 그럴듯하다. 이에 대한 증명을 찾는 일이 현재로서는 그 문제를 공격하는 가장 가능성 있는 방법일 것이다. 여기에 따르는 하나의 결과는 이미 얻었다. 즉, 이러한 공리들이 무모순적이라면 칸토어의 예측이

28) Joseph Warren Dauben, *Georg Cantor: His Mathematics and Philosophy of the Infinite* (Princeton: Princeton University Press, 1979), p. 269.

29) 뒤에 알겠지만, 괴델은 연속체 가설이 궁극적으로 더 넓어진 수학 범위 내에서 거짓으로 증명되길 기대했다.

집합론의 공리들로부터 반증되는 것은 아니라는 사실이다.[30)]

괴델이 위에 언급한 '여기에 따르는 하나의 결과'는 만일 연속체 가설을 포함하지 않는 수정된 집합론[31)]이 무모순적이라면, 그리고 만일 연속체 가설이 부가적인 공리로 추가되면 그것은 여전히 무모순적이라는 괴델 자신의 증명이었다(1940). 그러나 이는 집합론 안에서 연속체 가설을 결정할 수 없음을 단지 절반만 증명한 것이다. 나머지 절반을 증명하기 위해 괴델은 만일 연속체 가설을 포함하지 않는 수정된 집합론이 무모순적이라면, 그리고 만일 연속체 가설이 거짓이라고 가정되면 그것은 여전히 무모순적일 것이라고 말했다. 여기에서 괴델은 비록 해결을 위한 약간의 진전은 보였지만, 그 당시에 유용했던 수학적 도구로 해결하기에는 너무 복잡했기 때문에 결코 증명해보일 수 없었다. 마침내 1963년, 수학자 폴 코헨Paul Cohen이 이 나머지 절반을 증명할 수 있었고, 집합론 안에서 연속체 가설은 결정할 수 없다는 사실을 보여주었다. 괴델은 제일 먼저 코헨의 업적에 박수갈채를 보냈다.

괴델과 코헨의 공동 증명이 얼마나 중요한지를 생각해보자. 괴델의 불완전성 증명은, 모든 논리적 체계는 근본적으로 결정할 수 없는 명제를 포함한다는 사실을 보여주었다. 그러나 이러한 결정할 수 없는 명제는, 괴델이 자신의 이론을 증명하기 위해 구성했던 자기 참고 명제 같은 이상한 짐승처럼 보였기 때문에, 회의적인 수학자들은 수학이 이 결과를 안전하게 무시할 수 있을 것이라며 비웃었다.[32)] 그런데

30) Kurt Gödel, "What is Cantor's continuum problem?", pp. 259~260.

31) 또는 선택 공리. 이는 괴델이 연속체 가설과 대등하다고 증명했다.

32) 1977년 패리스Paris와 헤링턴Harrington은 '논리학에서의 개념들이 가지는 수적 암

괴델과 코헨은 수학에서 해결되지 않은 중요한 문제들 가운데 하나였던 문제, 즉 연속체 가설은 집합론 안에서 결정할 수 없다는 사실을 증명해보였다. 그리고 그때까지 수학과 집합론은 대부분의 수학자들에게 있어서 분리할 수 없는 것이었기 때문에 이는 잊혀질 수 없는 증명이었다.

이 증명이 괴델에게는 어떤 궁극적인 입증이지만, 그는 결코 만족하지 못했다. 코헨이 나머지 절반을 증명해보이기 이전에, 괴델은 연속체 가설이 그때 구성된 집합론 안에서 결정할 수 없다고 할지라도 어떤 확장된 집합론 안에서는 이럭저럭 해결될 것이라고 추측했었다.

> 그러나 여기에 채택된 관점을 기초로 하여, 집합론에서 인정된 공리들로부터의 칸토어의 추측에 대한 비결정성 증명은 …… 결코 그 문제를 해결하지 못할 것이라는 점에 주목해야 한다. 만일 집합론이라는 용어의 본원적 의미가 …… 확실하다고 받아들여진다면, 집합론적인 개념들과 정리들이 어떤 잘 결정된 실재를 기술하고, 그 안에서 칸토어의 추측이 참이 틀림없거나 거짓이 틀림없어야 한다는 결론이 나온다. 그래서 오늘날 가정되고 있는 공리들로부터의 비결정성은 단지 이러한 공리들이 실재의 완전한 기술을 포함하지 않는다는 것을 의미할 수 있다.[33)]

대부분의 괴델 명제들처럼 많은 것이 좁은 공간에 표현되어 있다. 칸토어나 힐베르트와 마찬가지로 괴델은 집합론이 수학에 있어서 중요한 긍정적 단계라는 점을 확신했다. 사실 괴델은 그것이 필연적으

호에 의존하지 않는, 그리고 결정할 수 없는, 수적으로 간단하고 재미있는 명제'를 발견했다. *Kurt Gödel's Collected Works*, Vol. 1, p. 140.

33) Kurt Gödel, "What is Cantor's continuum problem?" p. 260.

로 하나의 '잘 결정된 실재', 즉 우리가 존재하고 있는 현실에 기초하는 수학적 실재(융의 **단일 세계**?) 같은 것을 기술한다고 믿었다. 그리고 괴델은 이런 특정 실재 안에서 연속체 가설이 참이거나 거짓임이 틀림없다고 확신했다. 괴델과 코헨이, 연속체 가설은 최근에 구성된 집합론 안에서는 참 또는 거짓을 결정할 수 없다는 점을 함께 증명함으로써, 괴델은 그 이유를 최근의 공리 집합이 실재를 정의하기에는 불충분하기 때문이라고 가정할 수 있었다. 즉, 아직 발견되어야 할 공리들이 더 있다는 것이다.

> 공리들이 증명할 수 있는 결과들이 아직도 풍부하게 존재할 수도 있다. 전 분야에 많은 빛을 비추고 문제를 해결하는 (가능한 한 구성적으로도 문제를 해결하는) 강력한 방법을 만듦으로써 본질적으로 필요하든 필요하지 않든 간에 공리들은 최소한 어떤 잘 확립된 물리학적 이론 같은 중요한 의미로 받아들여져야 한다.[34]

괴델의 불완전성 증명이 어떤 사람들에게는 수학의 발달 면에서 조종弔鐘(애도의 뜻으로 치는 종)을 울린 것처럼 보일 수 있지만, 괴델은 분명히 수학은 무진장하다는 신념을 가지고 있었다. 그는 집합론이 수학의 올바른 방향이라는 것을 알고 있었고, 확장된 집합론 안에서 연속체 가설이 해결될 수 있다는 것을 알고 있었으며, 마침내 연속체 가설이 해결될 수 있을 어떤 공리들이 수학을 새로운 방향으로 이끌고 가기에 충분할 정도로 강력하다는 것을 알고 있었다.

---

34) Kurt Gödel, "What is Cantor's continuum problem?" p. 261. 이것이 바로 심리학적 진리에 대해 토론할 때 융 자신이 의미하려던 점이다. 이 경우, 참 혹은 거짓을 결정하기 위한 물리적 실재의 참고는 요지에서 벗어난다.

지금까지 괴델의 신념은 정당화되지 않았다. 그가 1947년에 이와 관련된 글을 쓴 이래 50년이 지났고, 연속체 가설이 해결될 수 있는 집합론의 확장은 아직 발견되지 않았다. 아마도 그것은 결정할 수 없는 명제이며, 수학이 또 다른 칸토어나 괴델을 기다리고 있는 듯하다. 우리가 기다리는 동안, 괴델도 코헨도 결국에는 연속체 가설이 해결될 것이라고, 그리고 거짓이라는 점이 증명될 것이라고 생각한다는 사실은 우리의 호기심을 자극하기에 충분하다!

칸토어가 셀 수 있는 무한에 $\aleph_0$ 기호를 사용했다는 사실을 기억할 것이다. 즉, 자연수들의 무한, 그리고 $\aleph_0$의 멱집합에 대한 $2^{\aleph_0}$ 같은 식으로 말이다. 여기서 연속체의 무한이 나온다. 연속체 가설은 수학적 용어로 $2^{\aleph_0}=\aleph_1$이다. 이는 연속체가 정수들의 무한 바로 다음의 초한수라는 것을 의미한다. 괴델은 이것이 어떤 이유로 도저히 증명될 수 없는지를 설명했다.

> 그러나 비록 칸토어의 집합론이 70년 이상 발달해 왔고 그 문제가 매우 중요하다 할지라도, 지금까지 연속체의 멱이 무엇인지에 대해 아무것도 증명되지 않았다. …… 아무리 크다고 해도, 연속체의 멱(The power of the continuum)에 대한 상한 경계조차 정할 수 없다.[35)]

바꾸어 말하면 그 사이에 하나의 다른 무한, 또는 많은 수, 또는 셀 수 있는 무한수, 또는 정수들과 연속체 사이에 있는 셀 수 없는 무한의 무한수가 존재할 수 있다는 것이다. 코헨은 이러한 무한들의 수에는 한계가 없다고 믿었다.

35) Kurt Gödel, "What is Cantor's continuum problem?" p. 256.

> 비록 칸토어는 예언이 당황스럽다고 생각했지만, 코헨은 연속체 가설이 분명히 거짓일 가능성을 암시했다. …… 코헨은 $2^{\aleph_0}$가 어떤 초한의 알레프aleph수보다 더 크다는 점이 증명될 것이라는 사실을 예측했다. …… 코헨의 관점에서 연속체는 서서히 진행되는 어떤 구성으로는 결코 접근할 수 없는 새로운 공리에 의해 산출되는, 그야말로 믿을 수 없을 정도로 풍부하게 구성된 집합이다.36)

그것이 이 지점에서 멈췄다. 융은 단일 세계의 정신양精神様psychoid world 세계에서 근원적인 질서의 원형들은 자연수이며, 모든 수학이 자연수에서 발달한다고 추측했다. 칸토어는 이 의견에 100퍼센트 동의했을 것이다. 그러나 융이 더 오래 살았다면, 융도 이 의견에 동의했을지 의문이다. 왜냐하면 세상을 작은 자연수의 원형들로 환원시키려는 의도가, 러셀과 화이트헤드가 수학을 논리학으로 환원시키려는 시도 또는 물리학자들이 물질세계를 처음의 원자, 그 다음에 원자보다 작은 입자, 그 다음에 가장 최근의 쿼크(강입자hadron의 구성 요소)로 환원시키려는 시도와 거의 같지 않은가? 우리가 늘 파악하길 원하는 것보다 이 세상은 더 풍부하다는 생각이 가능하지 않은가?

결국, 우리는 실재의 원형적 성질을 이해하는 데 있어서 아직은 좀 이른 감이 있다. 플라톤 논쟁의 핵심은 인간이 보고, 듣고, 만지는 모든 것은 단지 이상 세계에 존재하는 이상적 대상ideal object의 그림자에 불과하다는 것이었다. 이것이 실재의 원형적 성질을 기술한 초기의 시도라고 해도 너무 많이 부족하다. 신과 천국에 대한 초기 관점처럼, 플라톤의 이상 세계는 인간과 인간의 경험으로부터 완전히 분

36) Joseph Warren Dauben, *Georg Cantor: His Mathematics and Philosophy of the Infinite* (Princeton: Princeton University Press, 1979), p. 269.

리되어 있다.

세계를 조심스럽게 관찰하기 시작한 르네상스 시대에 접어들면서, 인간은 불가피하게 관찰하는 자신을 관찰하는 먼 길을 걷게 되었다. 그러나 이것은 매우 최근의 일이다. 융 심리학 전체는, 인간과 인간의 정신이 분명히 세계 안에 포함되어 있는 동시에 외부 세계가 어느 정도 우리의 정신 속에 포함되어 있다는 사실에 의해 제기되는 문제들을 다루려는 시도에서 발달했다. 융의 심층 심리학은 특히 꿈, 신화, 민담, 인간의 다른 무의식적 표현들에서 발견되는 내부 세계를 탐험했다. 융은 정신의 각 수준에서 구조와 질서를 발견했다. 융이 더 깊이 내려가고 내려가서 결국 맞닿은 지점에는 거의 또는 전혀 인간적인 성질을 가지고 있지 않은 구조와 질서가 존재했다. 그것은 원형으로서의 수의 층이었다.

과학은 반대 방향으로 외부 세계를 더 깊이 탐험하면서 전진했다. 수학은 이 과정에서 중추적 역할을 했다. 왜냐하면 모든 과학은 수량화에 의존하고 있기 때문이다. 그리고 과학 자체가 더 추상적이 될수록 더욱더 미묘한 수학적 도구를 필요로 한다. 비록 과학적 방법이 어떤 현상에 주의를 돌리게 하는 도구이지만, 수학 없이는 과학도 없다.

괴델의 불완전성 증명은 수학이 논리학보다 더 크다는 것을 단호히 증명했다. 그리고 과학도 논리학보다 크며, 모든 인간의 노력들도 그렇다. 그러나 만일 논리학이 불충분하더라도, 수학은 단순한 원형적 셈수에서 나왔으므로 여전히 충분하다. 융은 정신과 물질에 깔려 있는 단일 세계가 있다고 생각했고, 이 단일 세계의 최초 원형은 단순한 셈수라고 판단했다. 이 경우, 각 수는 그 자체가 사실적인 상징이다. 사실적인 상징이란, 정의될 수 없고 다함이 없는 것을 의미한다. 모든 실재가 논리학으로 환원될 수 있다는 것보다 훨씬 덜 환원적인 입장이다. 설령 그렇다고 해도, 인간이 실재의 어떤 가장 낮은 층을 발견한다는 것이 가능하지 않은 일인가? 연속체 가설이 다루기 힘든 것으로 판명된다는 게 정말 놀라운 일인가?

세계는 마술과 경이로움으로 가득한 곳이다. 때로는 인간의 유치한 오만이 그 경이로움을 간과하고, 인간의 자그마한 장난감이 세상보다 더 대단하다고 생각한다. 그러나 인간이 나이를 먹고 더 지혜로워지면 다시 한번 경이로움에 대한 감각이 회복된다. 융과 괴델은 각자의 방식으로 인간 주위와 인간 안에 있는 그 마술을 인간 스스로 볼 수 있도록 노력했다. 원형 가설은 가능성들을 한계 짓는 종점이 아니라, 경이로움을 탐구하는 출발점인 것이다.

옮긴이의 말

『융의 원형』은 원저 *Jungian Archetypes*의 번역판으로 장기간에 걸쳐 번역상의 오류를 바로 잡아 집문당에서 출판하게 되었다. 이 번역판을 통해 독자들은 책 속의 인물들이나 그림을 보며 위대한 학자들의 사상을 같이 읽고 공감할 수 있지 않을까 하는 생각을 해 본다. 이에 간단히 번역 후기를 써 내려 가려 한다.

이 책은 그리스의 수학자 피타고라스 이야기를 서두로 고대와 중세를 지나 르네상스와 현대에 이르기까지 철학과 수학에서 비롯된 필연적인 여러 학문의 탄생과 발달의 과정을 간략하고 쉽게 설명해 나가고 있다. 이 책을 통하여 시대를 잇는 유명한 학자들의 학문에 대한 열정과 고뇌, 좌절, 위대한 발견 등을 알 수 있고, 피타고라스가 그렇게 좋아했다는 수의 이야기와 융이 이야기하고 있는 질서의 원형으로서의 수, 괴델의 수에 대한 직관적 통찰력에 의한 불완전성의 증명이 수에 대한 상징과 원형으로 서로 일맥상통하고 있다는 점을 중요하게 다루고 있다. 융의 원형 이야기나 괴델의 불완전성 증명, 칸토어의 초한수 이론, 러셀이나 힐베르트가 수학에 남긴 업적들은 우리 일반 독자에게는 다소 낯설 것이다. 그러나 저자가 우리에게 전달하려는 핵심은 학문적인 내용보다는 그러한 과정에서 겪는 학자들의 오류와 실패, 좌절과 극복과정을 보여 주며 학자들의 고뇌를 우리가 공감할 수 있도록 진솔하게 표현함으로써 그들이 멀게 느껴지지 않도록 하고 있는 것 같다.

또한 새로운 사상, 자연에 대한 새로운 발견과 그에 대한 이론의 생성과정, 학문의 탄생 등이 그 당시의 시대정신의 필요성에 따라 준비된 새로운 인물에 의해 이루어지고 있다는 것도 이 책에서 강조하고 있는 부분이다. 시대정신은 한 시대가 요구하고 갈구하는 것이 인류의 집단 무의식층의 원형을 계속 자극하고, 그것이 쌓여 결국 때가 되면 그 시대가 오래전부터 갈구해 오던 새로운 모습으로 그 시대에 맞게 다시 현현해 내는 과정이며, 이것을 분석심리학적 관점으로 설명하고 있다.

심리학의 발달과정에서는 그 시대상황에 따른 발달사와 더불어 정신분석이 생겨난 경위, 프로이트와 융의 결별, 융의 분석심리학의 생성과정, 그리고 융 심리학의 기본적인 틀인 발달의 원형으로서 그림자, 아니마 / 아니무스, 자기에 대해 알기 쉽게 설명하고 있다.

마지막으로 융이 심혈을 기울인 말년의 심리학적 발달 모델로서 연금술 부분에 대해서도 비교적 간결하게 소개하고 있다. 저자는 이러한 융과 괴델의 발견들이 종점이 아닌 새로운 시발점이 되어, 마술과 경이로움으로 가득 찬 세상과 인간 자신에 대한 감각이 다시 회복되어 이 놀라운 세상에 대한 새로운 탐구들이 많이 이루어지기를 바라는 마음으로 이 책을 끝맺고 있다.

이 책이 지금처럼 합리적인 사고에만 치우쳐 살아가는 삶에 진정한 도움이 되었으면 한다. 과도하게 집단적인 정신에 갇혀 허우적거리고 있는 사람들에게 뭔가 귀중한 것을 일깨워 주고, 각자의 사고의 전환과 새로운 시각을 제시해 주는 책으로 느껴질 수 있으면 좋겠다. 괴델의 불완전성 증명과 융의 원형론이 나온 이후 많은 세월이 지난 만큼, 이를 이해하고 공감하는 사람들도 많아졌으리라 생각한다. 독자들의 혜안으로 이 책을 세심히 음미하며 읽어 나가다 보면 이 책의 핵심적인 의도가 잘 파악될 수 있으리라 생각하며, 이를 통해 정신과 물질에 대한 새로운 안목으로 우리 각자의 영혼에 좋은 양식이 되었으면 하는 마음으로 번역 후기를 마치고자 한다.

마지막으로 이 책이 잘 나올 수 있도록 정성스럽게 편집을 맡아 준 집문당의 유주이 씨에게 깊은 감사의 말을 전하고 싶다.

2012년 5월

이광자

찾아보기

‖ ㅁ ‖

‖ ㅂ ‖

‖ ㅅ ‖

‖ ㅇ ‖

‖ ㅈ ‖

‖ ㅊ ‖

‖ ㅋ ‖

저자__ 로빈 로버트슨Robin Robertson

심리학자, 수학자 그리고 작가이다. 미네소타대학교에서 수학과 영문학을 공부했으며, 미시간대학원에서 임상심리학으로 박사학위를 받았다. 대학에서 연구를 하기보다 대중들을 위한 심리상담가로 활동하고 있다. 저서로는『영성탐구*Mining the Soul from the Inside Out*』(2000),『융 심리학을 위한 입문*Beginner's Guide to Jungian Psychology*』(1992)과『심리학과 생명과학에서의 카오스 이론*Chaos Theory in Psychology and the Life Sciences*(편집인)』등이 있다.

옮긴이__ 이광자

서울대학교 의과대학 졸업, 정신과 전문의, 융학파 분석가.
독일 뷔르츠부르크대학교 심리학 수학, 독일 베를린 자유대학교 의과대학 박사과정수료, 독일 베를린 융연구소에서 분석심리학 수학, 독일 베를린 아우구스트-빅토리아 병원 정신과 근무, 한국융연구원 수료, 국제분석심리학회 정회원, 한국융분석가협회(KAJA) 정회원, 한국분석심리학회 학술이사 역임.

융의 원형

2012년 7월 10일 1판 1쇄
2018년 12월 1일 1판 3쇄

저 자 | 로빈 로버트슨
옮긴이 | 이광자
발행인 | 임동규
발행처 | 집문당
등 록 | 1971. 3. 23. 제300-2012-69호
주 소 | 03131 서울시 종로구 돈화문로 82 집문당빌딩 5층
영업부 | (02)743-3192~3 팩스(02)742-4657
sale@jipmoon.co.kr
편집부 | (02)743-3096~7 팩스(02)743-0227
edit@jipmoon.co.kr
홈페이지 | www.jipmoon.co.kr

ISBN 978-89-303-1522-7 93180

가격 25,000원

이 도서의 국립중앙도서관 출판시도서목록(CIP)은 e-CIP홈페이지(http://www.nl.go.kr/ecip)와 국가자료공동목록시스템(http://www.nl.go.kr/kolisnet)에서 이용하실 수 있습니다.
(CIP제어번호: CIP2012002990)